きものの仕立て方

職人に学ぶ、一つ身じんべえ、浴衣から、ひとえ長着まで

小田美代子

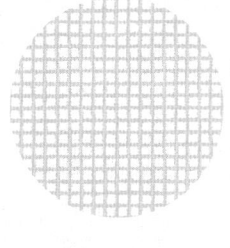
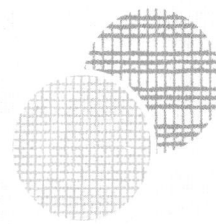

文化出版局

目次

■作品と仕立て方

[子供物]
作品（仕立て方）

- 一つ身じんべえ ………… 6　（34）
- 和パンツ ………………… 6　（48）
- 一つ身浴衣 ……………… 6、7（50）
- 四つ身浴衣 ……………… 7　（60）
- 車裁ち浴衣 ………………　　（64）

[女物]
- 浴衣 ……………………… 8　（66）
- ひとえ長着 ……………… 10　（78）
- ひとえ長襦袢 …………… 12　（94）
- 二部式ひとえ長襦袢 …… 13　（104）
- 肌襦袢 ……………………　　（108）

[男物]
- 浴衣 ……………………… 9　（74）
- 肌襦袢 ……………………　　（110）

■和裁の基礎

【和裁の用具】
- 必要な用具と選び方 …………… 16
- 用具の使い方 …………………… 18
  - ・へらとものさし
  - ・はさみ
  - ・こて
- 用具の作り方 …………………… 19
  - ・指ぬき
  - ・袖の丸み型

【基礎縫い】
- 手縫いの基本 …………………… 20
  - ・下準備
  - ・縫始めと縫終り
  - ・覚えておきたい縫い方
  - ・糸のつなぎ方
  - ・その他の縫い方

【和裁の基本】
- 縫い始める前の準備 …………… 25
  - ・地のし
- きもの各部の名称 ……………… 26
- 寸法のはかり方 ………………… 27
  - ・はかり方のポイント
  - ・標準寸法
- 寸法の決め方 …………………… 28
  - ・標準寸法について
  - ・バランスのよい寸法
  - ・各部分のポイント
- 柄合せ …………………………… 30
  - ・柄合せとは
  - ・ポイント柄の入れ方
  - ・一方方向の柄の入れ方
- へらつけ（印つけ）と裁断 …… 31
  - ・ポイントと注意点
  - ・印つけの手順
- まち針の打ち方 ………………… 31
  - ・手順
- 仕立ての手順 …………………… 32

■仕上げと手入れ

【仕上げ】
仕上げ方 …………………………… 114
・木綿物の場合
・絹物の場合

たたみ方 …………………………… 115
・子供物のたたみ方
・本だたみ
・襦袢だたみ
・袖だたみ

たとう紙の扱い …………………… 118
・きものの包み方
・たとう紙のひもの結び方

【手入れ】
手入れと保管 ……………………… 119
・着たあとの手入れ
・汚れやしみを見つけたら
・浴衣の手入れ、洗い方
・保管と虫干し

本書では、解説中、
仕立てる際の寸法は、
指定以外すべて
鯨尺で表記しています。
（33ページ参照）

■部分縫いと豆知識

【部分縫い】
つけひも
　端の縫い方（四つ折り） ………… 38
　作り方（二つ折り） ……………… 58
　ひも飾りの縫い方 ………………… 58
　ひも通しの縫い方 ………………… 63

裾
　角のたたみ方とくけ方 …………… 41
　額縁の作り方 ……………………… 85

袖
　男児用筒袖の縫い方 ……………… 59
　飾りしつけの角の縫い方 ………… 97

衿
　力布の作り方 ……………………… 43
　衿先部分の縫い方 ………………… 87
　衿肩回りの縫い方 ………………… 87
　共衿の縫始め、縫終り …………… 89
　衿先の角のたたみ方 ……………… 90
　衿糸、スナップのつけ方 ………… 92
　半衿のかけ方、洗い方 …………… 93
　半衿の印つけ ………………… 96、105
　掛け衿のつけ方 ………………… 112

豆知識
女物ひとえ長着のアレンジ ………… 11
オリジナルの女物二部式ひとえ長着 … 14
反物のゆがみ ………………………… 95
肩当てと居敷当て …………………… 112
余り布で作るきんちゃく …………… 115

■本書の単位表記について ………… 33
■索引・用語解説 …………………… 120

はじめに

私は38年の和裁人生において、様々なかたと出会い、
きものを縫う技術の奥深さ、すばらしさを実感してきました。
現在、日本ではきもの離れにともない、きものを縫う職人も
減少の一途をたどるばかりです。
日本の伝統文化である「きもの」に関する正しい知識、
そして、きものを縫う技術を、今、後世へ伝承しなければ、
近い将来にきものを正しく縫える人は存在しなくなってしまうかもしれません。
そうした現実に危機感を覚え、この本を作る決意をいたしました。

この本では、きものの仕立て方をわかりやすく載せてあります。
難しく感じる部分もあるかもしれませんが、
仕立ては「裁ち半分、縫い半分」と言われるように
裁つときのへらつけが重要です。そこに気をつけて、
まずは出来映えを気にせずに、きものを形にしてみてください。
反物を一枚のきものに仕立ててみることが大切なのです。
一枚のきものを縫い上げた達成感は、この上ないものになることでしょう。
そうして、子供物や大人物などをいろいろと縫ってみてください。
自分の手で縫い上げたきものは、
あなたに大きな感動を与えてくれることと思います。

——— 小田美代子

作品編

- 一つ身じんべえと和パンツ
- 一つ身浴衣
- 四つ身浴衣
- 女物浴衣
- 男物浴衣
- 女物ひとえ長着
- 女物ひとえ長襦袢
- 女物二部式ひとえ長襦袢

作品編
――一つ身じんべえと和パンツ・一つ身浴衣

【一つ身じんべえと和パンツ】

● 0〜3歳ぐらい
● 仕立て方　じんべえ→34ページ、和パンツ→48ページ

夏に着る、かわいいじんべえとパンツ。洗濯ができて通気性と吸水性に優れ、伝統的な和裁の知恵と技が詰まっています。手軽に縫い上がるじんべえで、和裁の基本的な知識や技を身につけましょう。じんべえは手ぬぐい2本、パンツは手ぬぐい1本で仕上がります。

【一つ身浴衣】

● 0〜3歳ぐらい
● 仕立て方　一つ身→50ページ

一反の3分の1の1丈で縫い上がる幼児用の浴衣です。布幅いっぱいを後ろ身頃に使うため、背縫いがありません。少し袖を長くして丸みをつけると愛らしくなりますが、動きやすいのは1尺程度まででしょう。一反で一つ身と四つ身の浴衣が1枚ずつ縫い上がるので、年齢の近い子や姉妹でおそろいの浴衣を仕立てることができます。

【四つ身浴衣】

- 4〜8歳ぐらい
- 仕立て方　四つ身→60ページ

反物の3分の2の2丈で縫い上がる女の子用の浴衣です。長い袖は愛らしいものですが、長くても2尺程度までに。男の子用は一つ身と同様、袖が筒袖になるため、一反で四つ身浴衣が2枚縫い上がります。

また、近年では、ほとんど作られなくなりましたが、大人物の本裁ちでは大きすぎる時期に「車裁ち」を仕立てることもありました。本書では、裁ち方、作り方を紹介しています。（64ページ）

【一つ身浴衣】

- 0〜3歳ぐらい
- 仕立て方　一つ身→50ページ

男の子の浴衣は、すっきりした筒袖で仕立てます。男の子用のひものつけ方はわのほうを上に、女の子用は縫い目を上にするのが、昔からの決り事です。

一反から、3枚の一つ身または、2枚の一つ身とじんべえを作ることができます。

作品編 ── 四つ身浴衣・一つ身浴衣

作品編 ── 女物浴衣

【女物浴衣】

● 仕立て方→66ページ

夏の大人用のきものの中で、最も親しみやすく、初心者にも縫いやすいのが浴衣です。浴衣を縫いながら、大人物（本裁ち）の裁ち方、仕立てのポイントやこつを覚えましょう。浴衣ならではの色や柄を選んで縫いながら、和裁の技や合理性、柄合せの奥深さにも触れることができます。

作品編

男物浴衣

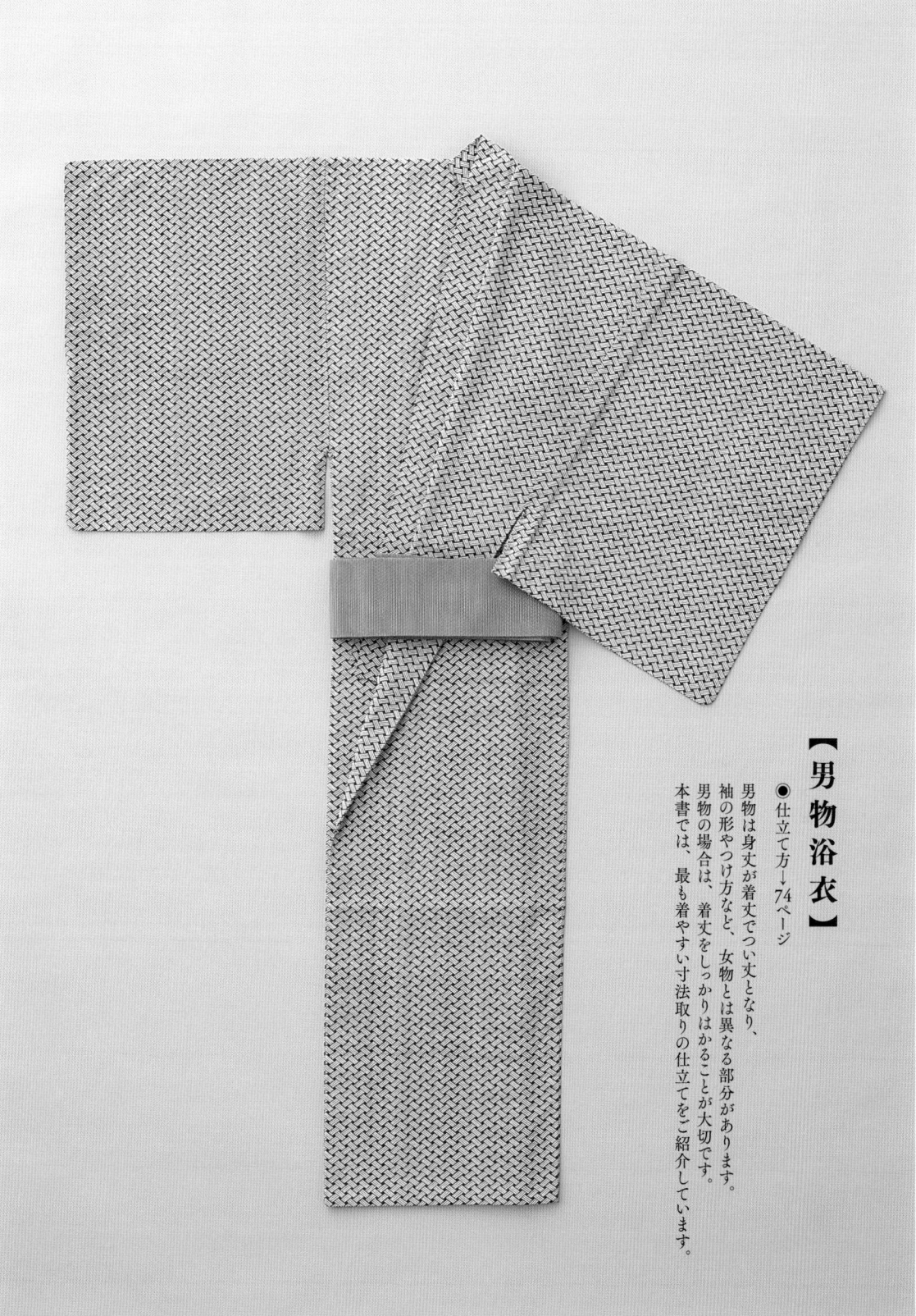

【男物浴衣】

● 仕立て方→74ページ

男物は身丈が着丈でつい丈となり、袖の形やつけ方など、女物とは異なる部分があります。男物の場合は、着丈をしっかりはかることが大切です。本書では、最も着やすい寸法取りの仕立てをご紹介しています。

作品編

女物ひとえ長着

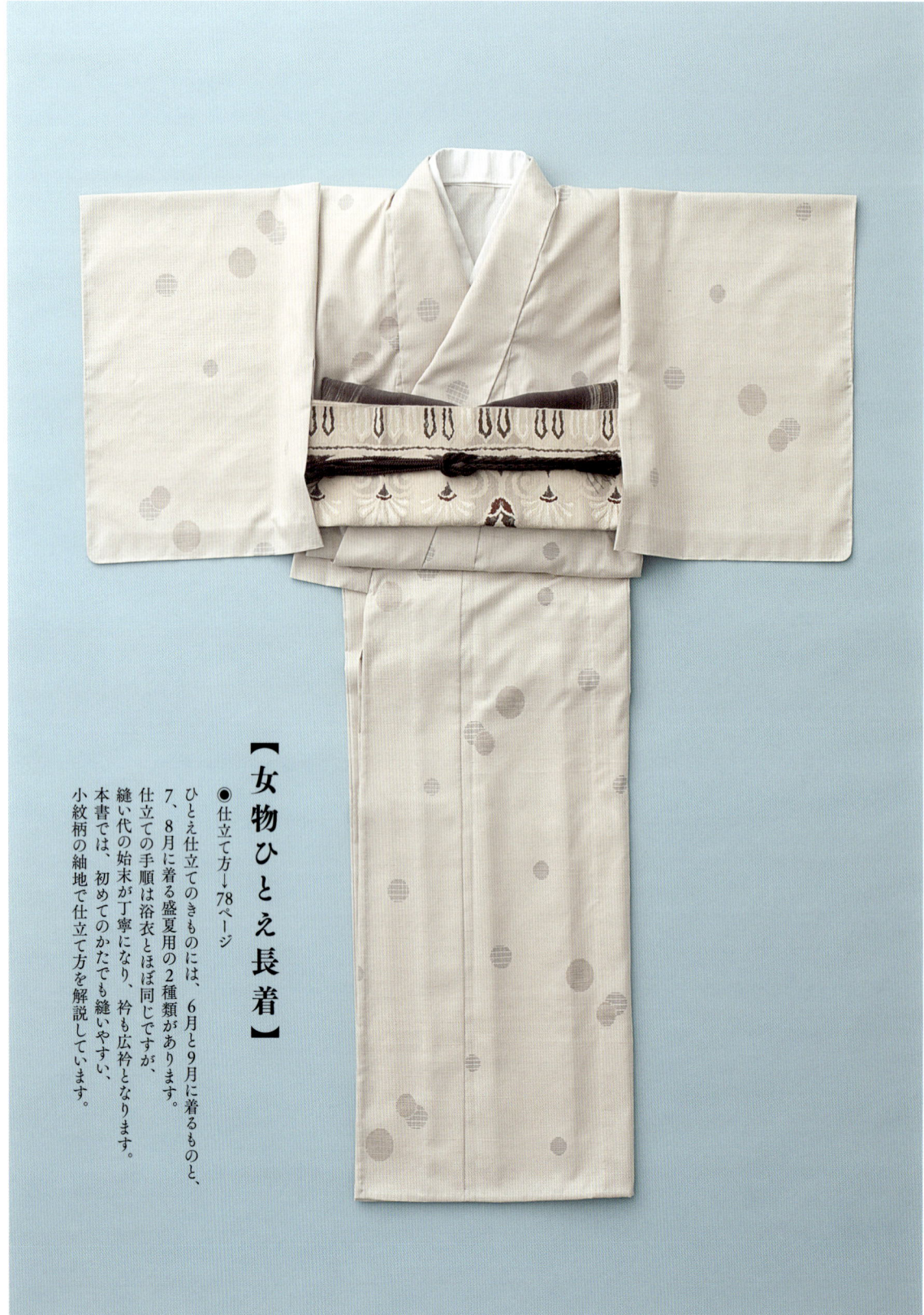

【女物ひとえ長着】

● 仕立て方→78ページ

ひとえ仕立てのきものには、6月と9月に着るものと、7、8月に着る盛夏用の2種類があります。仕立ての手順は浴衣とほぼ同じですが、縫い代の始末が丁寧になり、衿も広衿となります。本書では、初めてのかたでも縫いやすい、小紋柄の紬地で仕立て方を解説しています。

豆知識
女物ひとえ長着のアレンジ

きものの仕立て方がわかると、ワンランク上のおしゃれやアレンジの楽しみも広がります。
ひとえ仕立ての応用例をご紹介します。

左側／ちりめん地のひとえきものの袖と裾の裏側だけに別布をつけました。着たときに振りやおくみ、裾からのぞく、きものと別布の取合せなどでおしゃれを楽しみます。

右側／盛夏用の紗のきもの。柄合せの工夫で、身頃、袖、衿の市松柄をつなげ、訪問着のように仕立てました。小紋でも柄合せ一つできものの格が上がるのも、和裁のおもしろさです。

作品編

女物ひとえ長襦袢

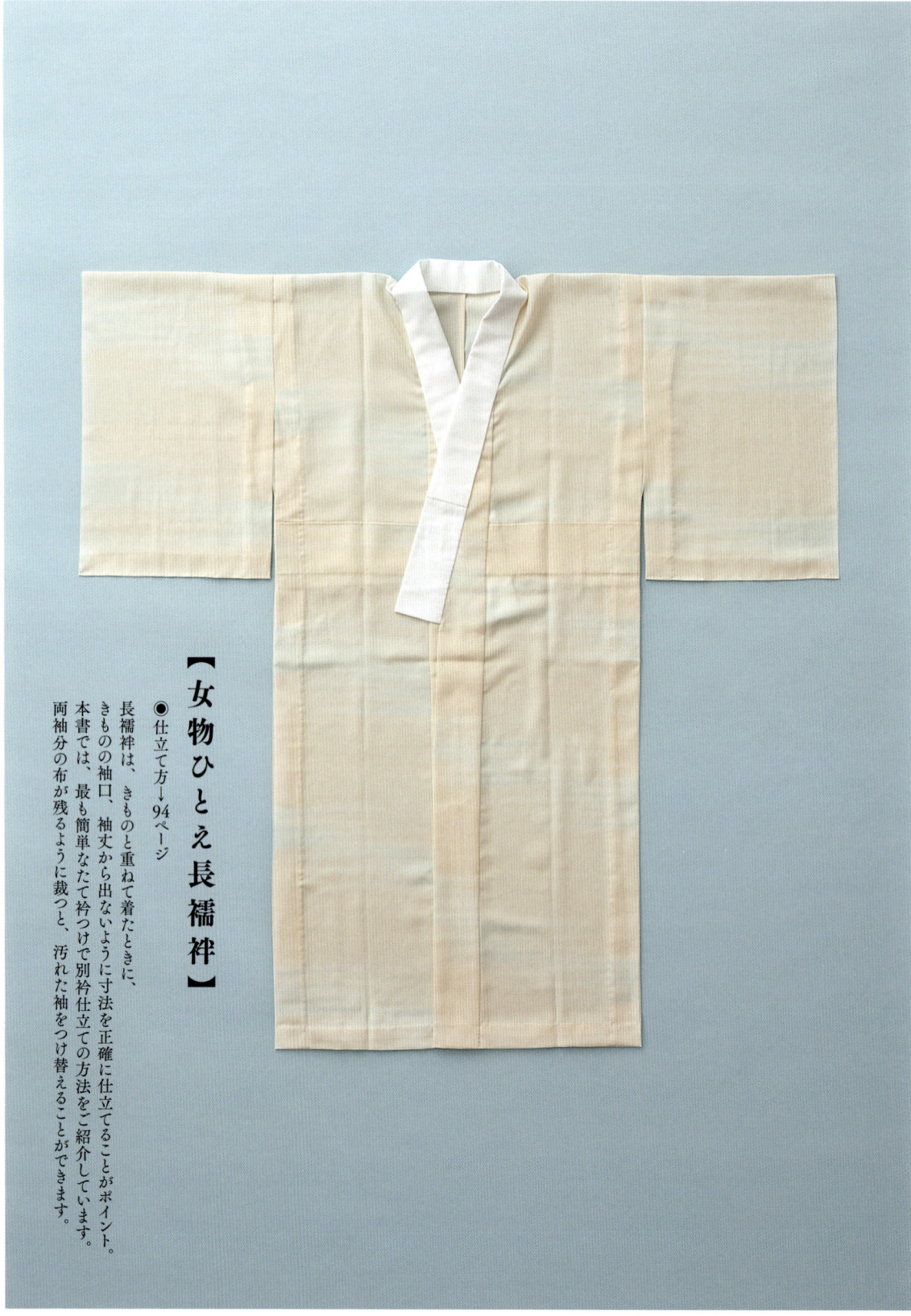

【女物ひとえ長襦袢】

● 仕立て方→94ページ

長襦袢は、きものと重ねて着たときに、きものの袖口、袖丈から出ないように寸法を正確に仕立てることがポイント。本書では、最も簡単なたて衿つけで別衿仕立ての方法をご紹介しています。両袖分の布が残るように裁つと、汚れた袖をつけ替えることができます。

作品編

――女物二部式ひとえ長襦袢

【女物二部式ひとえ長襦袢】

● 仕立て方→104ページ

袖と裾に襦袢地、胴部分にさらしなど吸湿性のある木綿を使って作る、上下に分かれた二部式の長襦袢です。仕立てが簡単で、短時間で着ることができるので、持っているとたいへん重宝します。本書では著者考案の仕立て方をご紹介します。

13

豆知識
オリジナルの女物二部式ひとえ長着

二部式ひとえ長襦袢と女物ひとえ長着の仕立て方を応用して、二部式のひとえ長着を仕立てることができます。
上着は帯の下からおはしょりが出るように身頃丈をのばし、上着下着ともにきもの地で仕立てます。
帯なしでおはしょりをたくし上げて丈を調節する必要がなく、簡単に着ることができ、きものを気軽に楽しむことができます。
きものを着ていく場所や目的に合わせて、本裁ちきものと二部式を上手に使い分けてみてはいかがでしょう。
参考作品としてご紹介している写真の2点は、帯がないままでも、帯を締めても、どちらでも着ることができる作品です。

[二部式きものの着方]

1. 長襦袢の上から、下着を巻きスカートの要領で右、左と巻きつけて、脇のほうでひもを結ぶ。

2. 上着をはおり、内ひも、外ひもの順で結び、衿もとを整える。

3. 帯を締める場合は、胴にひもを結んでおはしょりを作り、伊達締めを結んで、帯を締める。

基礎編

- 必要な用具と選び方
- 用具の使い方
- 用具の作り方
- 手縫いの基本
- 縫い始める前の準備
- きもの各部の名称
- 寸法のはかり方
- 寸法の決め方
- 柄合せ
- へらつけ(印つけ)と裁断
- まち針の打ち方
- 仕立ての手順

※本書では、解説中、仕立てる際の寸法は、指定以外すべて鯨尺で表記しています。(33ページ参照)

必要な用具と選び方

和裁を始める前に用意しておきたい、用具をご紹介します。

①絹手縫い糸(9号)
きものの色に合った色を選ぶのが基本。色選びで迷った場合には、濃い色目を選ぶとよいでしょう。絹地に使います。

②絹穴かがり糸(16号)
衿の引き糸に用いる糸。やや太めの絹糸です。

③木綿手縫い糸(30番)
浴衣や木綿地用の糸。布の色に合った色または白を使います。

④針
木綿地には木綿針、絹地には絹針。木綿針は三ノ三(さんのさん)、絹針は四ノ三(しのさん)を使います。
Point 和裁ではまち針としても使います。使う針の本数を10本程度に決めておき、仕事始めと終りで針の数を数えることで、布からの取り忘れや紛失を防ぎます。

⑤指ぬき(指貫)
針穴側が通り抜けない薄手の革のものを使います。
Point 自分の指のサイズに合ったものを手作りしてもよいでしょう。(19ページ参照)

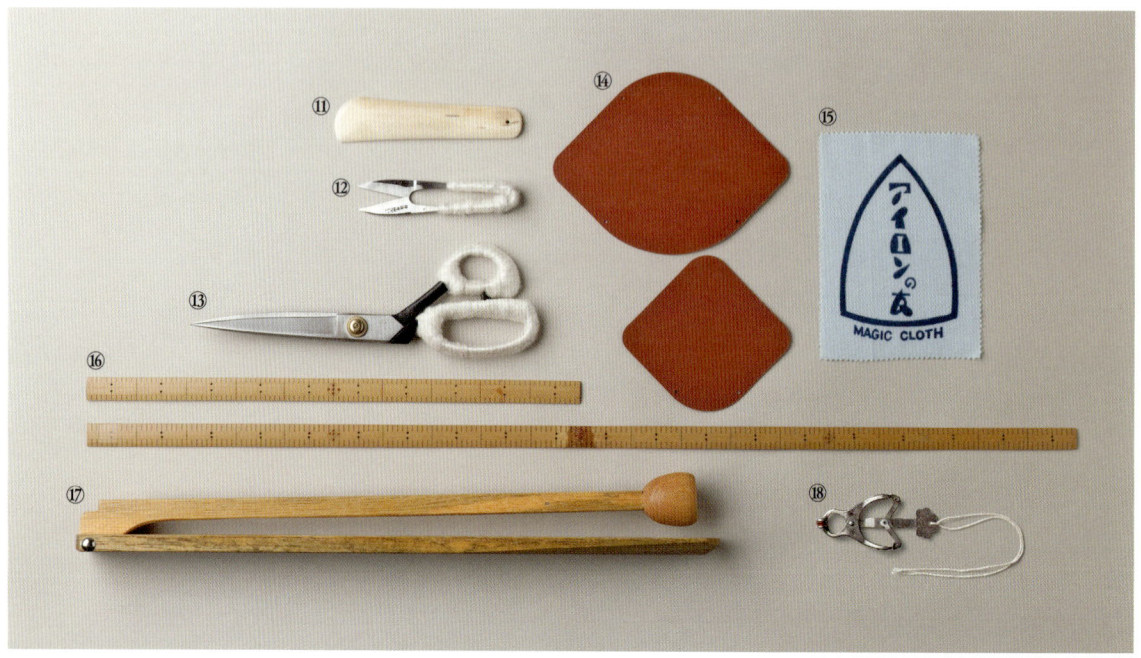

基礎編 ── 必要な用具と選び方

⑥ 当て布
アイロン仕上げのときに用いる布。白木綿100％（Aモス）が使いやすくておすすめです。

⑦ しろも（綿しつけ糸）
木綿のしつけ用の糸。かせで市販されているものを1本ずつ取り出せるようにまとめて使います。

⑧ ぞべ糸（絹しつけ糸）
片撚りの細い絹糸。飾りしつけに用いる、絹地用のしつけ糸です。

⑨ 針山
使いやすい大きさの針山を用意します。
Point さび防止になる米ぬかを使った手作りの針山もおすすめ。木綿の中袋にからいりして冷ました米ぬかを詰めて口をとじ、好みの布で作った外袋に入れて仕上げます。

⑩ チョーク
へらの印がわかりにくい布を使う場合に用います。色つきのチョークは表から見えてしまうので、薄い色物には白色のものを使います。

⑪ へら（箆）
印つけに使う、和裁用のへらです。手でにぎって印つけがしやすい大きさのものを選びましょう。
Point 象牙製のへらは、洗い張りをしたときに印が消えるので新たな印がつけやすいです（写真は著者私物の象牙製）。

⑫ にぎりはさみ（握り鋏）
糸を切るときに使います。手に負担がかからないように、にぎり部分に真綿を巻きます。

⑬ 裁ちはさみ（裁ち鋏）
布を裁つときに使います。刃部分をにぎって、にぎりはさみとして使うかたもいます。⑫と同様、手に負担がかからないように、にぎり部分に真綿を巻きます。

⑭ 袖の丸み型
袖の丸みを作るときに使います。市販品や厚紙で手作りしたものを使います。（19ページ参照）

⑮ アイロンの友
アイロン、こてなどのすべりがよくなる布。熱くなったアイロンで軽くこすると、しみ込ませたシリコン剤の効果で、すべりが軽くなります。

⑯ ものさし（物差）
和裁用の鯨尺（鯨差し）を基準に作られている定規で、和裁の必需品。1尺さし（約38cm）と2尺さし（約76cm）を用意します。目盛りは1分（約0.38cm）間隔で、1分の10倍が1寸（約3.8cm）、1分の半分が5厘（約0.19cm）となります。

⑰ くけ台（絎台）
布を縫ったりくけたりするときに、布を張ったりゆるめたりする道具。金属製の掛け針をとりつけ、台座を座布団の下に入れて使います。著者はあぐらをかいて、足をくけ台代りに使うので、くけ台は使いません。写真は折りたたみ式。

⑱ 掛け針器
くけ台にとりつける、布をはさむための道具。針を打ったり、縫ったり、くける、しつけをかける、折るなど、作業を通して用いるので、しっかりしたものを選びます。

⑲ こて（鏝）
地のしと仕上げ以外は、こてを使います。縫い目をなじませたり、きせをかけたり、丸みを整えるなど、さまざまな使い方があります。

⑳ アイロン
地のしや仕上げに用います。家庭用の軽いアイロンよりも、重さが2〜3kgある業務用のほうが布を落ち着かせることができます。

㉑ 霧吹き
木綿地の地のし、仕上げの際にしわを伸ばしたり、形を整えるときに用います。

基礎編 — 必要な用具と選び方

㉒ 裁ち板
和裁専用の裁ち板は、長さ180cm、幅43cmぐらいの一枚板です。著者はあぐらをかいて足や足の指をくけ台、掛け針代りに使って仕事をするので、高さ20〜25cmぐらいの低めの裁ち板を使います。表面が凸凹になってきたら、専門家にカンナで削ってもらいます。テーブルの上で作業をする場合は、へらを使う部分に厚紙を入れるとよいでしょう。

17

用具の使い方

和裁に欠かせない3つの用具の使い方を、作品の手順とともにご紹介します。

へらとものさし

【丈をはかる】

反物の総丈をはかるときは、ものさしを写真のように持ちます。反物を裁ち板の上に広げて反物の手前にものさしを当て、ものさしの両端を布と一緒に持って長さをはかります。はかった分の布を右側に置き、同じ要領で反物の端まで繰り返します。

【印つけ（へらつけ）】

右手にへらをしっかりにぎり、左手にものさしを持ちます。ものさしを布の上に置いて寸法をはかったら、へらの先端をものさしの端にしっかり当て、まっすぐにきちんと印をつけます。印の大きさは長さ3分ぐらい。印と印の間隔は3寸（30）が目安です。写真は袖つけの印つけをしているところ。

通しべら（へらで線を引く）

おくみ下がりの印つけ

3寸（30）間隔で印をつける

はさみ

はさみの刃が布に対して垂直または平行になるように持ちます。
長い距離ははさみの刃全体を使い、細かい部分は先端を使って裁ちます。

4枚重ねて切りそろえる

衿肩あきを切る

わを切る

こて

持ち手をしっかりにぎり、布の上をゆっくり押さえていきます。
ゆっくりすぎると布を焦がしてしまうので、注意しましょう。

身頃の袖つけにきせをかける

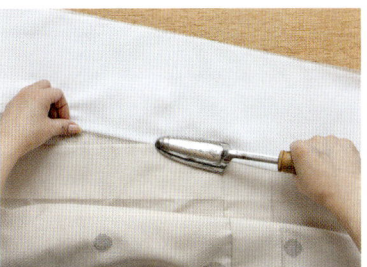
裏衿にきせをかけ、整える

裏たて衿にきせをかけ、整える

用具の作り方

簡単に作ることができる2つの用具をご紹介しましょう。

【指ぬき】

自分サイズの指ぬきは使いやすく、指によくなじみます。ほどよい厚みの柔らかい革の裏側を使います。

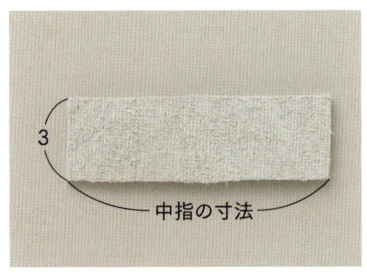
1 革を必要寸法にカットする。寸法の目安は、3分×中指の寸法（第一、二関節の間）。

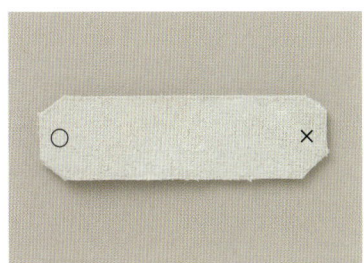
2 革の四隅を切り落とす。

3 革の表面（なめらかなほう）が指に当たるよう輪にし、○と×の部分を絹糸2本どりで縫いとめる。

【袖の丸み型】

袖の丸みを作るときの型は、しっかりした厚紙で作ります。巻末の丸み用の型紙（5分丸み、1寸5分丸み、2寸丸み）から必要な型紙を選んで厚紙に写し、印どおりにきれいに切れば、でき上がります。

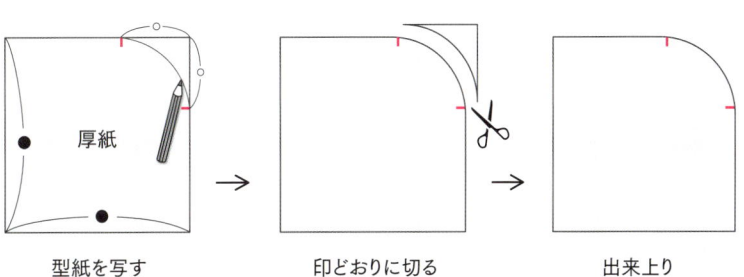
型紙を写す → 印どおりに切る → 出来上り

手縫いの基本

和裁の基本になる縫い方を覚えましょう。

下準備

【糸のくせ直し】針に糸を通す前に、必ず糸のくせをとってまっすぐに整えます。

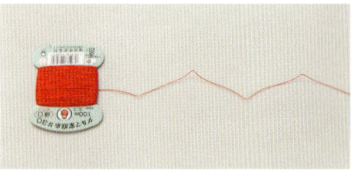

1 糸巻きに巻かれた糸は、巻きのくせがついている。

2 両手に糸を引っかけてしっかり糸を張り、右手の親指で糸をピンピンと音がするくらいに弾く。

3 糸のくせがなくなると、糸がもつれず縫いやすくなる。糸の長さは肩幅程度を目安に切る。

【指ぬきのつけ方】
利き手の中指の第一関節と第二関節の間にはめます。

【針の持ち方】
親指と人さし指で針をつまみ、針穴を指ぬきに直角に当てます。針先は一針分出すようにします。

縫始めと縫終り

【玉結び】縫始めの糸の結び方

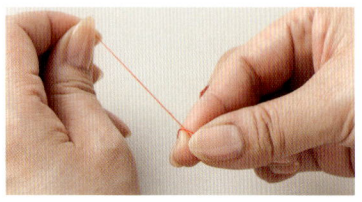
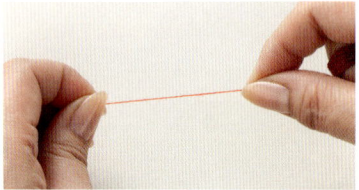
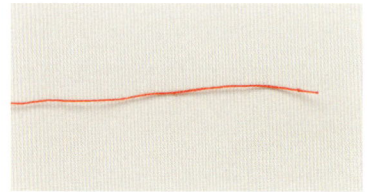

1 糸端を人さし指にひと巻きし、親指で糸を押さえて糸を撚り合わせる。

2 撚った糸を押さえて人さし指を抜き、撚った部分で糸端に玉を作る。

3 玉結びの出来上り。基本はすべて1本どり。

【玉止め】縫終りの糸の結び方

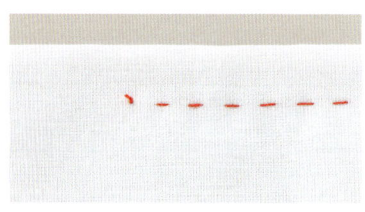

1 最後の縫い目に針を当て、糸を1、2回巻く。

2 巻きつけた糸を親指で押さえたまま針を抜く。

3 糸端を切って、玉止めが完成。

覚えておきたい縫い方

【運針(ぐし縫い)】

表裏の縫い目をそろえて、まっすぐに縫っていく、最も基本になる縫い方です。
縫うときには、背すじを伸ばして肩の力を抜き、身体の中心で布を持ちます。
※実際には右手に針を持っています。

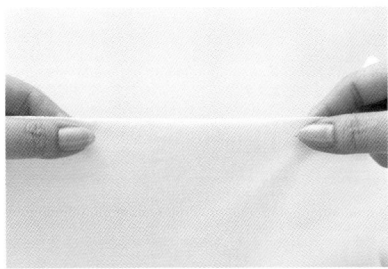

1 布をピンと張り、左右の手を3寸(30)ほど離して持つ。

2 右の親指で針を下に押しながら、左手の布を手前に引いて、針を押し出す。布と針が直角になるのが理想的な形。

3 人さし指を上に押し、左手の布を向うに戻して針を押し出す。このときも布と針は直角に交わるように。これを繰り返しながら、縫った布を右手にためていく。

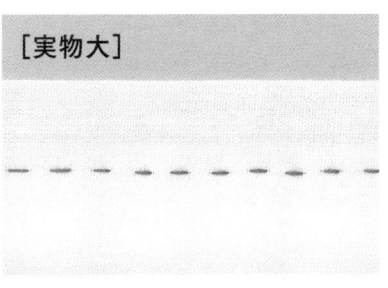

[実物大]

【糸こき】

糸こきで縫い目と布を平らにすることは、きれいに縫い上げるために欠かせないことです。
写真のように左手のところまで縫い進んで右手に布がたまったら、糸こきをして布を平らにしながら縫い進めます。

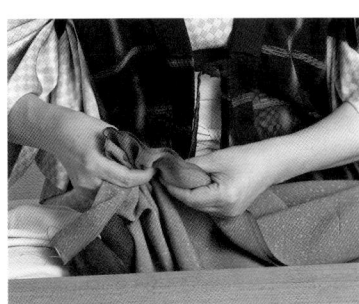

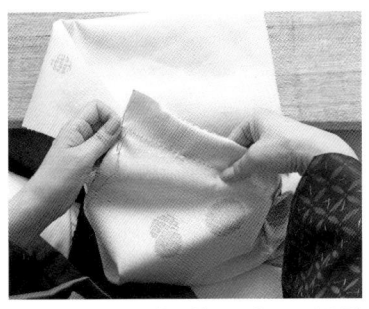

1 縫い目から針を抜く。糸をあまり引きすぎないようにする。

2 親指の腹で縫い目を右から左方向によくしごき、布を平らにする。

基礎編 — 手縫いの基本

【くける】

糸目を見せない縫い方として、よく用います。くけるときに一針ごとにくけるのではなく、運針の要領で3寸（30）ぐらいずつ布の内側をくけながら針を進めます。

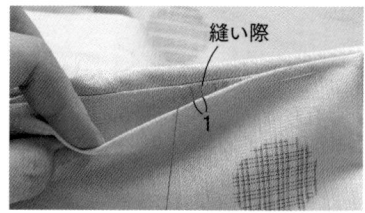

【三つ折りぐけ】

縫い代を半分に折り、針を折り山の内側を3分くぐらせて表に少し出すことを繰り返します。折り込む縫い代は、均等に二つ折りにします。ひとえの袖口、衿下、裾などに用います。

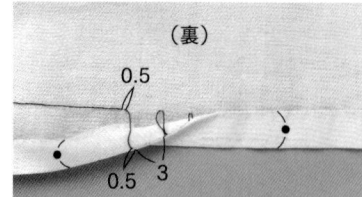 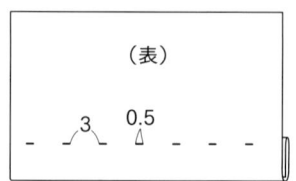

【耳ぐけ】

木綿地の耳をくけるときに用いるくけ方。耳から5厘（0.5）～1分入ったところを、表裏交互に小さな針目を出しながら縫います。縫い代の中に糸を通すので、表に一目、裏に二目の針目が出ます。

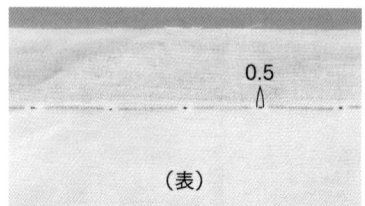 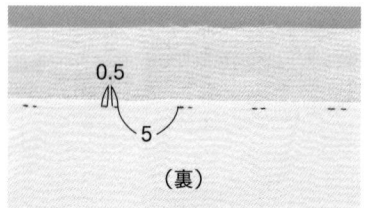

【二度縫い】

背縫いなど、布端が耳の場合の縫い方。印どおりに縫ってから、縫い代の半分ぐらいのところを平行に縫います。

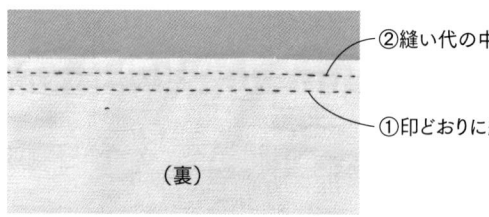

【袋縫い】

縫い代の始末の方法の一つ。表にくけ目を出したくないときに用いる縫い方で、布端をくける必要がありません。

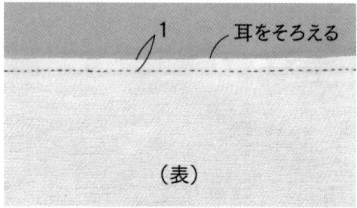 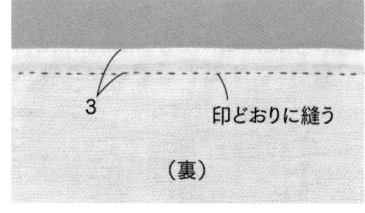

1 布を外表に合わせ、布端から1分のところを縫う。

2 縫い目を折り、布を裏返して中表に合わせ、折り山を整えてから3分のところを縫う。

【千鳥がけ・千鳥ぐけ】

布を押さえる縫い方。左から右に向かって布を上、下と縫いながらくけていきます。布だけをすくう場合と上下すくった糸を上下とも表に出す場合があります。写真は下のみを表に出しています。大きさは各自の好みとセンスで。

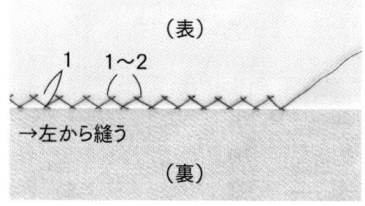 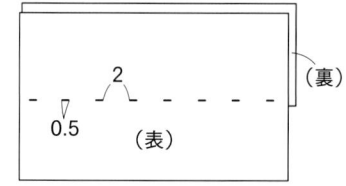

【二目落とし】

じんべえの肩揚げ、浴衣の腰揚げなど、子供物に用いる縫い方。印を合わせて、写真のように縫います。糸は2本どり。

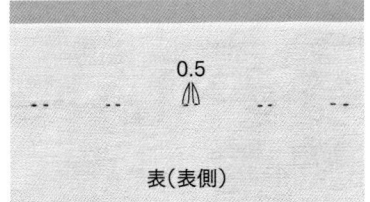
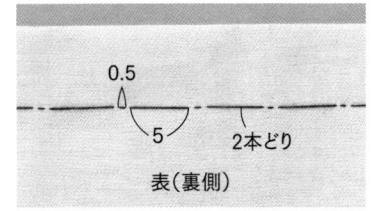

【拍子木・一目落とし】

布の形を整え、縫い上がったときものをきれいに見せるために、ぞべ糸（絹しつけ糸）で縫うしつけ。表を大きく一目、裏を小さめに一目ずつ交互に縫っていきます。着るときには抜き取ります。

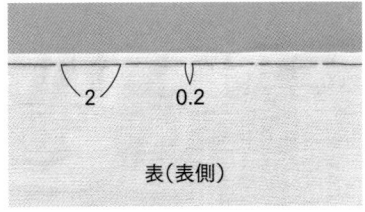

【ぐしびつけ・ぐし縫い】

縫い代やきせを押さえてきれいに見せるためのしつけ。ぞべ糸（絹しつけ糸）を使って、細かい針目で縫います。仕上がっても取らなくてよいしつけです。

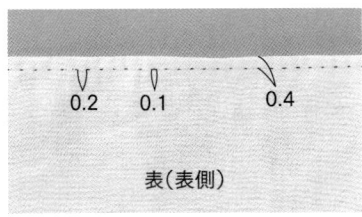

基礎編 ― 手縫いの基本

糸のつなぎ方

縫っている途中で糸がなくなったときのつなぎ方です。

［1本どりの場合］

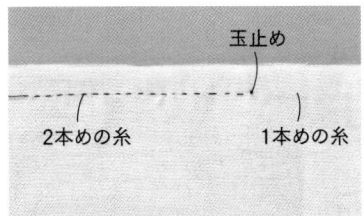

初めの糸は、玉止めをしないで最後まで縫う。つなぐ糸の端に玉結びを作り、初めの糸の縫終りに1寸（10）縫い重ねる。糸を割るように縫うので、糸が抜けることはない。

［2本どりの場合］

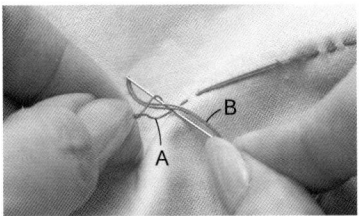

1　Aの糸の縫終りを3分ほど残し、玉結びをする。Aの縫終りの糸の間に新たに玉結びをしたBの糸を通す。

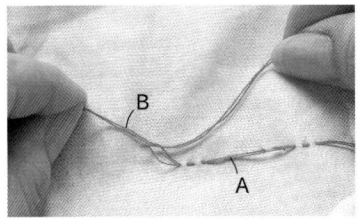

2　玉結び側を1寸（10）ほど残して、Bの糸を引き抜く。

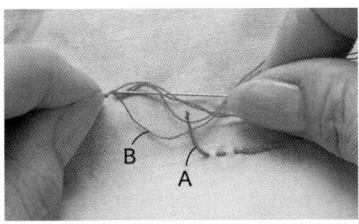

3　Bの針を残したBの糸の間に通す。

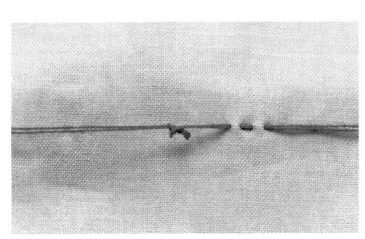

4　Bを引き抜くと、糸がつながる。

その他の縫い方

【きせ】
縫い目から5厘(0.5)下のところを手前に折って、片側に倒すことを「きせをかける」といい、縫い目を隠し、きれいに仕上げる方法です。

[木綿の場合]
縫い目から5厘(0.5)下を手前に折り、両手の人さし指でなぞりながら折り目をつける。

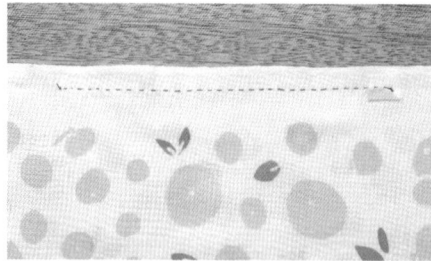

[絹の場合]
縫い目から5厘(0.5)手前に折り、アイロンまたはこてを当てながら折っていく。

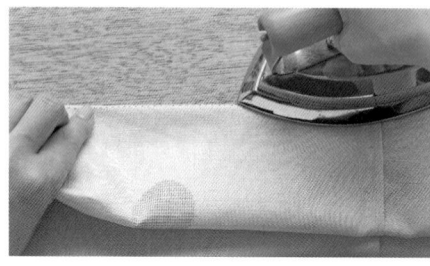

【かんぬき止め】
身八つ口や馬乗りなど、ほころびやすいところを補強する縫い方です。

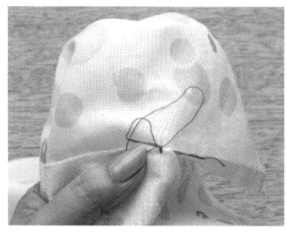

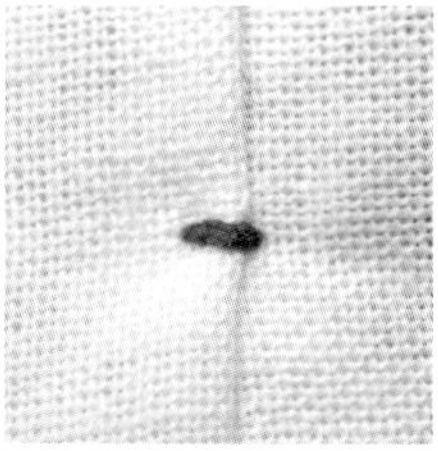

1 脇の縫止りのきせ部分に2回糸を渡す。

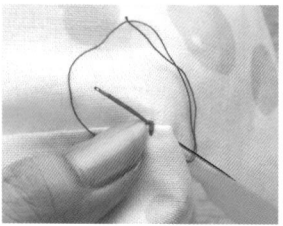

2 渡した糸に針穴側から針をくぐらせて、しっかり引き締めることを6〜7回繰り返す。

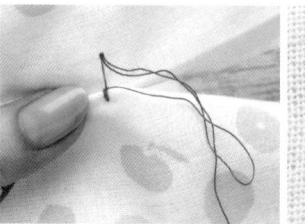

3 巻きつけた針を裏に出し、裏で1〜2針返して玉止めをする。

【しのび・隠し止め】
開いた布を押さえ、きせや形くずれを防ぐために、目立たない小さな針目を表に出して縫い止める縫い方。じんべえの脇や裾のきせ部分に出す針目などは、この方法で行ないます。

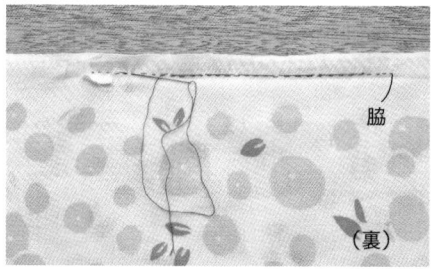
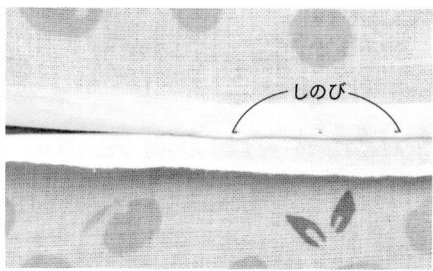

縫い始める前の準備

狂いのない仕立てをするために、布の縦横の布目を正しく整えます。

地のし

木綿地と絹地では方法が異なりますので、素材によって使い分けましょう。どの素材も地のしは裏から行ないます。

【木綿地の場合】
※写真はじんべえの手ぬぐい

1. 布を裁ち板の向う側に落とし、布端に巻き棒を置く（台所用ラップの芯などでも代用可）。

2. 軽く霧を吹いて布全体を湿らせ、湿らせた部分を巻き棒に巻き取る。巻き取ったら、巻き棒に巻いたまま乾かす。

【絹地の場合】
※写真は襦袢地

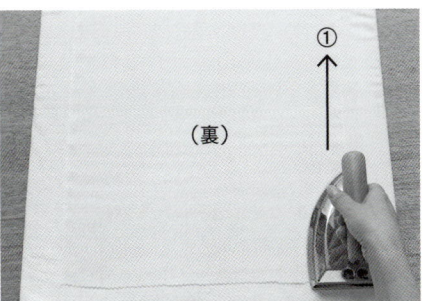

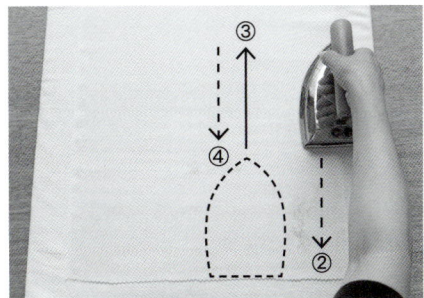

1. 裁ち板の上に白木綿（たたんだ毛布の上にかける）またはアイロン台を置き、その上に布をのせて、右端手前から高めの温度でアイロンを上下に往復させながらゆっくり当てていく。
   Point 高温なので布を焦がさないように気をつけましょう。

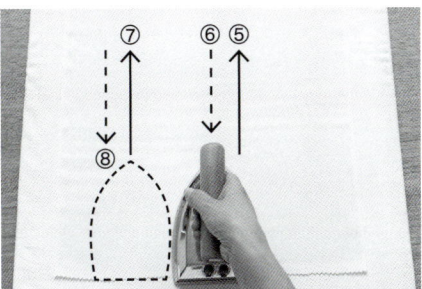

2. 1のかけ始めの隣にアイロンを置き、1と同じ要領でアイロンを当てる。これを左端まで繰り返して、布全体に均等にアイロンを当てる。

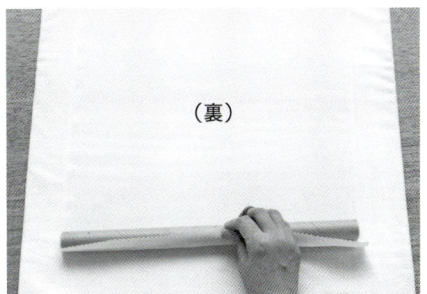

3. 布端に巻き棒を置き、地のしが終わった部分を巻いていく。この作業を繰り返して一反分を巻き取り、熱が冷めるまでそのままにしておく。

きもの各部の名称

裏地をつけないひとえ仕立てのきものを「ひとえ(単衣)」といいます。
空調のきいた現代では季節の決め事はゆるやかになりつつありますが、かつては6月と9月はひとえきもの、7、8月は薄手の布で仕立てた盛夏用のひとえきものの時期とされてきました。きものの各部名称を覚えましょう。

【女物ひとえ長着】

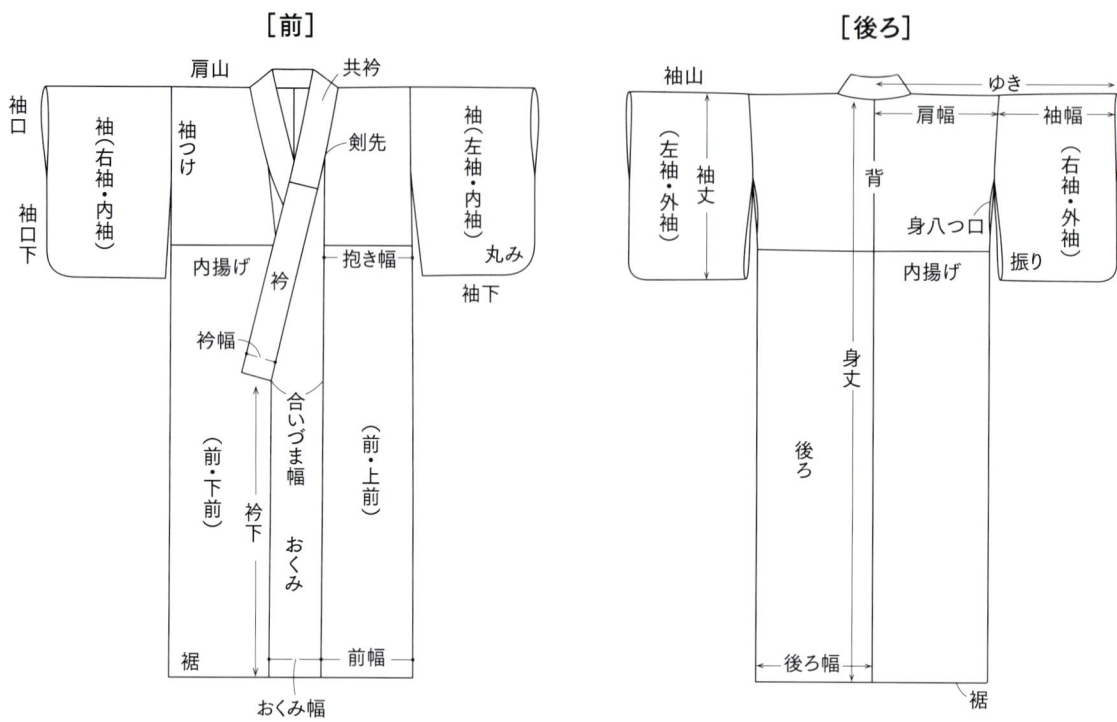

【寸法のはかり方】

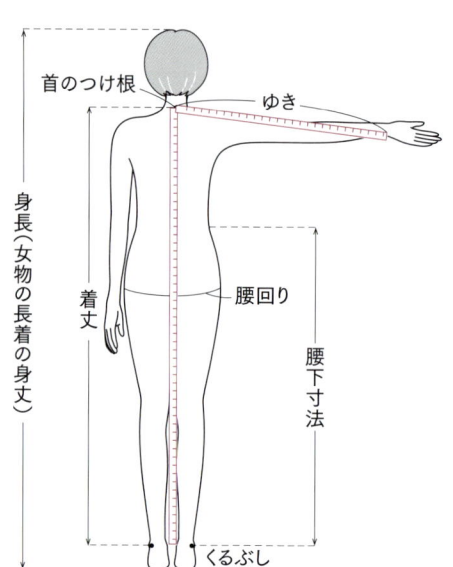

寸法のはかり方

きものの寸法は並寸法(標準寸法)を基準に、身長や体格を考慮して決めます。
体に合ったきものを仕立てるために、採寸をします。採寸が必要なのは、着丈(または身丈)、ゆき、腰回りの3か所。
各部分のはかり方と要点をまとめました。

はかり方のポイント

- **身丈** …… 着る人の身長。女物は首から頭部分の長さをおはしょり分とするので、身長と身丈が同寸になります。
- **着丈** …… 首のつけ根からくるぶしまでの長さ。背中の中心をはかります。
- **ゆき** …… 腕を真横にまっすぐに伸ばしてから3寸(30)ほど下げ、首のつけ根から手首までの長さ。肩幅+袖幅の寸法になります。
- **腰回り** …… いちばん太い位置の寸法をはかります。
  〈例〉腰回りが90cm前後の場合
   女物:後ろ幅7寸5分(75)、前幅6寸(60)
   男物:後ろ幅8寸(80)、前幅6寸5分(65)

標準寸法

各作品の仕立て方ページには、標準寸法をもとにした下表と同様の寸法表を載せています。左記の寸法をはかったら、身長(身丈)に近い寸法を選んでください。寸法表は身長以外は、鯨尺の単位(分)で記載しています。

＊寸法の表記については33ページ参照

【女物ひとえ長襦袢】
●身長:155cm （単位=分）

身丈	330(身長−80)	
ゆき	168(長着−2)	
袖丈	128(長着−2)	
袖幅	86(長着−2)	
袖口	袖丈と同寸	
袖つけ	58(長着−2)	
後ろ幅	80(長着+5)	
前幅	70(長着+10)	
抱き幅	67	
身八つ口	37	
衿肩あき	22(長着−1)	
くりこし	5	
たて衿下がり	50	
たて衿幅	20	
衿幅(ばち衿)	14〜20	
衿丈	180	

＊はかった寸法を巻末の換算表に照らし合わせ、空欄に書き入れて、寸法表として使いましょう。

【女物ひとえ長着】
●身長:155cm （単位=分）

身丈	410	
ゆき	170	
袖丈	130	
袖幅	88	
袖口	60	
袖つけ	60	
袖丸み	5	
後ろ幅	75(体格による)	
前幅	60(体格による)	
抱き幅	56	
おくみ幅	40	
合いづま幅	35	
衿下	205(身丈の半分程)	
おくみ下がり	65(衿肩あきから)	
身八つ口	35	
衿肩あき	23	
くりこし	5	
衿幅(広衿)	30	
共衿丈	125	

【男物浴衣】
●身長:170cm （単位=分）

着丈	375	
裁切り身丈	375+50+12	
ゆき	185	
袖丈	130	
袖幅	93(布幅いっぱい)	
袖口	70	
袖つけ	100	
袖丸み	5	
人形	30	
後ろ幅	80	
前幅	65	
抱き幅	62	
おくみ幅	40	
合いづま幅	35	
衿下	185(着丈の半分)	
おくみ下がり	50	
衿肩あき	22	
衿幅	30	
共衿丈	125	

寸法の決め方

一般的には、並幅の反物一反［幅9寸8分（37cm）、長さ3丈（11.4m）以上］で、大人のきもの一枚を縫うことができます。女物の長着と長襦袢の標準寸法を例に、寸法が異なる部分、調整のしかたやポイントをご紹介します。

標準寸法について

女物は身長とゆきと腰回りで寸法を決めます。女物長着の並寸法は、以前は身長150cm、後ろ幅7寸5分、前幅6寸、ゆき1尺6寸5分でした。その後、体格の変化にあわせて見直され、現代では、身長155cm、後ろ幅7寸5分、前幅6寸、ゆき1尺7寸となっています。ここでは、寸法がわかりやすい身長150cmを例に説明します。

バランスのよい寸法

下図のように、後ろ幅、肩幅、袖幅に5分ずつの差があることが、「格好よいもの」とされています。各作品の寸法表もこのバランスをもとに作っていますが、自分なりに寸法を調整する場合には、この考え方を基準にして寸法を決めるとよいでしょう。

[寸法の目安] ●身長：150cm　　（単位＝分）

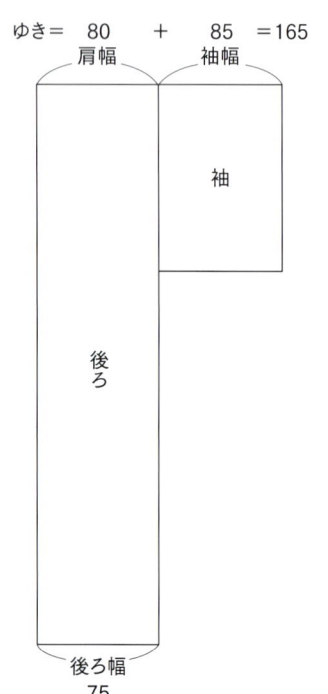

各部分のポイント

【身丈（みたけ）】

長着の出来上りの長さのことで、女物は身長と同寸（身丈－着丈＝おはしょり分）。男物の場合は、身丈は着丈となります。長襦袢の身丈は、着丈－1寸（10）です。

【ゆき（裄）】

◇ゆき＝肩幅＋袖幅

肩幅寸法と袖幅寸法でバランスをとります。また、長襦袢の肩幅は長着と同寸にして、袖幅を2分控えます。
〈例〉ゆきが1尺7寸（170）の場合
　　ひとえ長着：肩幅8寸2分（82）、袖幅8寸8分（88）
　　ひとえ長襦袢：肩幅8寸2分（82）、袖幅8寸6分（86）

【袖幅（そではば）】

女物並寸法は8寸5分（85）。ゆきと同様、肩幅と袖幅とのバランスで決めます。長着から長襦袢の袖が出ないように、長襦袢は2分控えるのが一般的です。

【袖丈（そでたけ）】

女物並寸法は1尺3寸（130）。身丈の3分の1程度ですが、各自の好みで増減してもよいでしょう。若いかたは長くてもかまいませんが、年とともに身長が1寸（10）ほど詰まってくるので、年配のかたはあまり長くしないようにします。長襦袢は長着より2分控えます。

【袖口（そでぐち）】

女物並寸法は6寸（60）。長着、長襦袢は同寸となります。

【袖つけ（そでつけ）】

女物並寸法は6寸（60）。長着から長襦袢の袖が見えないように、2分控えるのが一般的です。

【後ろ幅（うしろはば）】

女物並寸法は7寸5分（75）。

【身幅(みはば)】

腰回り90cm前後までは、並寸法（後ろ幅7寸5分〈75〉、前幅6寸〈60〉）のままで着ることができます。これ以上腰回りが大きい場合は、足りない分を以下の方法で補正します。

Point 長着は体に巻いて着るものなので、身幅についてはあまり神経質に考える必要はありません。むしろ、へらつけ（印つけ）を正確にすることが大切です。

〈例〉腰回りが95cmの場合
1寸（10）ほど加えます。1寸（10）の半分（5）を図のように片方の後ろ幅と前幅に分けて加えると、全体で1寸（10）増やすことができます。おくみ幅は基本的に変えません。

【前幅(まえはば)】

女物並寸法は6寸（60）。本書の長襦袢の場合は、1寸（10）ほど加えます。

【抱き幅(だきはば)】

女物は内揚げの位置ではかります。女物並寸法は5寸6分（56）。

【合いづま幅(合褄はば)】

つま下のおくみ幅のことで、長着だけに必要な寸法。女物並寸法は3寸5分（35）。おくみ幅よりも5分控えることで着やすくなりますが、柄などにより2～3分程度にしてもよいでしょう。

【衿下＝つま下（えりした＝つました）】

衿先から裾までの丈で、長着だけに必要な寸法。女物並寸法は2尺（200）。身丈の2分の1程度になります。長着を着たときに腰ひもが衿先にかかる寸法がちょうどよいとされています。

【くりこし（繰り越し）】

衿を抜いてきものを着る女物だけにつけます。基本的には5分ですが、体格や好みによって変えてもよいでしょう。長着と長襦袢は同寸です。

【おくみ下がり（衽下がり）、たて衿下がり（竪衿下がり）】

女物並寸法は衿肩あきから6寸5分（65）。同じ部分を長襦袢では、たて衿下がりといいます。

[身幅の補正] ●腰回り95cmの場合 （単位＝分）

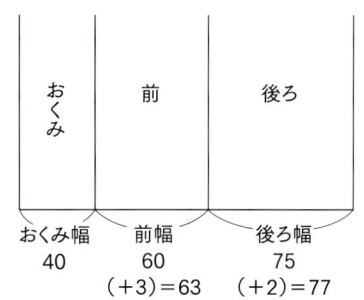

【長着と長襦袢の寸法の違い】

	長襦袢
身丈	－8寸(30cm)
ゆき	－2分(0.8cm)
袖丈	－2分(0.8cm)
袖幅	－2分(0.8cm)
袖つけ	－2分(0.8cm)
後ろ幅	＋5分(2cm)
前幅	＋1寸(3.8cm)
衿肩あき	－1分(0.4cm)

＊長襦袢の袖つけ＋身八つ口の寸法が、長着と同寸以上になるようにする。

【男物と女物と違い】

	女物	男物
衿	広衿またはばち衿	棒衿
袖	振りがある	人形がある
身八つ口	あり	なし
くりこし	あり	なし
内揚げ位置	前身頃と後ろ身頃が同じ位置	前身頃が後ろ身頃より1寸下がる
身丈	身長と同寸	着丈と同寸

【子供物について】

	一つ身	四つ身	本裁ち
対象年齢	0～3歳	4～8歳	9～13歳

＊対象年齢は目安なので、子供の身長に合わせる。
＊浴衣が小さくなったときには、肩揚げ、腰揚げを揚げ直す。さらに成長した場合は、大人用本裁ち仕立てで仕立て直しができるようにおはしょり分を内揚げに入れ、大人同様におはしょりをして着る。

柄合せ

柄の配置が決まっている訪問着や付け下げや無地(紋付)のほかは、
模様の配置やバランスを考えてから布を裁ちます。
簡単な柄合せの方法をご紹介します。

柄合せとは

模様の配置を決める「柄合せ」は、きものの仕上りを左右する大切な工程です。反物の総丈を確認して裁切り身丈が決まったら、柄の方向、配置やバランス、体格などを考慮して、柄の合せ方を考えます。仕立て方ページの裁ち方を参照しながら、ポイント部分にいい柄がくるように身頃と袖を入れ替えたり、身頃の間でおくみをとるなど、自分なりに裁ち方を工夫してください。

一方方向の柄の入れ方

正しい向きの柄が上前にくるように配置します。左袖内袖と右袖外袖にも、ポイント柄と同様、いい柄がくるようにします。右袖の外袖には柄を上向きに入れ、身頃と柄が並ばないようにするとよいでしょう。

ポイント柄の入れ方

女物、子供物の場合は、おはしょり部分、帯を締める部分、脇など、きものを着たときに柄が隠れてしまう部分をよけて、柄を配置しましょう。ポイントとなる柄は、図の○印のところに入れると華やかだとされています。また、きものは後ろ姿を見られることが多いため、後ろ身頃、右袖外袖の配置のように柄を入れてください。身長により柄の高さも変わりますが、上前のおくみの柄はひざ上に配置するとよいでしょう。

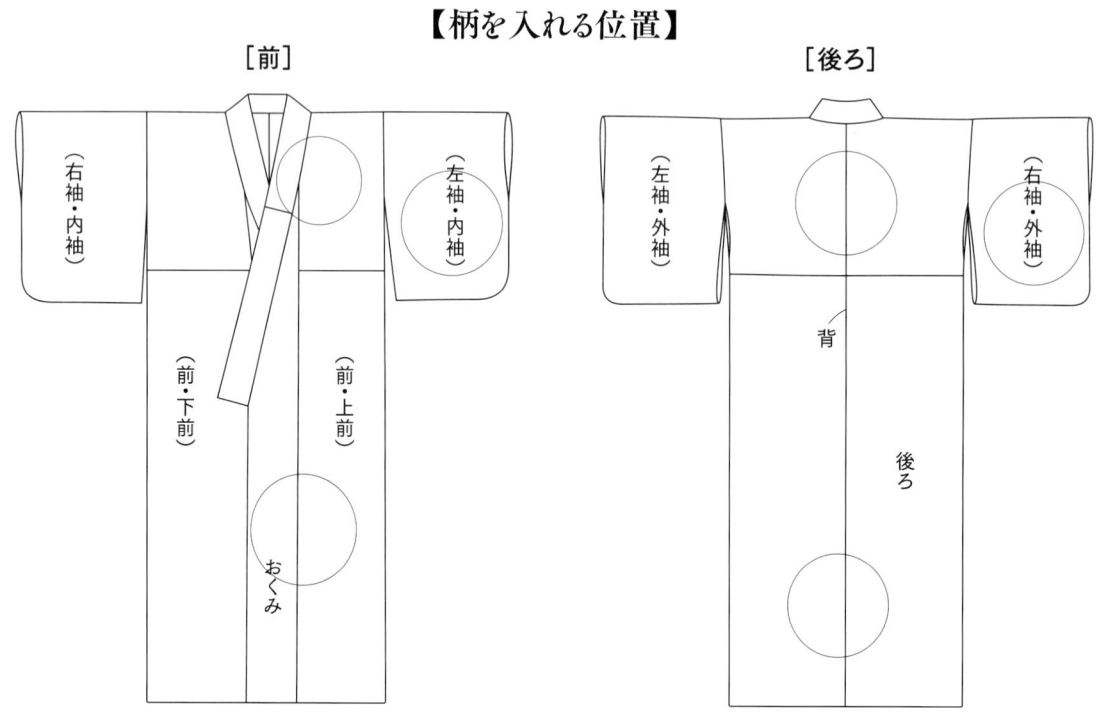

【柄を入れる位置】

＊色丸は小紋、絣などのポイントを入れる場所。

へらつけ(印つけ)と裁断

反物の寸法、基本の形が決まっていて、ほとんどが直線で構成されている和裁では、
洋裁で用いるような型紙は使いません。割り出した寸法にそって布を裁ってすぐに印をつけます。
手際よく印つけと裁断をしていく方法を覚えましょう。

ポイントと注意点

●印つけと裁断を部分ごとに行なう
反物から身頃分を裁ったら、身頃布を重ねて袖つけ、身八つ口、おくみ下がりなどの丈印をつけ、衿肩あきを切ります。同様に、袖、おくみ、衿など、部分ごとに裁断しながら、印をつけていきます。

●丈印から先につける
印は丈印から先につけていきます。基本的に、裾側から順番につけますが、肩部分は肩側から印をつけます。幅印も同様に、袖下と袖口を縫い、袖下側から袖幅の印つけ。背縫いを縫い、裾側から後ろ幅の印つけなど、あとから幅印を入れます。

●折りと通しべら
へらの印は時間がたつと見えにくくなるので、印つけが終わったら、すぐに印と印を結んで折って、折り線をつけます。仕立て直しの際に、へらの印が表に出てしまうことがあるので、折りの代りに色チョークなどで印をつけたり通しべらをするのは厳禁。基本的に、通しべらはへらで行なう方法です。

●布は裁ち板に広げない
部分ごとに切り離していくので、布を広げるのは必要な部分だけでかまいません。切り離した身頃や衿などの細長い布は、二つ折り、四つ折りにたたみ、重ねたままで印つけと裁断。おくみは中表に重ねたまま印つけをするなど、座ったままで作業ができるように手順が工夫されています。

●裁ち終わった布のまとめ方
大小の四角い布で構成されていて、各部分がすべて左右対称形のきものは、前後左右を間違えやすいものです。裁断して印をつけた布は、手前に背、おくみつけ、袖つけがくるようにまとめておきます。また、布丈、布幅を半分に折って、布を重ねる場合は、ずれたり曲がったりしないように布端の耳をきちんとそろえて重ねます。

印つけの手順

1. 裾、袖つけ、身八つ口など、布地に対して垂直方向の丈印をつける。

2. 布に対して平行に幅印をつける。印をつけるときには、布の向きを縦方向にする。

3. 印と印を結んで折る。

＊脇や袖つけ、裾などの幅印は、印を結んで折っておく。

＊本書の図中では、丈印は｜、幅印は—、交差する部分はTで記載。印が表にひびくことを避けるために、交差部分は＋印ではなく、T印を入れるようにする。

まち針の打ち方

和裁では多くの人が頭のついたまち針は使いません。絹針、木綿針などをまち針として用い、使う針の本数を10本程度に決めておきます。縫い始める前と終りに針の本数を数えて、針の取り忘れがないようにします。

手順

1. 縫い合わせる布を合わせ、両端の①②の針を打つ。

2. 続いて、①②の真ん中に③の針を打ち、さらにそれぞれの真ん中に④⑤の針を打つ。

＊身頃とおくみ、背と衿肩あき、肩山など、要所要所には必ず針を打つ。

＊針を打つ本数は10本程度まで。衿、脇、裾など長い部分を縫う場合でも、縫ったところの針をはずし、次に打ち直しながら縫い進める。

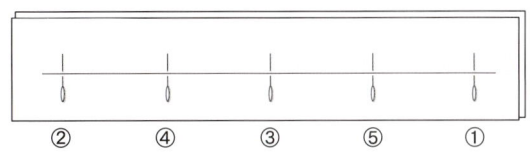

仕立ての手順

縫い始める前に、きものを縫い上げるまでの手順を整理しましょう。

1	**寸法を決める** ●26〜29ページ	寸法をはかり、寸法表に書き入れます。木綿地は洗濯で3〜5分詰まるので、丈を長めにしてください。
2	**地のしをする** ●25ページ	布を整え、落ち着かせます(なるべく布目の縦横がまっすぐになるように)。
3	**反物の総丈をはかる** ●18ページ	一反の反物は大人用の長着一枚分の長さがあり、幅9寸8分(37cm)、長さ3丈以上(約11.4m)あるのが一般的です。反物ごとに幅や長さが少しずつ異なりますので、地のしを終えたあとで布の全体の長さを2回ほどはかります。
4	**布の長さを見積もり、裁ち方を決める** ●28〜30ページ	寸法表をもとに必要寸法を計算します。反物を【基本の裁ち方】のように、袖、身頃、おくみ、衿に分ければいいので、計算も簡単です。必要に応じて、反物の染めむらや傷をよけたり、柄の配置を考えてから、裁ち方を決めます。
5	**印つけと裁断** ●31ページ	寸法に合わせて、部分ごとに切り離しながら、印をつけていきます。 ＊すべてを切り離すと【ひとえ長着の裁断図】のようになります。
6	**縫う**	それぞれの手順にそって、順番に縫っていきます。
7	**仕上げ** ●114ページ	縫い上がったら、絹地のきものは当て布をしてアイロン仕上げ。木綿地のきものは霧を吹きながら手で仕上げます。仕上げたきものは、きちんとたたんで保管します。

【基本の裁ち方】

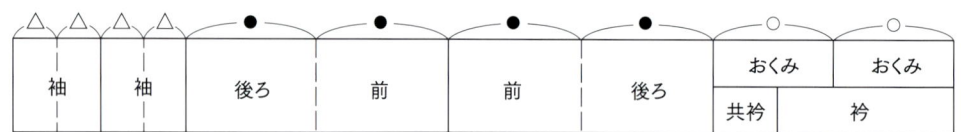

＊本書の裁ち方は省略図なので、各部分の長さは実寸の比率とは異なる。

【ひとえ長着の裁断図】

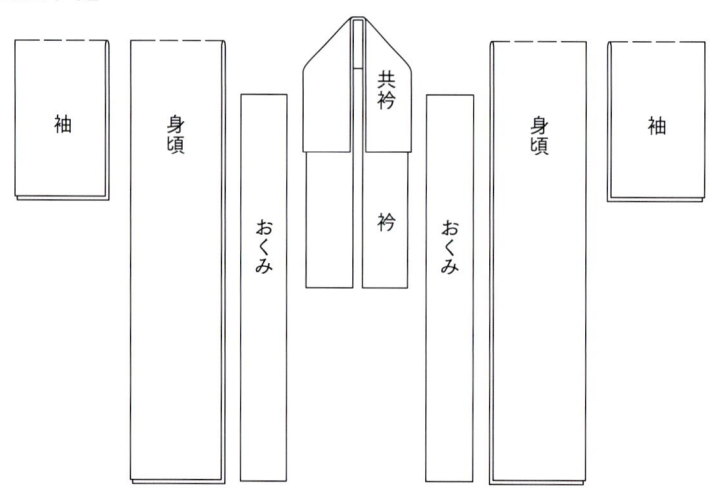

仕立て編

和裁の基本的な手順や縫い方を理解していただくために、
手ぬぐいで作る一つ身じんべえを丁寧に解説しています。
一度、一つ身じんべえを縫ってから、
本格的な仕立てを始めるといいでしょう。

【本書の単位表記について】

和裁では反物の長さをはかる単位として鯨尺（くじらじゃく）を使います。
1分が約0.38cmで目盛幅が大きいため印がつけやすく、
きものの仕立てを合理的に手早く進めることができるのです。
本書では、寸法表、解説中の単位は、指定以外すべて鯨尺で統一しました。
図と写真内では、1寸5分は15、1尺2寸5分は125、5厘は0.5と簡略化して記載しています。
巻末の鯨尺換算表を切り離して、手もとに置いて作業をするとよいでしょう。

鯨 尺 換 算 表

	分	cm
1丈（じょう）	1000	380
1尺（しゃく）	100	38
1寸（すん）	10	3.8
1分（ぶ）	1	0.38
5厘（りん）	0.5	0.19

手ぬぐい2本で作る 一つ身じんべえ

*0〜3歳ぐらい

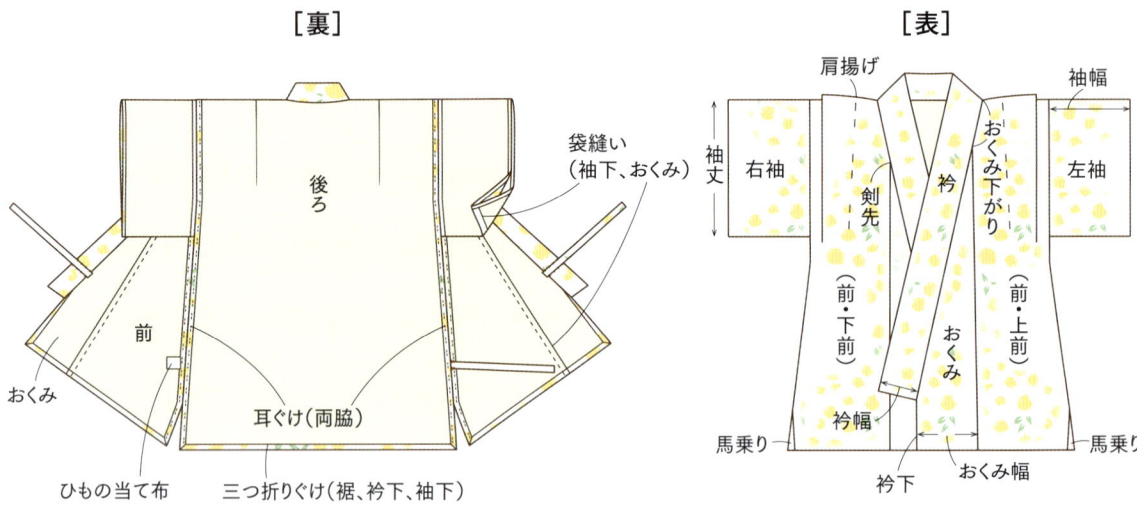

【材料】

手ぬぐい（幅36cm、丈96cm）…2本
別布（白のさらし・内ひも布）…4.5×27cmを2枚
手縫い用木綿糸…手ぬぐいと同色または白

【寸法表】

(単位＝分)

袖丈	55
身丈	125＝約48cm ＊手ぬぐいの用尺により異なる
袖幅	33
おくみ幅	25
衿幅	8 ＊袖幅、おくみ幅、衿幅は布幅により多少異なる
馬乗り	20
衿下	20
おくみ下がり	25 ＊体形により3歳児でも着られる

【印つけの前に】

Point 図内の＋0.5〜2の表記はきせ分または詰まり分。

■1本めの手ぬぐい
（身頃分）

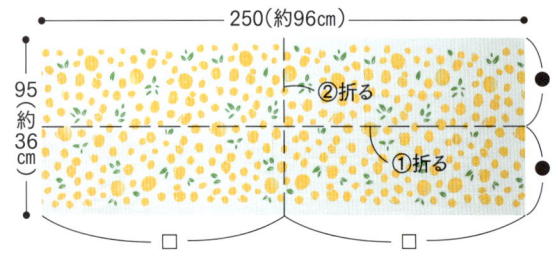

■2本めの手ぬぐい
（袖、おくみ、衿、ひも、三つ衿芯分）

印をつけて裁つ

■ 1本めの手ぬぐいで身頃を裁つ

1 手ぬぐいを中表に幅を半分に折り、次に丈を半分に折る。

（耳、Ⓐ、(裏)、わ）

2 布丈Ⓐをはかり、裾を合わせて切りそろえる。
Point 布がずれないように、まち針を1本打っておく。

①裾を合わせる
＊手ぬぐいの長さが不ぞろいなので、布丈をそろえる。
②裁ち落とす

3 右図のように印をつける（へらつけ）。右図を参照して、①裾縫い代、②馬乗り、③袖つけ、④衿肩あきに印をつける。

（袖つけ寸法、肩山、わ、(裏)）

```
        55        20  5
      袖つけ    脇  馬乗り
   ┌─────────────┬──┐
肩山→│わ    後ろ(裏)   │印│
   │                 │つけ│
 10│  わ             │ 5│
   └─────────────┴──┘
 衿肩あき
   上2枚 後ろ身頃
   下2枚 前身頃
```

4 衿肩あきに1寸（10）の切込みを入れる。

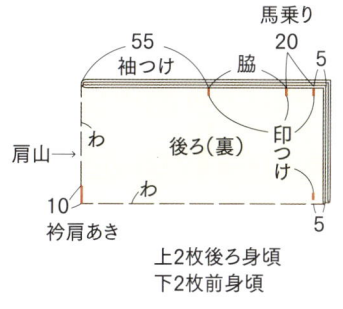

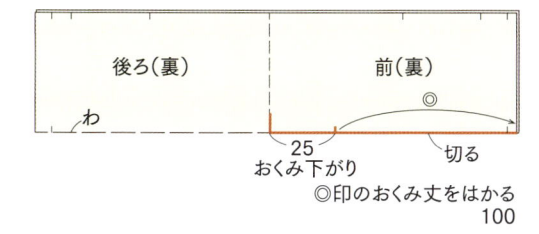

（肩山、10切る）

5 後ろ身頃を脇側に折り上げ、前身頃におくみ下がりの印をつける。印から裾までの長さ◎（おくみ丈）をはかる。

```
┌────────────┬────────────┐
│  後ろ(裏)    │   前(裏) ◎  │
│ わ          │             │
└────────────┴────────────┘
            25        切る
         おくみ下がり
         ◎印のおくみ丈をはかる
              100
```

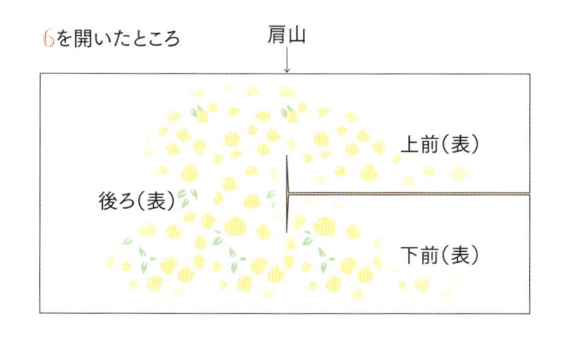

6 前身頃のわを2枚に切り離す。

6を開いたところ

```
           肩山
            ↓
┌──────────────────────┐
│              │  上前(表)  │
│   後ろ(表)    ├───────── │
│              │  下前(表)  │
└──────────────────────┘
```

手ぬぐい2本で作る一つ身じんべえ

仕立て編

35

■ 2本めの手ぬぐいで、袖、おくみ、衿などを裁つ

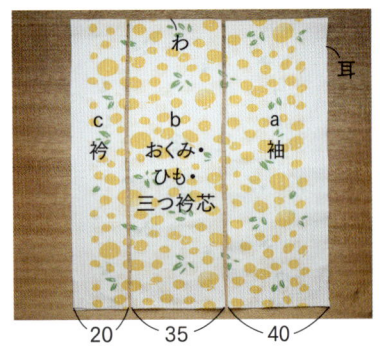

1
手ぬぐいの丈を中表に半分に折り、a、b、cの3枚を裁つ。

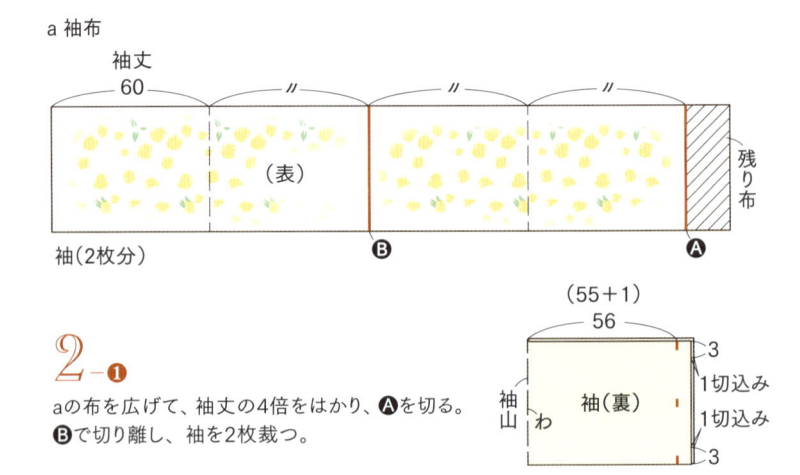

（写真ラベル：わ／耳／c 衿／b おくみ・ひも・三つ衿芯／a 袖／20／35／40）

2-❶
aの布を広げて、袖丈の4倍をはかり、❹を切る。❸で切り離し、袖を2枚裁つ。

（図ラベル：a 袖布／袖丈 60／（表）／袖（2枚分）／残り布／❸／❹／（55＋1）56／袖山わ／袖（裏）／3／1切込み／1切込み／3）

2-❷
袖2枚を中表に重ねて半分に折り、印をつける。袖下の左右から3分入ったところに1分の切込みを入れる。

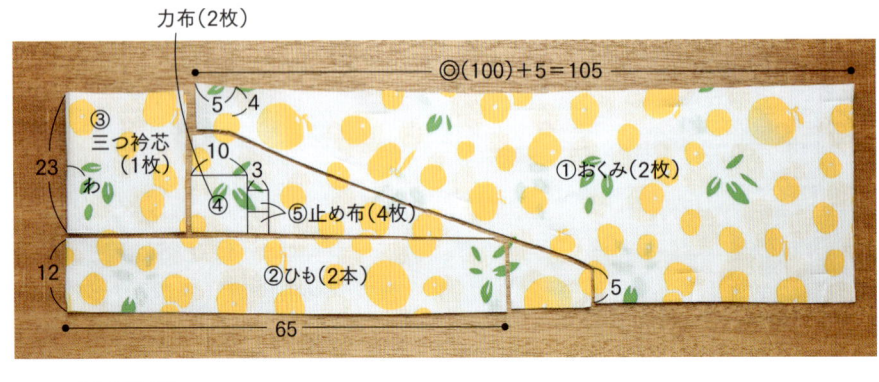

（写真ラベル：袖山わ／袖つけ側／袖口／56／（裏）／耳／切込み／切込み／3／1切込み／耳）

3
bの布に印をつけて、おくみ、三つ衿芯、ひもに切り分ける。

Point 布は二つ折りのまま①～③の順に切り分け、残り分から④⑤を裁ち、おくみに印をつける。余ったところで約1寸2分×1寸2分（12×12）の当て布を裁つ。

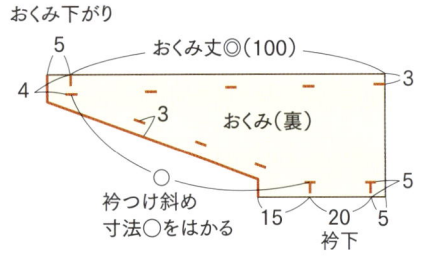

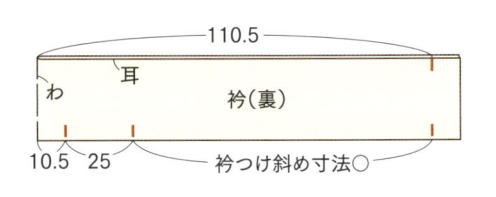

（図ラベル：力布（2枚）／◎（100）＋5＝105／③三つ衿芯（1枚）／23／わ／5／4／10／3／④／⑤止め布（4枚）／①おくみ（2枚）／②ひも（2本）／12／65／5）

（おくみ図ラベル：おくみ下がり／5／おくみ丈◎（100）／3／4／3／おくみ（裏）／衿つけ斜め寸法◯をはかる／15／20／5／衿下／5）

4
cの布に、印をつける。

（図ラベル：110.5／耳／わ／衿（裏）／10.5／25／衿つけ斜め寸法◯）

仕立て編 ── 手ぬぐい2本で作る一つ身じんべえ

袖を縫う

1. 袖布を外表に合わせ、切込みから切込みまで端から1分のところを縫う。

2. 縫い目を手前に折る。

3. 裏に返して中表にし、印どおりに端から端まで縫う（袋縫い）。

4. 縫い代に1分のきせをかけて、前袖側に折る。
   Point 右袖、左袖できせが反対になるようにする。

5. 袖口の裁ち目から3分のところに印をつけて、印どおりに折る。 
   Point 袖下の重なり部分のはみ出した縫い代は切っておく。

6. 袖口の3分の縫い代を三つ折りぐけでくける。

7. 両袖の縫上り。袖つけ側に3分の折り目をつけておく。
   Point あとですぐに袖つけができる。左右同じ袖を作らないように注意する。

[縫始め]

❶ 三つ折りにした縫い代の内側から、袖下のきせ部分に針を出す。

❷ すぐ右隣に針を出し、糸を1往復して、きせ部分を固定しくける。
Point 洗濯時の形くずれ防止用。

[縫終り]

❶ 縫始めの止め部分に針を出す。

❷ 始めと同じところに針を往復し、1〜2分先の際に針を出して玉止め。玉止めを縫い代の中に引き込んで糸を切る。

仕立て編 ― 手ぬぐい2本で作る一つ身じんべえ

ひもを縫う

1 ひも布を四つ折りにして、折り目をつける。

2 片方の端を縫って折り込み、四つ折りにして端からくける。

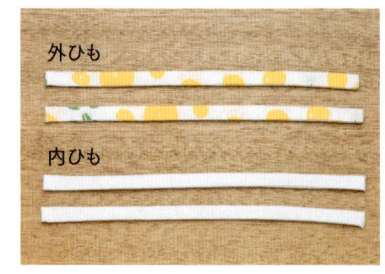

3 1、2の手順で、共布で2本、別布（内ひも用）で2本のひもを縫う。

[端の縫い方]

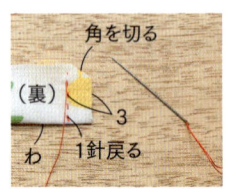

❶ 中表に二つ折りにして印どおりに縫い、角を切る。

❷ 5厘（0.5）のきせをかけて縫い代を折り、折り山から布2枚を一緒に手前に折る。

❸ 手前の1枚を向う側にひっくり返す。

❹ 裏から、縫始めの折り山に針を出し、表に返す。

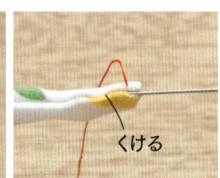

❺ 縫い代を中に折り込んで折り山を突き合わせ、縫い目が表に出ないようにくける。

おくみの衿下をくける

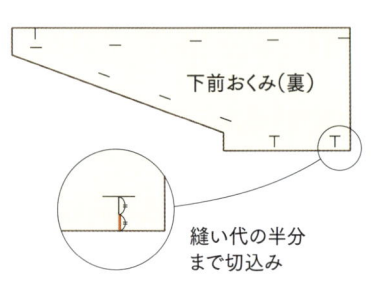

1 裾側の縫い代に半分まで切込みを入れ、衿下の縫い代を三つ折りにする。

2 衿下の5分の縫い代を三つ折りぐけでくける。下前おくみも同様に縫う。

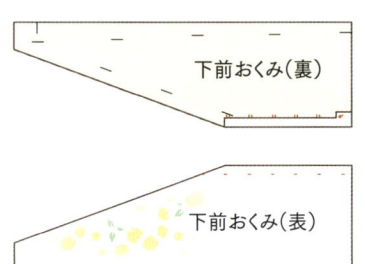

仕立て編 ── 手ぬぐい2本で作る一つ身じんべえ

脇を縫う

1 袖つけの印から馬乗りの印まで折り目をつける。

（写真ラベル：折る／肩山／衽肩あき／後ろ(裏)／わ／裾）

2 後ろ身頃と前身頃の印を合わせる。馬乗りの印部分に前、後ろ側から止め布を当てて、まち針でとめる。

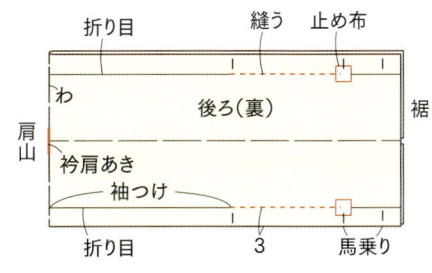

（写真ラベル：袖つけ印／馬乗り／止め布／肩山／後ろ(裏)／衽肩あき／背中心／裾／2／3／止め布）

（図ラベル：折り目／縫う／止め布／わ／後ろ(裏)／裾／肩山／衽肩あき／袖つけ／折り目／3／馬乗り）

3 馬乗りから袖つけ印までを縫う。前後の止め布も一緒に縫う。

（写真ラベル：3／馬乗り印／袖つけ印／縫う／止め布／後ろ(裏)）

4 縫い代に5厘(0.5)のきせをかけて、前側に折る。

（写真ラベル：止め布／0.5のきせ／前(裏)）

5 前後身頃を広げ、後ろ身頃の縫い代を4のきせの縫い目から1分ほど折る。

（写真ラベル：裾／後ろ(裏)／脇／縫い目から1折り返す／前(裏)）

6 前身頃の縫い目の上を縫い押さえる(しのび)。
Point 5で開いた縫い代を落ち着かせるためにしのびを入れる。馬乗り印の5分上から袖つけ印の5分下まで5分間隔でとめる。

（写真ラベル：5／馬乗り印／しのび／5／袖つけ印／5／5／前(裏)）

縫い代を開いたところ。

（写真ラベル：後ろ(裏)／馬乗り印／しのび／前(裏)）

（写真ラベル：0.5／5）

5の1分折ったところがしのびで押さえられている。

7 馬乗りの印部分をかんぬき止めで補強する(24ページ参照)。
Point 洗濯しても形くずれしないように丈夫にするため。

（写真ラベル：前(表)／かんぬき止め）

仕立て編 — 手ぬぐい2本で作る一つ身じんべえ

39

[下前側]　　　　　　　　　　　　　　　　　　　　[上前側]

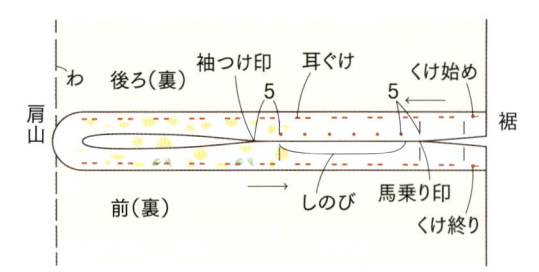

図：肩山／わ／後ろ（裏）／袖つけ印／耳ぐけ／くけ始め／裾／前（裏）／しのび／馬乗り印／くけ終り／5

写真ラベル：裾／くけ終り／後ろ／しのび／縫い目を落とす／くけ始め／馬乗り印／耳ぐけ／前／5／[裏側]／0.5弱／後ろ／[表側]

仕立て編 ── 手ぬぐい2本で作る一つ身じんべえ

8 前後身頃の肩山から脇に折り目をつける。裾から肩山、反対側の裾をぐるりと耳ぐけする。

Point
下前……後ろ裾から肩山、前裾に向かってくける。
上前……前裾から肩山、後ろ裾に向かってくける。
左右の耳ぐけの縫い目がそろうように縫う。
馬乗り印、袖つけ印の位置には必ず縫い目を落とし、肩山には縫い目を落とさないようにする。くける場合は、縫い代をややゆるめにくけるときれいに仕上がる。

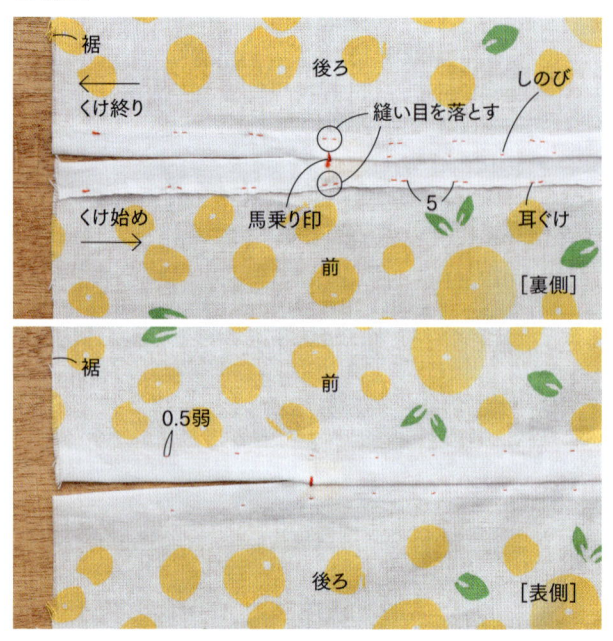

前身頃におくみをつける

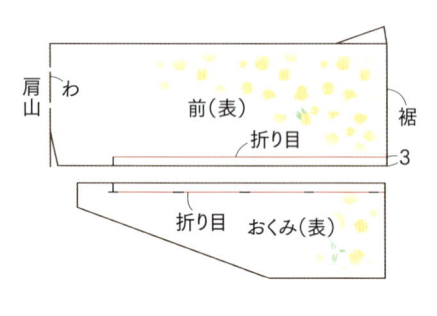

図1：肩山／わ／前（表）／折り目／裾／3／折り目／おくみ（表）

図2：おくみ下がり印／1／5／わ／前（裏）／おくみ（表）／裾／5／1切込み

1 前身頃とおくみを印どおりに折る。前身頃とおくみの裁ち目を外表に合わせ、裾の5分上からおくみ下がりの印の5分下まで1分のところを縫う。裾に1分の切込みを入れ、縫い目を折る。

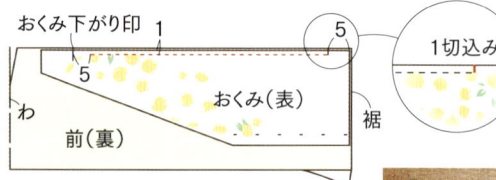

写真ラベル：5／①縫う／5／1／②1切込み／前（裏）／おくみ（表）／裾

図3：裾／おくみ（裏）／前（表）／わ／肩山

2 前身頃とおくみを中表に合わせ、印と印を合わせて縫う（袋縫い）。

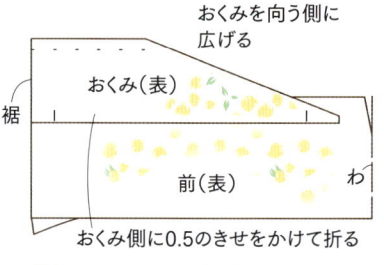

図4：おくみを向う側に広げる／おくみ（表）／裾／前（表）／わ／おくみ側に0.5のきせをかけて折る

3 おくみ側に5厘（0.5）のきせをかけて折り、おくみを向う側に広げる。
Point もう片方のおくみも同様につける。

写真ラベル：おくみ（裏）／前（裏）／裾

裾をくける

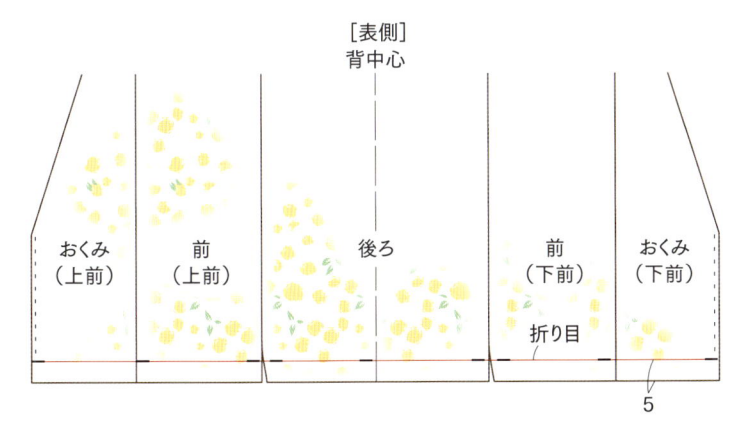

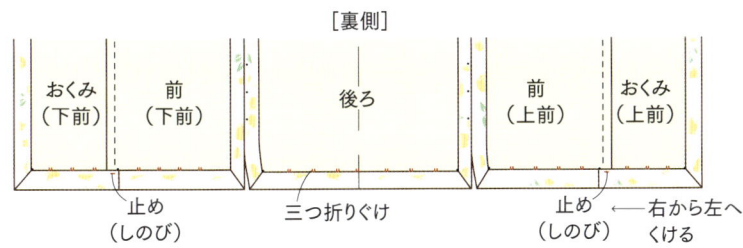

[表側]
背中心

おくみ（上前） ／ 前（上前） ／ 後ろ ／ 前（下前） ／ おくみ（下前）
折り目
5

[裏側]

おくみ（下前） ／ 前（下前） ／ 後ろ ／ 前（上前） ／ おくみ（上前）
止め（しのび）　三つ折りぐけ　止め（しのび）　←右から左へくける

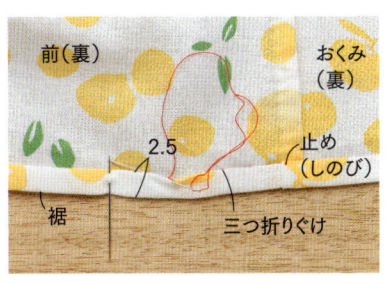

2.5
前（裏）　おくみ（裏）
裾　三つ折りぐけ　止め（しのび）

裾5分の縫い代を三つ折りぐけでくける。角は三角に折って始末し、おくみつけのきせ山は、止め（しのび）をしながら縫う。

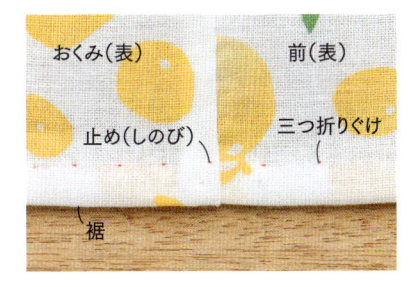

おくみ（表）　前（表）
止め（しのび）　三つ折りぐけ
裾

[角のたたみ方とくけ方]（5分の縫い代の三つ折りぐけ）

❶ 衿下の裾を三角に折る。
（おくみ（裏）／山 谷／裾）

❷ 三角部分の三つ折り線の1本めの線にそって、山折り、谷折りの順に折りたたむ。
（おくみ（裏）／裾）

❸ 裾を三つ折りにして写真のように角を整えて、まち針を打つ。
（おくみ（裏）／裾）

❹ ❶〜❸と同様に、馬乗り裾の角も整える。
（前（裏）／おくみ（裏）／馬乗り／衿下／裾）

❺ 衿下の縫い代の中から針を入れ、折った角に針を出す。
（裏／裾／衿下）

❻ 針を抜き、すぐ隣の衿下側に針を入れて表側に抜き、少し（糸1〜2本）ずらして、❺に刺し戻す。 
（裏／衿下／（表））

❼ ❻をもう一度繰り返し、角を内側から外側に向かってくける。さらに外側から内側に向かってくけて、角に針を戻す。
Point 洗濯時の形くずれ防止用。
（裏／裾／衿下／くける）

❽ 裾の折り山の三つ折りぐけを始める。
（3）

仕立て編

手ぬぐい2本で作る一つ身じんべえ

衿をつける

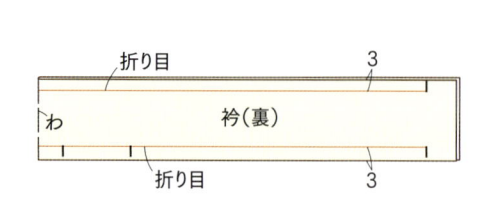

1 衿の両側に印から印まで3分ずつ折り目をつける。

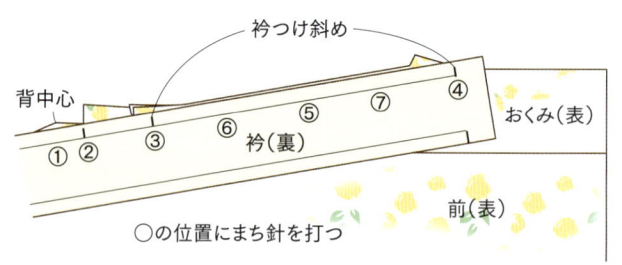

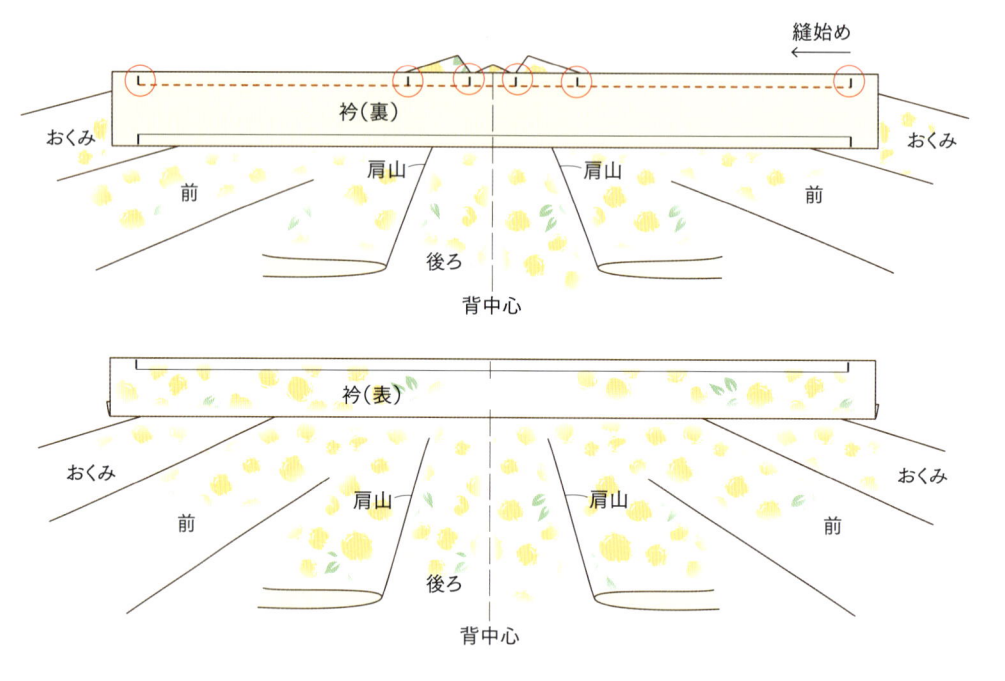

2 衿と身頃を中表に合わせ、番号順にまち針を打つ。
Point 衿つけ斜め部分は裁ち板の上に置いて、まち針を打つ。
○の位置にまち針を打つ

3 下前衿先から上前衿先まで、衿を見ながら、折り目どおりに縫う。
Point 図の○部分は針を1針返して縫う。

❶ 下前衿先から縫い始める。

❷ 衿肩あきから背の縫込みは、カーブをつけずにまっすぐ縫う。

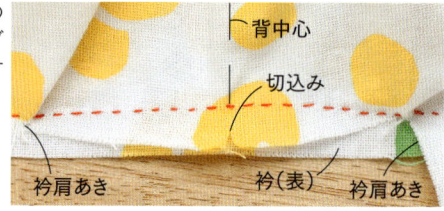

仕立て編 ── 手ぬぐい2本で作る一つ身じんべえ

❸ 衿の中を落ち着かせるために、おくみの縫い代は一緒に縫わない。

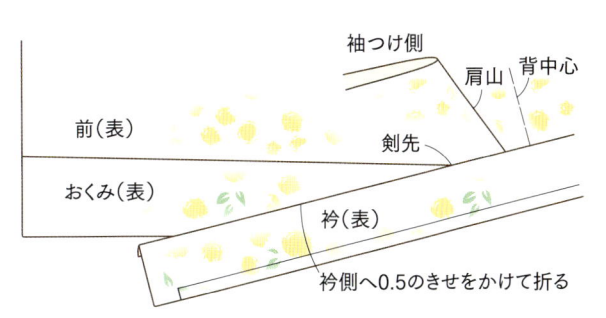

❹ 衿側に5厘（0.5）のきせをかけて折り、衿を表に返す。
（全体図は42ページ）

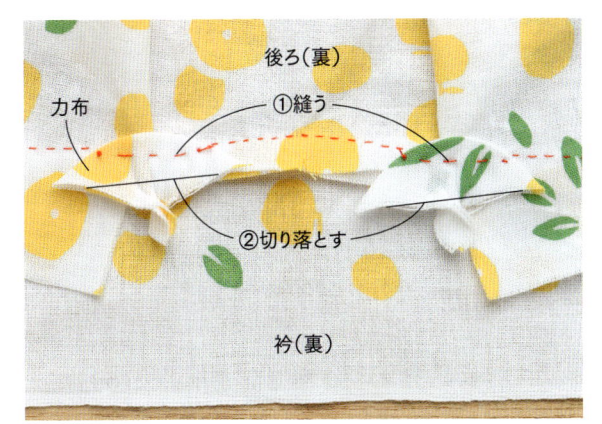

❺ 衿肩あきの角に力布をつけ、ねじった部分を切り落とす。

[力布の作り方]

❶ 力布を裁つ。

❷ 三角形に折る。

❸ 三角の山のところを左手で持ち、右手でねじる。

Point 布のわ側をねじる。

❻ 衿の縫い代に三つ衿芯を合わせ、5分間隔で縫いとめ、衿側に倒す。衿端は三つ衿芯と一緒に3分折っておく。

仕立て編

手ぬぐい2本で作る一つ身じんべえ

手ぬぐい2本で作る一つ身じんべえ

仕立て編

7 衿先を始末する。
① おくみ裏側の衿つけ止りと衿の印を中表にしてまち針でとめて、2分上を縫う。

（画像ラベル）裾／わ／縫う／衿（裏）／衿つけ止り／おくみ（裏）

② 衿つけ止りから、裏衿側に衿先を折る。

（画像ラベル）おくみ（表）／衿（裏）／わ

③ 衿先の縫い代を少しずらす。

（画像ラベル）おくみ（表）／ずらす

④ 衿の幅の印どおりに折る。

（画像ラベル）衿つけ止り

⑤ 折ったまま、衿を表に返す。

（画像ラベル）わ／衿つけ止り／衿（表）／おくみ（裏）

8 裏衿を身頃にくける。
① 衿先から5分入ったところの裏衿の折り山の際に針を出し、ややずらして表衿側に針を入れる。

（画像ラベル）裏衿（表）／おくみ（裏）

② 表衿側に針を抜き、ややずらして裏に針を戻すことを2回繰り返し、衿先のきせ分をしっかりとめる（しのび）。

（画像ラベル）表衿（表）／裏に戻す／おくみ（表）

③ 折り山の内側と衿の縫い目に針を出してくけていく。衿の表と裏に縫い目が出ないように、内側の布をすくう。

（画像ラベル）裏衿（表）／おくみ（裏）／くける／止

（最終画像ラベル）後ろ／脇／上前／おくみ／くけ終り／裏衿

[裏側]
Point 下前衿先から上前衿先までくける。

44

袖をつける

1 身頃と袖を写真のように並べる。

2 肩山と袖山を合わせて持ったまま身頃を裏返しに袖に重ね、袖と身頃を中表に合わせる。

3 後ろ身頃、袖下、前身頃の袖つけを少しずつすくい、針を同じところに2回通して糸を引き抜き、袖つけ止りをとめる（きせ山をとめる）。糸はそのままにしておく。

4 袖下は3分、肩山は2分、袖の縫い代を出して、身頃と袖を①〜④の順にまち針でとめる。

5 3の糸で、袖つけ止りから縫い始め、④のところまでは縫い目が斜めになるように、ほかは1分の縫い代をつけて縫う。反対側も同様に縫って、袖側に5厘(0.5)のきせをかける。

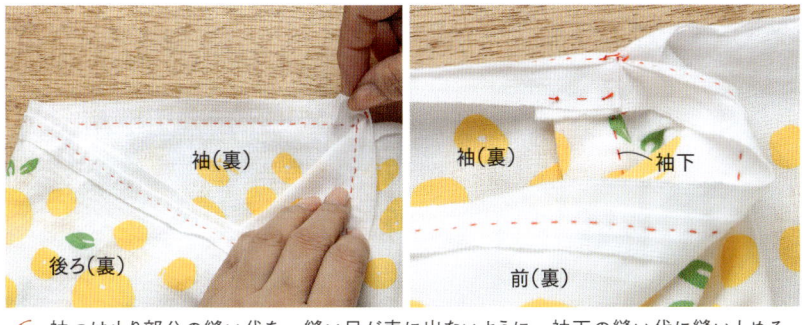

6 袖つけ止り部分の縫い代を、縫い目が表に出ないように、袖下の縫い代に縫いとめる。

7 左袖のつけ終り。右袖も同様につける。

手ぬぐい2本で作る一つ身じんべぇ

仕立て編

ひもをつける

1 肩山から7寸(70)のところに、まち針をとめる。

2 1の裏側に縫い目が表に出ないように、ひもをつける。
Point ひもは女児用は縫い目が上側、男児用はわを上側(縫い目が下)にしてつける。

❶ 裏衿の端にひもの縫い線を合わせ、返し縫いで縫う。

縫い目が出ないように内側でくける

❷ 反対側にひもを倒して、まつり目が表に出ないようにまつる。

3 上前と同じ位置に下前のつけ位置を決め、裏に当て布を当て、下前にひもをつける。

[表側]
③内側でくける
②まつる
①中の端を返し縫い

[裏側]
当て布

Point 当て布は、1寸2分×1寸2分(12×12)の布を縦半分、横半分に折って、4分の1の大きさにして当てる。

4 内ひも2本を、下前裏衿、上前裏脇に同様につける。

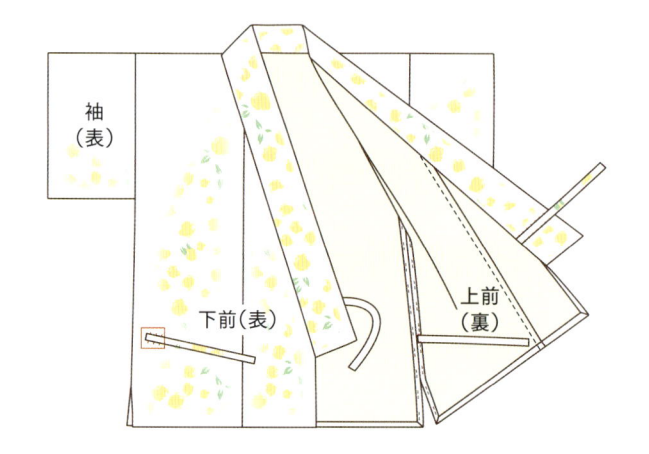

仕立て編 ── 手ぬぐい2本で作る一つ身じんべえ

肩揚げをする

1
背中心の位置を決め、揚げ山と縫い線の印をつける。

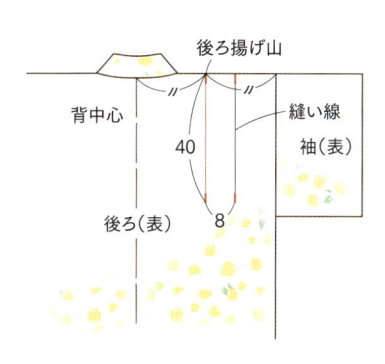

2
揚げ山から外表に折り、袖側から二目落としで印どおりに縫う。

Point 肩山には必ず針を落とし、等間隔で縫うときれい。糸は2本どりで、2本の糸がよれないように縫うときれい。

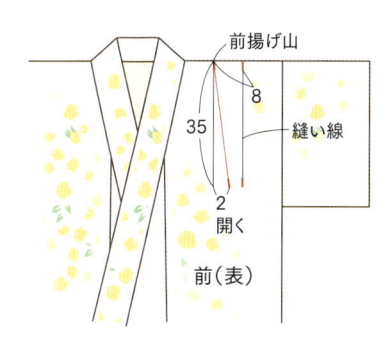

3
上前の肩揚げの縫上り。

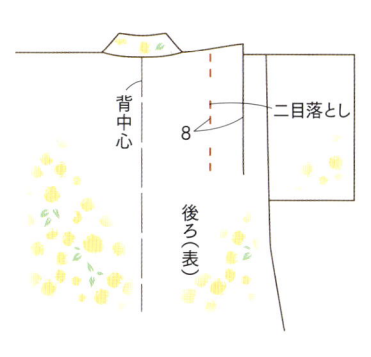

4
下前の肩揚げも同様に縫う。

仕立て編 ― 手ぬぐい2本で作る一つ身じんべえ

手ぬぐい1本で作る和パンツ（著者考案パンツ）

＊0〜3歳ぐらい

【材料】

手ぬぐい（幅36cm、丈96cm）…1本
平ゴム…1尺程度（約40cm）
手縫い用木綿糸…手ぬぐいと同色

【寸法表】

（単位＝分）

パンツ丈	100程 ＊手ぬぐいの用尺により異なる
股上	50
股下	＊手ぬぐいの用尺により異なる
裾脇あき	10

印をつけて裁つ

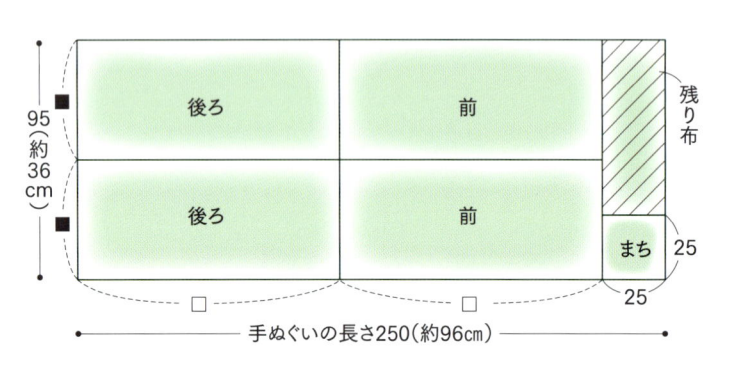

1 手ぬぐいを広げ、まち分2寸5分(25)を残して、4等分に裁つ。

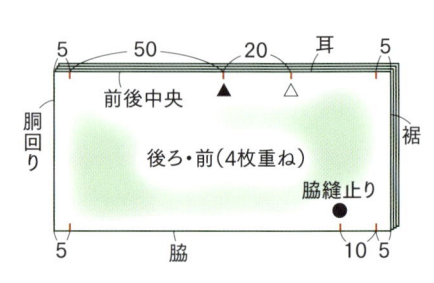

2 前後ろ布4枚を重ね、印をつける。

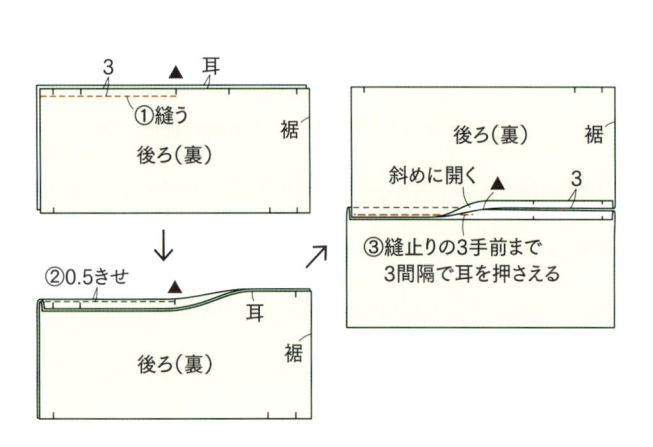

3 後ろ布と前布をそれぞれ縫い合わせる。
❶後ろ布2枚を中表に合わせ、端から▲まで縫う。
❷縫った部分に5厘(0.5)のきせをかけて、手前に倒す。
❸布を開き、❷を3分間隔で縫い押さえる。
Point 前布も同様に縫う。

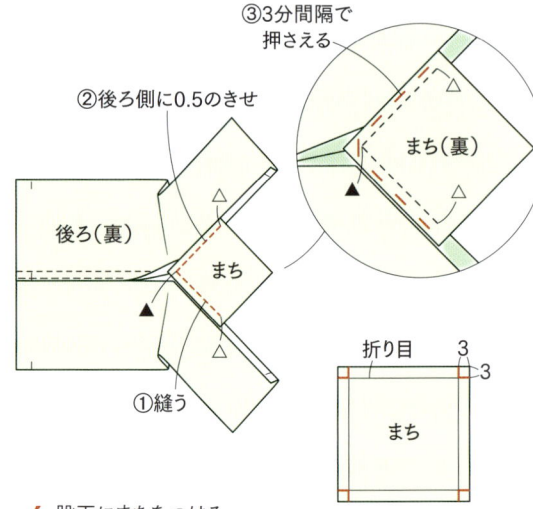

4 股下にまちをつける。
❶まちに印をつけ、
後ろ布の印とまちの印を合わせて縫う。
❷後ろ布側に5厘(0.5)のきせをかけて折る。
❸折った縫い代を3分間隔の一目落としで縫い押さえる。

仕立て編

手ぬぐい1本で作る和パンツ

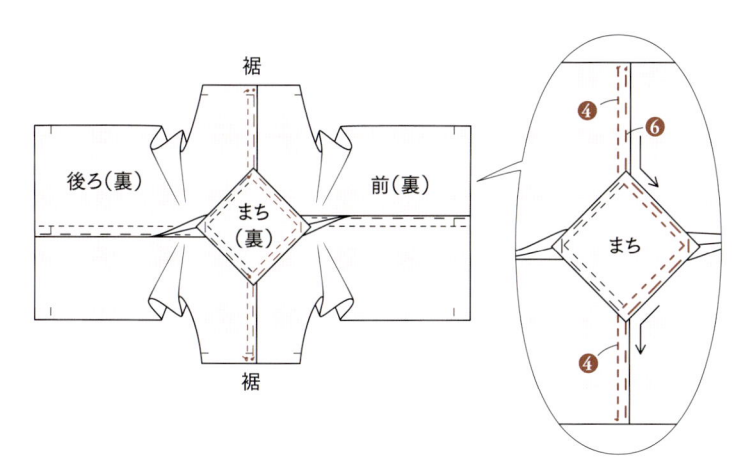

❹前布の印とまちの印を合わせて、裾から縫う。
❺前布側に5厘(0.5)のきせをかけて折る。
❻折った縫い代を3分間隔で縫い押さえる。

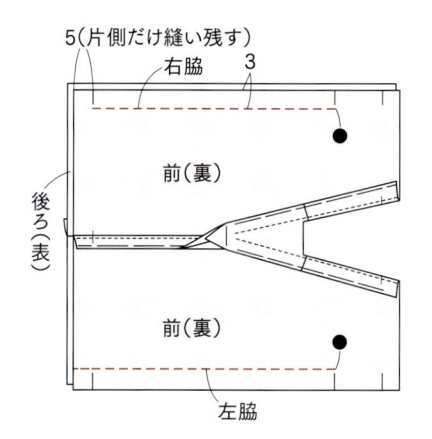

5　後ろ布と前布を中表に合わせ、両脇を縫う。
　Point 片側はゴム通し口用のあきを5分残す。

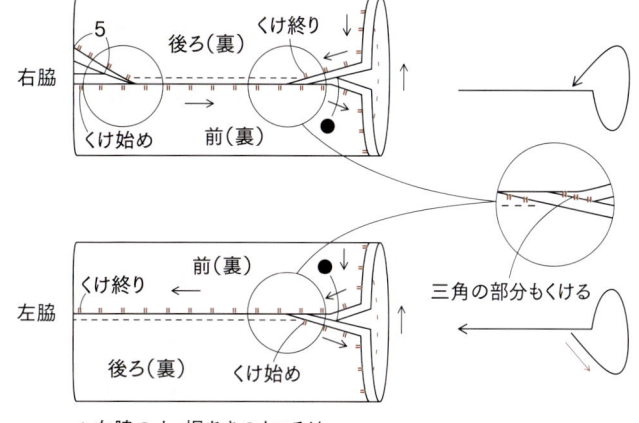

＊右脇の上、裾あきのところは、自然に斜めにする

6　脇を始末し、裾を三つ折りぐけで縫う。左右を図の矢印のように、ひと続きに縫う。
　Point 右脇／脇上からくけ始め、裾を1周くけ、後ろ布側の斜めまでくける。左脇／後ろ側の斜めからくけ始め、裾を1周くけて、脇上までくける。

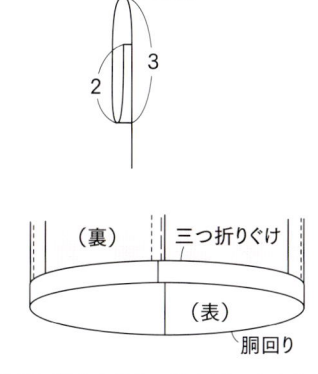

7　ゴム通し部分を作り、仕上げの止めをする。
　❶胴回りの布を図のように折って、1周くける。
　❷ゴム入れ口からゴムを通して端を結ぶ。
　❸左右の裾脇あき、まちの前後▲部分の4か所をかんぬき止めで補強する。

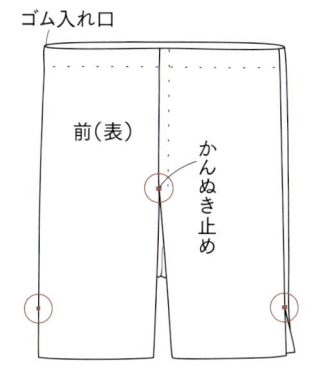

＊○の3か所と後ろの三角部分の4か所をかんぬき止めをする

仕立て編 ── 手ぬぐい1本で作る和パンツ

一つ身浴衣

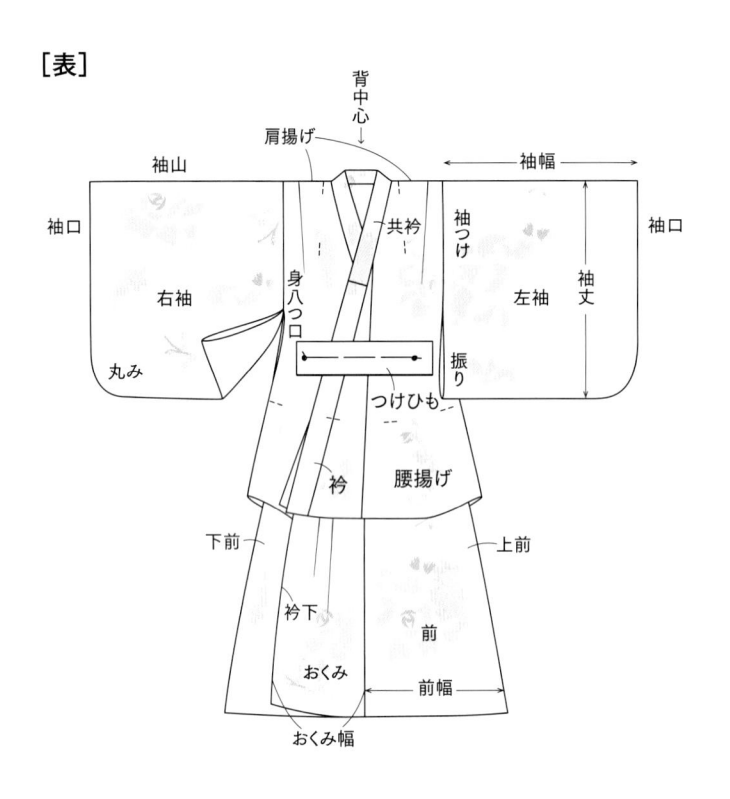

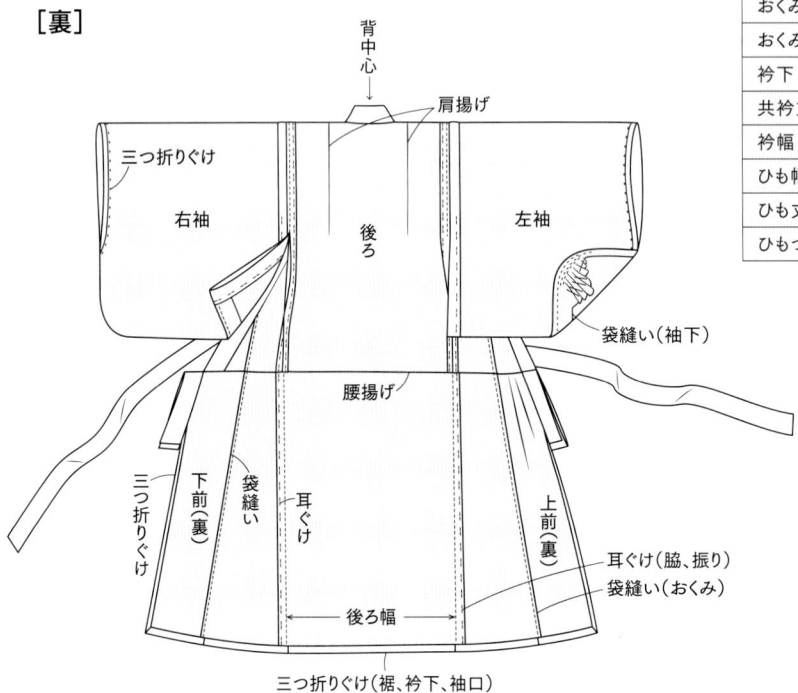

*0〜3歳ぐらいまで

[表]

【材料】

浴衣地…1丈（3分の1反／約3.8m）
別布（白のさらし）…つけひも 5寸×2尺、
三つ衿芯 2寸5分×3寸
手縫い用木綿糸…浴衣地と同色または白

【寸法表】●身長：90〜110cm

（単位＝分）

袖丈（女児）　元禄袖	60
（男児）　筒袖	60
袖幅	60〜65
袖口	35
袖つけ	40
丸み（女児のみ）	15
裁切り身丈	230（腰揚げ分60）
着丈	160
着ゆき丈	80
身八つ口	25
衿肩あき	10
後ろ幅／肩幅	布幅いっぱい
前幅	布幅いっぱい
おくみ下がり	25
おくみ幅	30〜35
衿下	60
共衿丈	75
衿幅	9
ひも幅	10
ひも丈	200
ひもつけ位置	肩から65下へ

●身丈
・腰揚げの寸法は、最低1寸（10）が格好のよい限界。
・柄により2寸（20）ぐらいは短くてもよい。その分、袖丈を出す。
・布幅により、縫い代は変わる。

[裏]

【裁ち方】 Point 用尺が1丈あることを、2〜3回確認する。図内の＋0.5〜2の表記はきせ分または詰まり分。

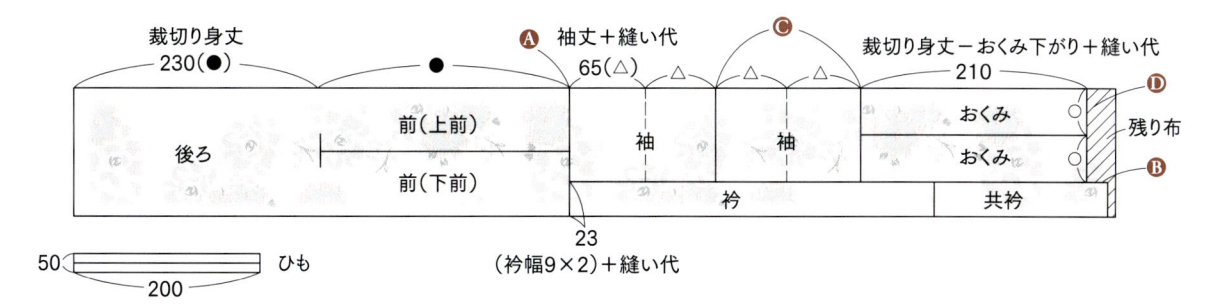

布を裁って、印をつける (一つ身じんべえ34ページ参照)

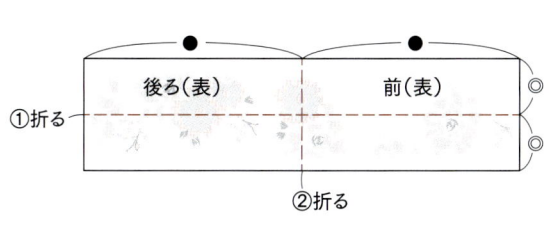

1 ❹を切る。前後身頃（裁切り身丈の2倍）を裁ち、印をつける。
① 布幅を中表に半分に折り、わ側が手前にくるように置く。
② 布丈を半分に折る。

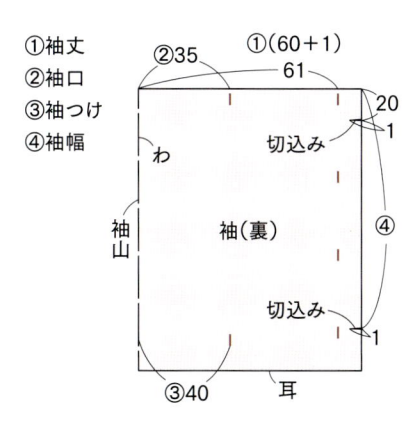

2 ❷、❸を切る。袖を裁ち、印をつける。
① 袖口、袖つけ、袖丈の印をつける。
② 袖下に袋縫いのための切込みを入れる。
Point 縫い代が多い場合は、切込みを入れなくてよい。

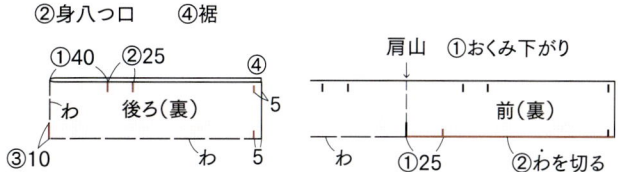

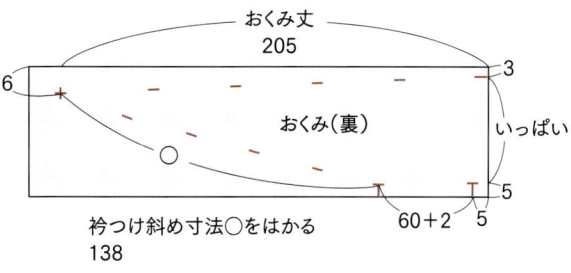

3 ❹を切る。おくみを裁ち、印をつける。
① 中表に幅を半分に折り、2枚に切り離す。
② 印をつける。

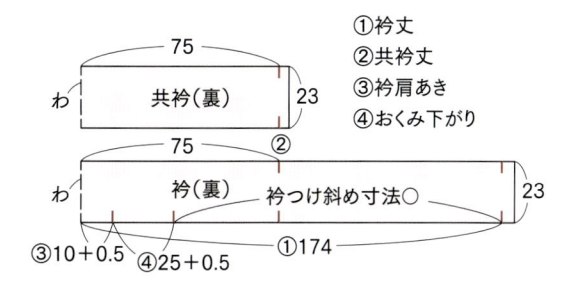

4 衿、共衿を切り離し、印をつける。
■ 衿つけ斜め寸法○(138)＋36（おくみ下がり25.5＋衿肩あき10.5）＝衿丈(174)

袖を縫う

Point 男児の場合は、袖の形を筒袖にする。(59ページ参照)

1

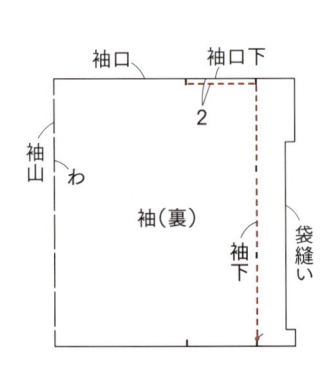

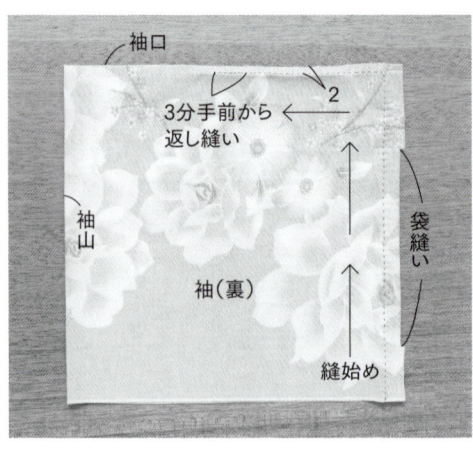

袖下、袖口下を縫い、袖口をくける。

❶ 外表に合わせ、袖下の切込みの間を細かく縫い、縫い目を折る。

❷ 裏に返して中表に合わせ、振り側から袖下、袖口下まで縫い、袖口の印の3分手前から返し縫いをする。

Point 袖口を続けて縫うので、糸は切らずにそのままにしておく。糸が短い場合は、袖口で糸を始末する。

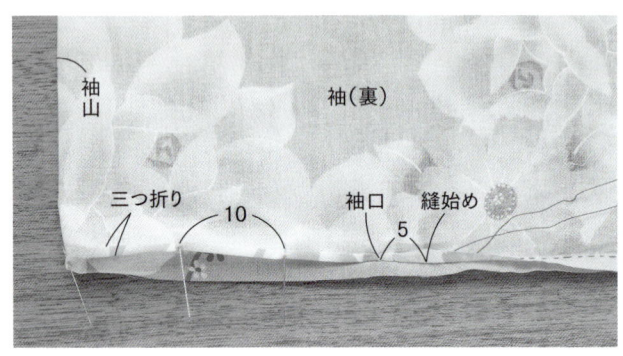

袖口を三つ折りぐけでくける。

❸ 袖口を三つ折りにして、1寸(10)間隔でまち針を打つ。

❹ 袖口の印の5分手前から三つ折りぐけでくけ始める。

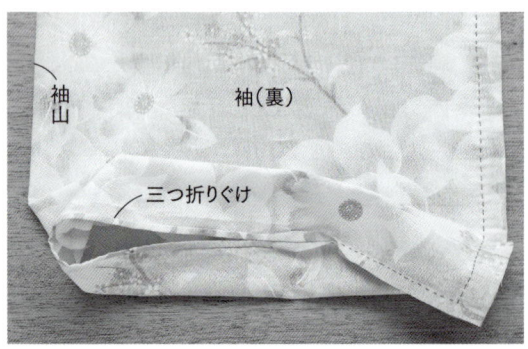

❺ ぐるりと袖口をくけたら、袖口下5分まで縫い代を三つ折りぐけする。

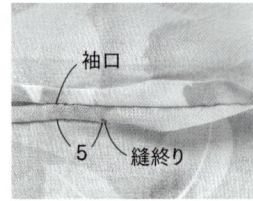

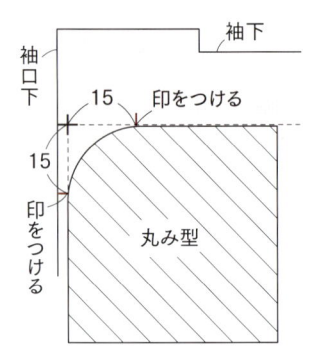

2

袖の丸みを縫う。

Point 1寸5分型を使用する。

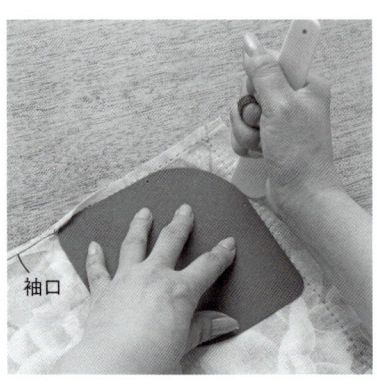

❶ 袖口下と袖下の縫い目に型を合わせ、型にそって通しべらで印をつける。

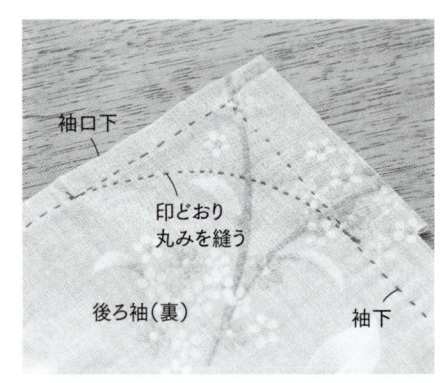

❷ 印から印まで印どおりに細かい縫い目で縫い、糸こきをしてから玉止めをする。

Point 伸ばさないように、よく糸こきをする。

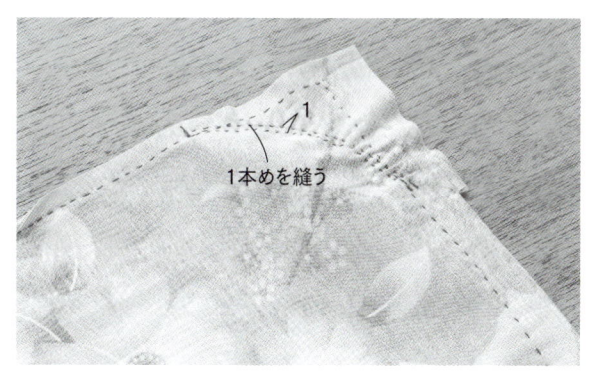

❸ 縫い目の1分上側を、縫い目にそって細かい縫い目で丸み絞りの1本めを縫い、少し糸を引いてとめる。

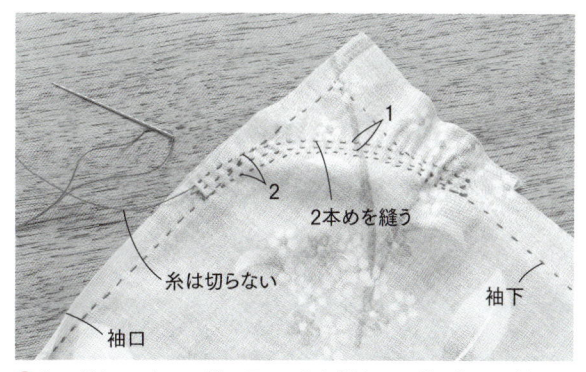

❹ 丸み絞りの1本めの縫い目の1分上側を、同様に細かい縫い目で縫う。糸は切らずにそのままにしておく。

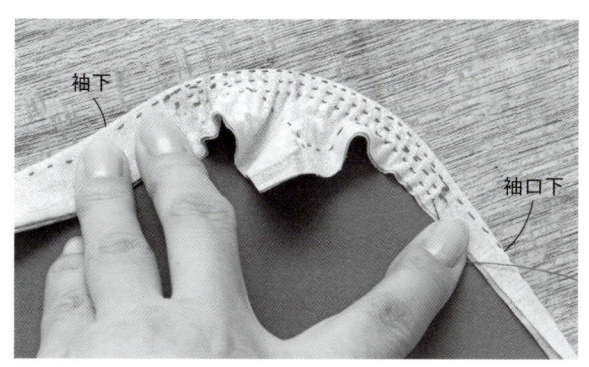

❺ 前袖側の縫い目に丸み型をそわせ、2本めの糸を引き絞り、布を手前に倒す。返し針をして、糸は切らずにそのままにしておく。

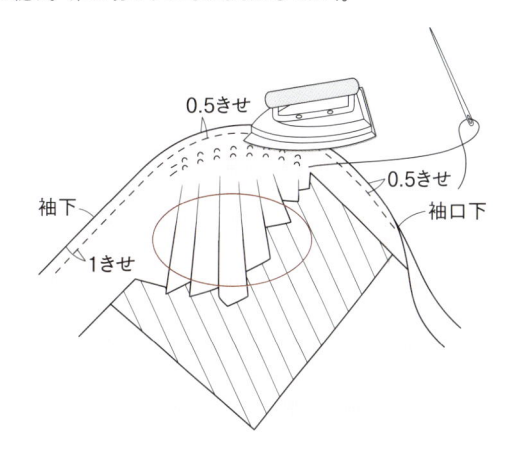

❻ 図の〇部分に布が収まるように布をたたみ、袖口下5厘(0.5)、丸み5厘(0.5)、袖下1分のきせをかける。
Point 布地が木綿なので、アイロン、こてがない場合は、手でたたんでもよい。

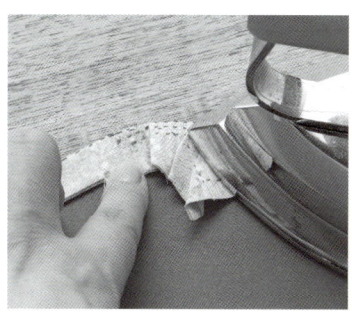

❼ たたんだ部分を❺の糸で押さえる。

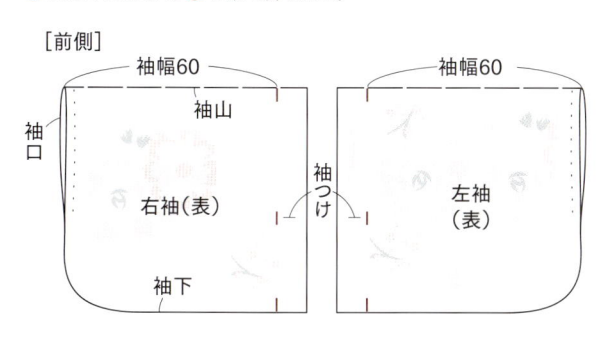

❽ 表に返して形を整え、袖幅の印をつける。
Point 同様に左袖も縫う。左右同じ袖を作らないように注意する。

仕立て編 ── 一つ身浴衣

身頃を縫う（一つ身じんべえ39ページ参照）

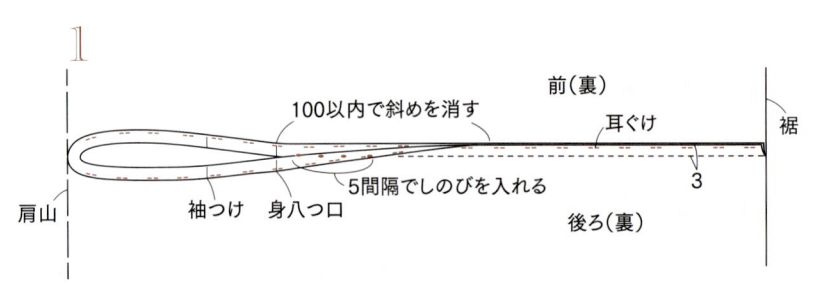

1
- 肩山
- 袖つけ
- 身八つ口
- 100以内で斜めを消す
- 5間隔でしのびを入れる
- 前（裏）
- 耳ぐけ
- 裾
- 後ろ（裏）
- 3

1 両脇を端から3分のところを縫い、前身頃側に5厘（0.5）のきせをかけて耳ぐけする。
　❶ 止め布を身八つ口の印に当てる。
　❷ 裾端から身八つ口の印まで縫う。

2 おくみ布の衿下の左右を三つ折りぐけする。

3 おくみの左右を身頃に袋縫いでつける。

4 上前から下前に向かって、裾を三つ折りぐけする。

袖をつける

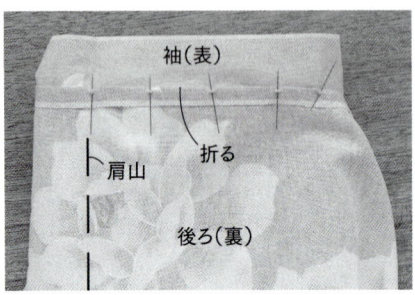

仕立て編 ── 一つ身浴衣

1 身頃は印どおりに縫い代を折り、袖と身頃を中表に合わせて、まち針を打つ。
Point 肩山と袖山を最初に合わせる。

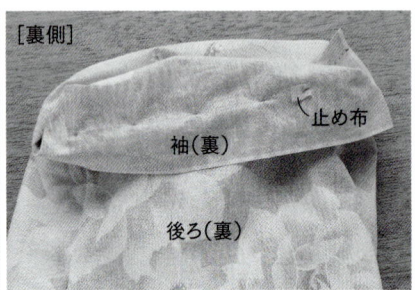

（袖（表）、折る、肩山、後ろ（裏））

前後の袖つけ印の袖側には、止め布（3×2）を当てる。
［裏側］袖（裏）、止め布、後ろ（裏）

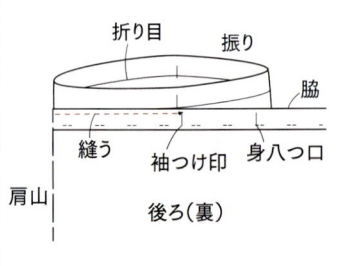

折り目、振り、脇、縫う、袖つけ印、身八つ口、肩山、後ろ（裏）

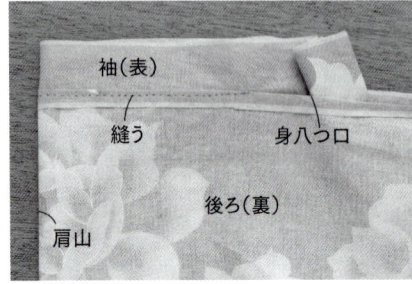

2 身頃の袖つけの印から印までを縫う。縫始めと縫終りの1寸（10）は、斜めに縫う。縫い終わったら、縫い代に5厘（0.5）のきせをかけて袖側に折る。（一つ身じんべえ45ページ参照）

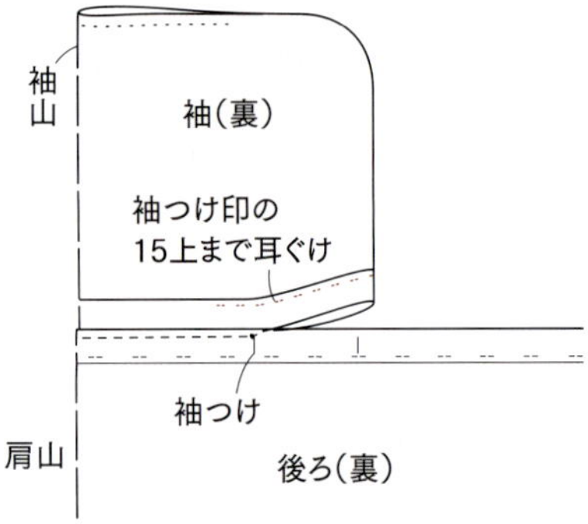

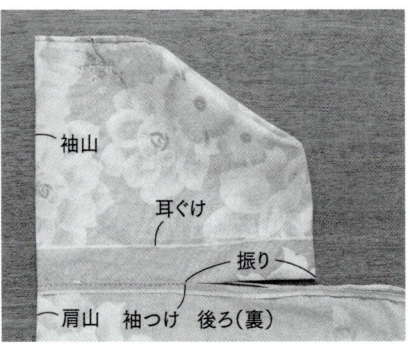

（袖（表）、縫う、身八つ口、後ろ（裏）、肩山）

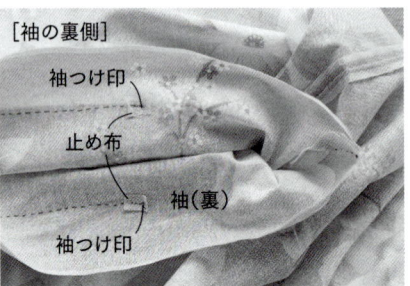

［袖の裏側］袖つけ印、止め布、袖（裏）、袖つけ印

縫始めと縫終りは、2～3針返し縫いをする。

3 袖の振り部分の縫い代を、袖つけ印の1寸5分（15）上まで耳ぐけする。

（袖山、袖（裏）、袖つけ印の15上まで耳ぐけ、袖つけ、肩山、後ろ（裏））

（袖山、耳ぐけ、振り、肩山、袖つけ、後ろ（裏））

衿をつける

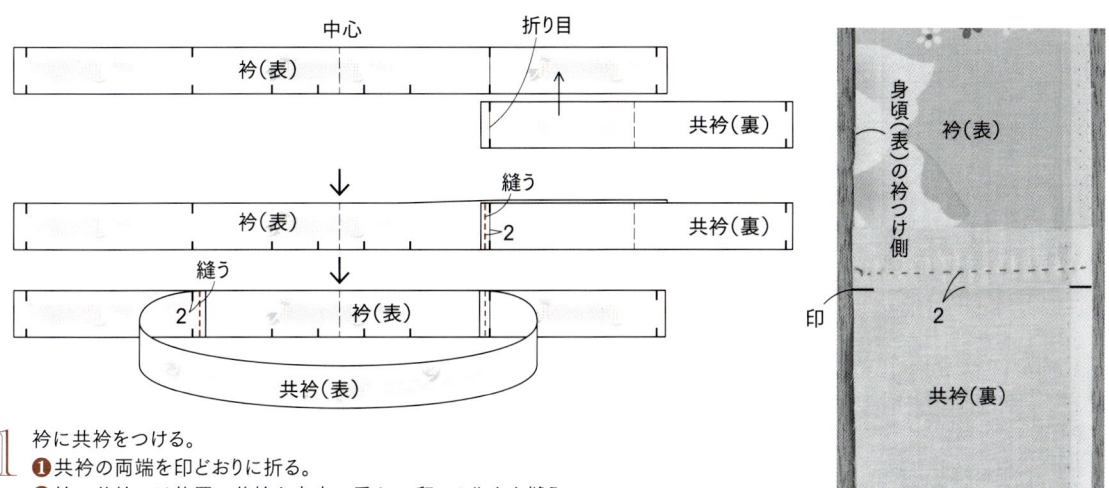

1. 衿に共衿をつける。
   ❶共衿の両端を印どおりに折る。
   ❷衿の共衿つけ位置に共衿を中表に重ね、印の2分上を縫う。
   ❸もう一方も同様に縫う。

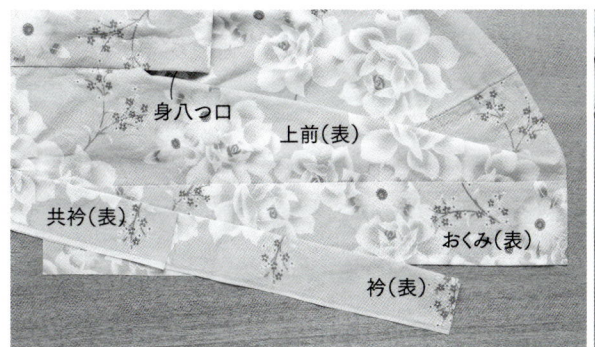

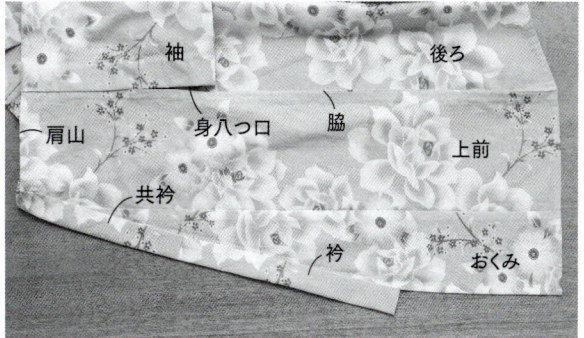

2. 身頃に衿をつける。（一つ身じんべえ42ページ参照）
   ❶衿の両側に3分の折り目をつける。
   ❷衿と身頃を中表に合わせ、衿を見ながら縫う。
   ❸共衿部分に1分、衿に5厘(0.5)のきせをかける。
   ❹三つ衿芯(30×25)と力布を身頃につける。
   ❺衿先にしのびを入れて、下前衿先から上前衿先までくける。写真はくけ終わって表から見たところ。（44ページ参照）

仕立て編 ── 一つ身浴衣

肩揚げをする
（一つ身じんべえ47ページ参照）

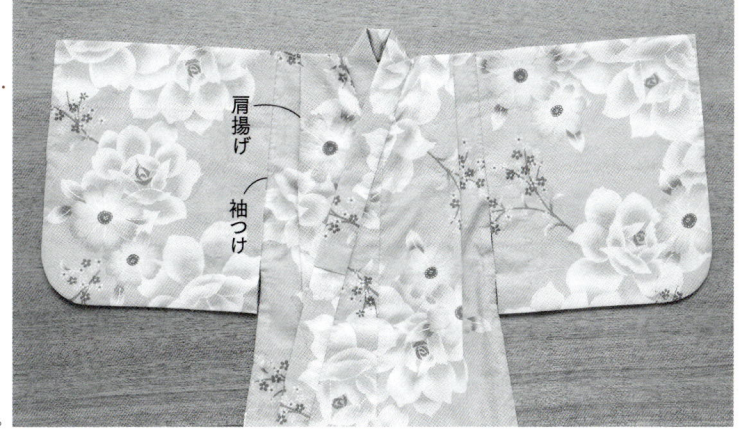

Point 肩揚げは袖にかからないほうが格好よい。

腰揚げを縫う

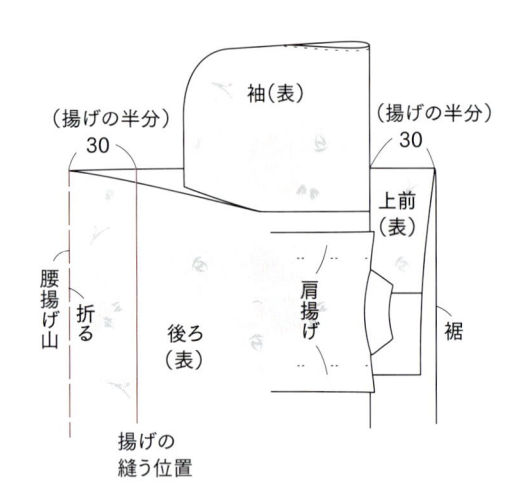

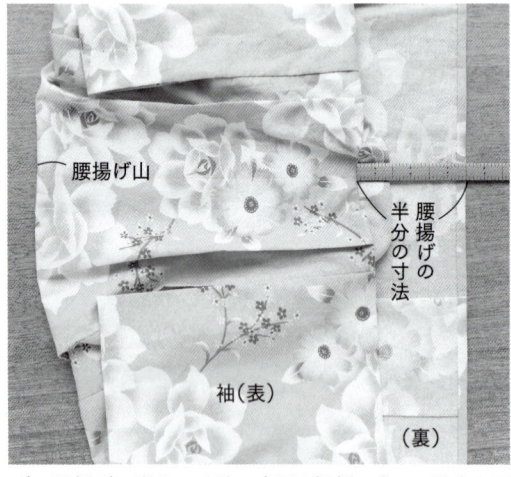

仕立て編 ── 一つ身浴衣

図ラベル（左上図）:
- 袖(表)
- (揚げの半分) 30
- (揚げの半分) 30
- 上前(表)
- 腰揚げ山
- 折る
- 後ろ(表)
- 肩揚げ
- 裾
- 揚げの縫う位置

図ラベル（右上図）:
- 表
- 縫い線
- 腰揚げ山の印
- おくみ
- 衿
- 裾
- 上前
- 表を見て図のように印をつける
- 後ろ
- 背中心
- 裾からはかった寸法
- 下前
- おくみ
- 衿
- 30（揚げの半分）

1. 腰揚げの半分の寸法の身頃を裾側に出し、浴衣を写真のように折りたたみ、揚げ山寸法を決める。

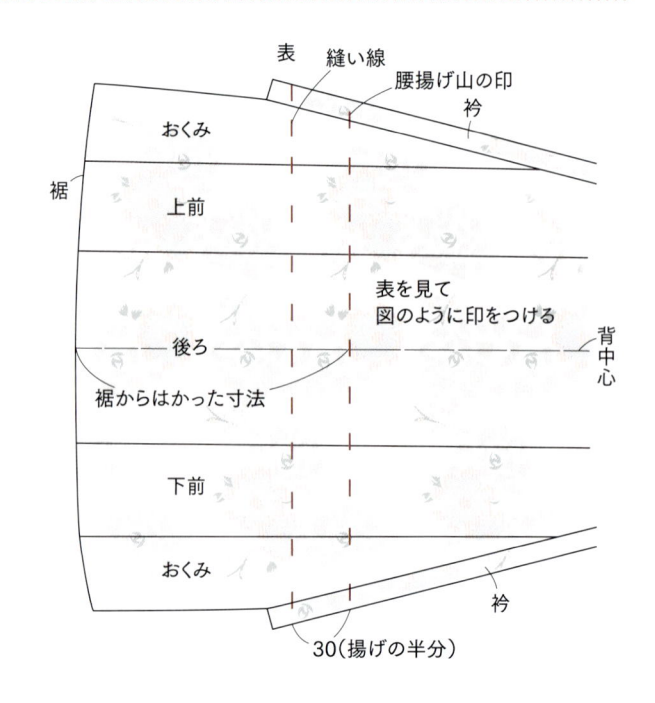

2. 浴衣を平らに広げ、裾から寸法をはかり、腰揚げ山と縫い線の印をつける。

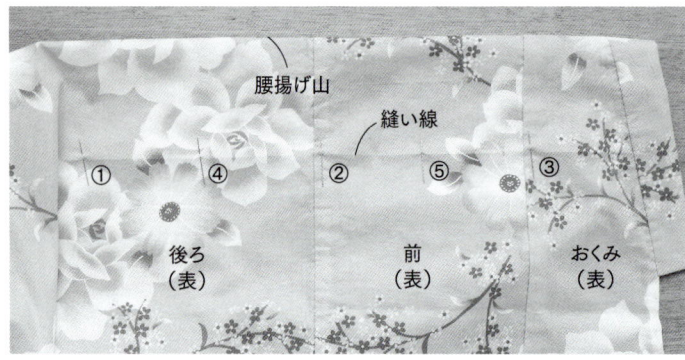

3. 2本の印を折り、腰揚げ山で外表に合わせて、縫い線の折り山に①〜⑤の順にまち針を打つ。
   Point 前後の身頃を平らに整えておく。

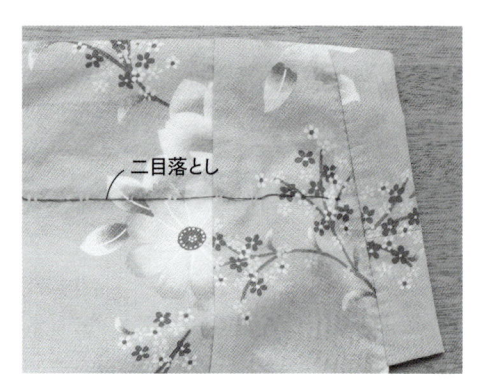

4. 下前から印どおりに二目落としで縫う。途中で糸がなくなった場合は、糸をつないで続けて縫う。

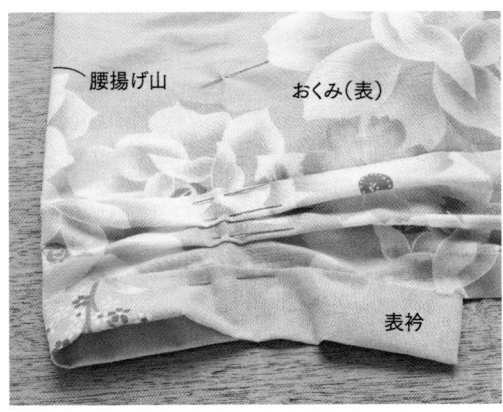

5 ひだを2本たたんで、上前のおくみのたるみ分をならし、衿にそわせてまち針でとめる。ひだはきせと反対側に倒す。

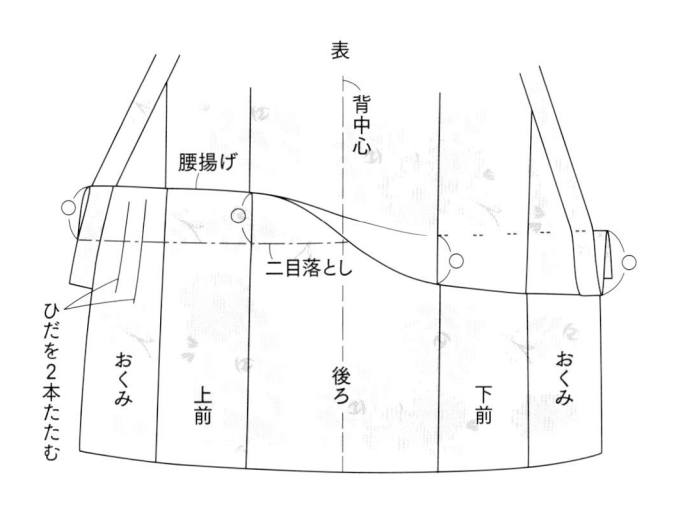

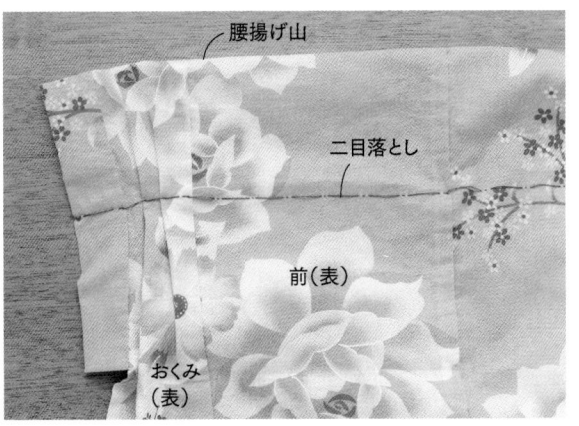

6 ひだ部分も二目落としで縫い押さえ、衿まで続けて縫う。

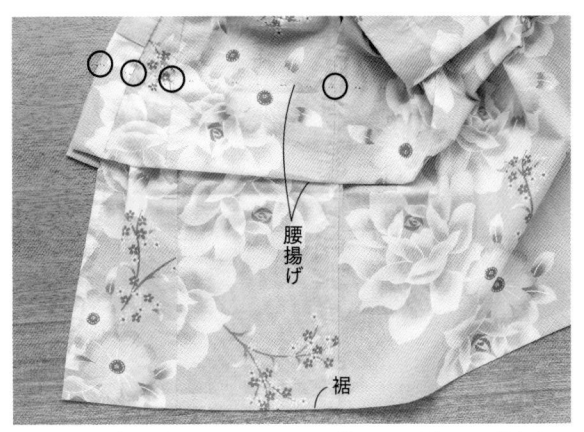

7 腰揚げを裾側に下ろして、形を整える。○部分と背中心には、必ず針を落とす。

ひもをつけて、飾り縫いをする

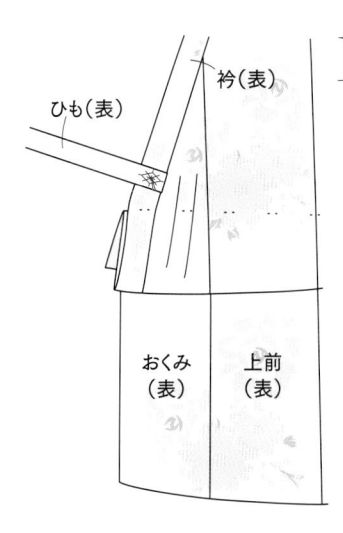

1 ひもを2本作って、上前表衿、下前表衿につける。（一つ身じんべえ46ページ参照、ひもの作り方58ページ）

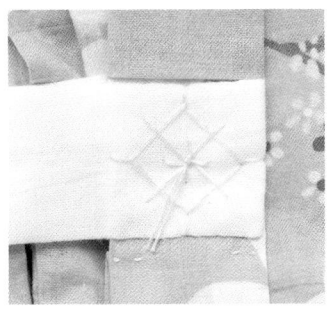

2 上前のひもに飾り縫いをする。（飾り縫い58ページ）

【ひもの作り方】

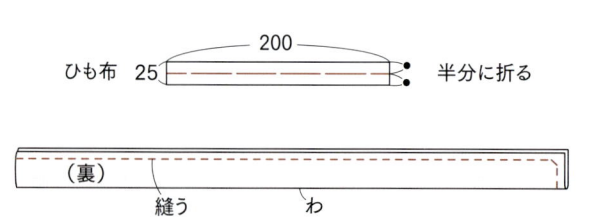

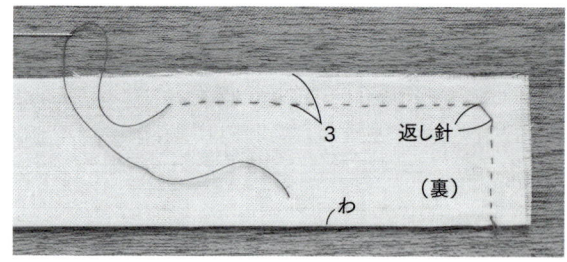

ひも布 25 × 200　半分に折る

（裏）縫う　わ

1. ひも布を中表に二つ折りして2辺を縫う。角の始めと終りは返し針をして、糸を斜めに渡す。

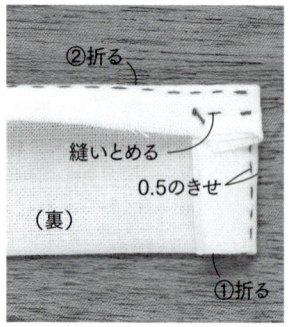

2. 縫い代に5厘（0.5）のきせをかけて折り、縫い代を縫いとめる。

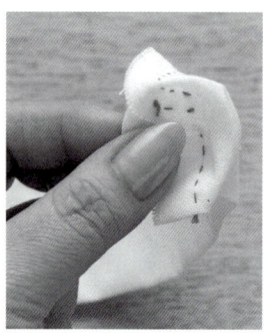

3. 縫い代を内側に折り込む。

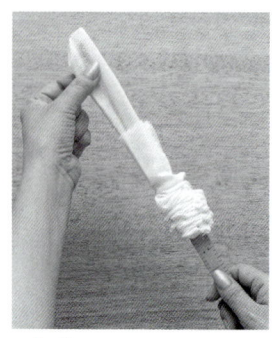

4. 端からものさしを入れて、ひもを表に返す。

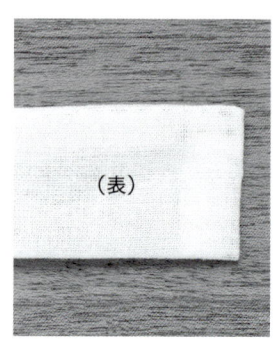

5. 針先などで角を整えて、きせを均等にならす。

【ひも飾りの縫い方】

Point 子供用のひも飾りに用いられる縁起飾り。米寿にあやかった飾り縫いを、健康や長寿への願いを込めて縫う。糸は色落ちしない色を選び、2本どりで縫う。

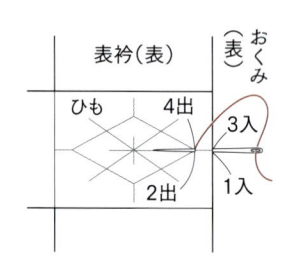

表衿（表）　おくみ（表）　ひも　4出　3入　2出　1入

❶ 1から縫い始めて2に針を出し、もう1回同じところを縫う。

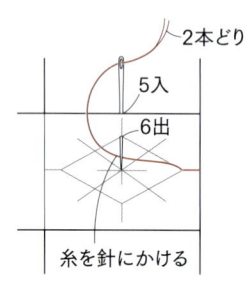

2本どり　5入　6出　糸を針にかける

❷ ひし形の角では、糸を針にかける。

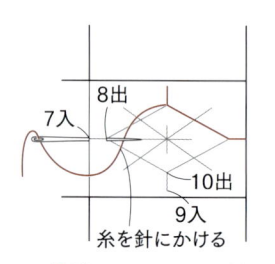

7入　8出　10出　9入　糸を針にかける

❸ 残りの2辺も、同様に糸を渡しながら縫う。

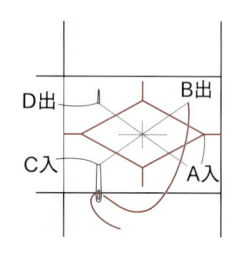

D出　B出　C入　A入

❹ A〜Dの順に縫う。

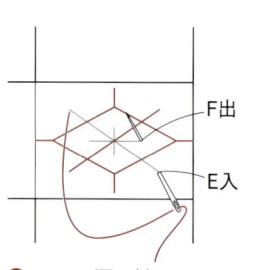

F出　E入

❺ E、Fの順に縫う。

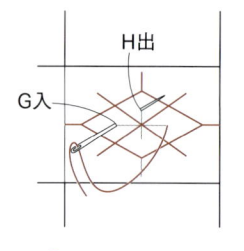

H出　G入

❻ G、Hの順に縫う。

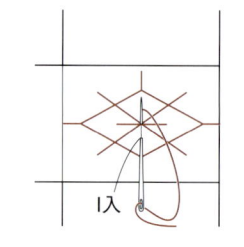

I入

❼ Iまで縫い、中央に針を出す。

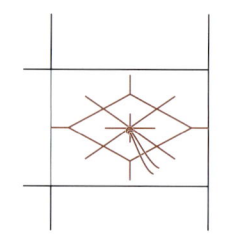

❽ 針を返して飾り糸をとめて根もとで結び、糸端を1寸（10）ほど残して切る。

仕立て編 —— ひもの作り方・縁起飾りの縫い方

【男児用筒袖の縫い方】

■ 袖の用尺 {(60×2)+10}×2＝260

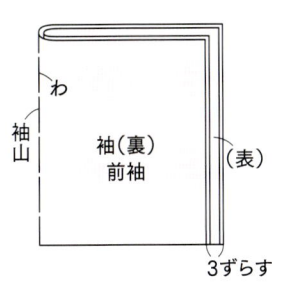

❶ 袖布を3分ずらして中表に合わせる。

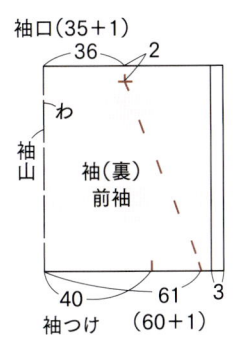

❷ 袖つけ、袖下、袖口に印をつける。

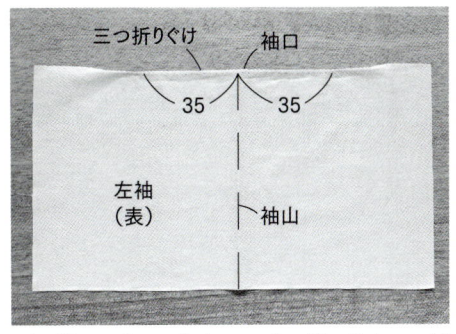

1 袖口の印から印まで、2分の縫い代を三つ折りぐけで縫う。

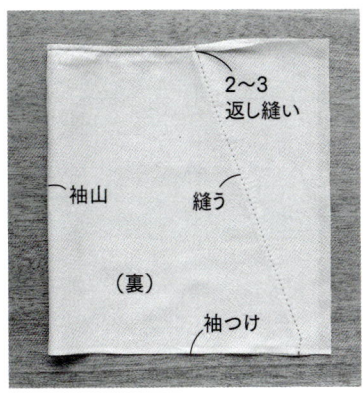

2 袖を中表に合わせる。袖下を袖つけから袖口に向かって印どおりに縫う。

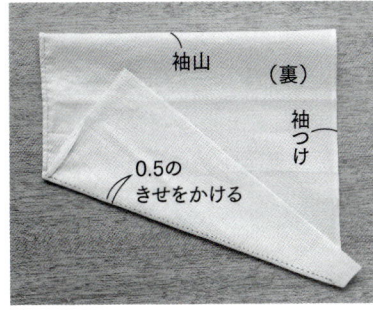

3 5厘(0.5)のきせをかけて、袖下を前袖側に折る(縫い代の短いほうに折る)。

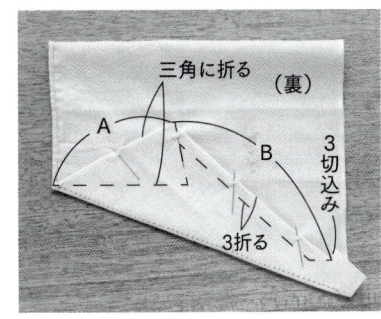

4 袖つけ側の縫い代に3分の切込みを入れる。A、Bの順に縫い代を折り込み、くける。

5 表に返して形を整え、袖幅の印をつける。

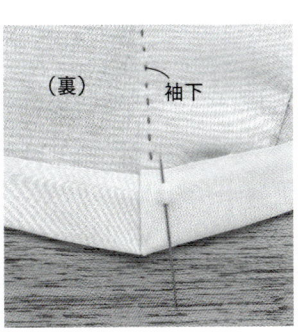

6 袖つけの余った分の縫い代をたたみ、折っておく。

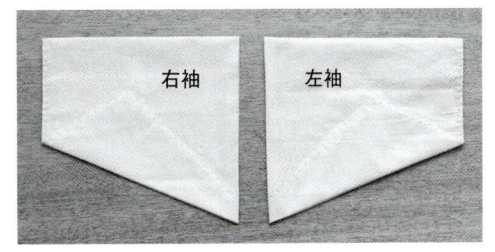

7 もう一枚の右袖も同様に縫う。
（袖のつけ方は、一つ身浴衣54ページ参照）
Point 左右同じものを作らないように注意する。

男児用筒袖の縫い方

四つ身浴衣

*4～8歳ぐらい

●四つ身裁ち…並幅の布を裁ち切らず、前身頃をつまんでおくみをつける縫い方。

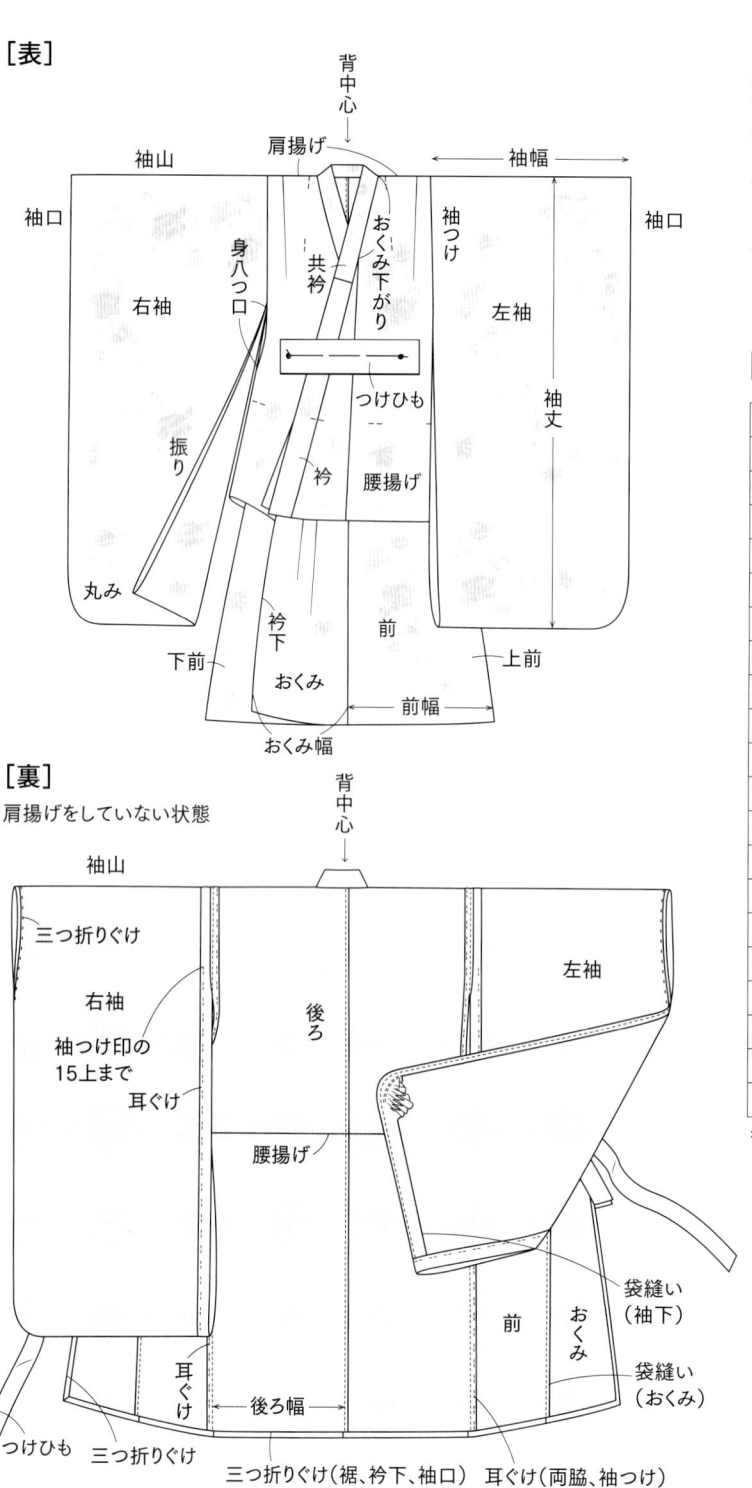

[表]

袖山／肩揚げ／背中心／袖幅／袖口／右袖／共衿／おくみ下がり／身八つ口／左袖／袖つけ／袖丈／振り／つけひも／衿／腰揚げ／丸み／衿下／下前／おくみ／前／上前／前幅／おくみ幅

[裏] 肩揚げをしていない状態

袖山／三つ折りぐけ／右袖／袖つけ印の15上まで／耳ぐけ／背中心／後ろ／左袖／腰揚げ／袋縫い（袖下）／前／おくみ／袋縫い（おくみ）／つけひも／三つ折りぐけ／三つ折りぐけ（裾、衿下、袖口）／耳ぐけ（両脇、袖つけ）／後ろ幅

【材料】

浴衣地…2丈(3分の2反／約7.6m)
別布(白のさらし)…つけひも 5寸×2尺1寸、三つ衿芯 2寸5分×4寸
手縫い木綿糸…浴衣地と同色または白

【寸法表】 ●身長：120～140cm

(単位＝分)

袖丈（女児／元禄袖）	180
（男児／筒袖）	85
袖幅	80
袖口	40
袖つけ	40
丸み（女児のみ）	20
裁切り身丈	300（腰揚げ分60）
着丈	230
着ゆき丈	120
身八つ口（女児のみ）	30
衿肩あき	13
後ろ幅／肩幅	70（布幅いっぱい）
前幅	53（布幅いっぱい）
おくみ下がり	40
おくみ幅	布幅いっぱい
衿下	120
共衿丈	85
衿幅	12
ひも幅	11
ひも丈	210
ひもつけ位置	肩から70下へ

＊袖は好みの長さに変えてもよい。

【裁ち方】 Point 用尺が2丈あることを、2〜3回確認する。図内の＋0.5〜2の表記はきせ分または詰まり分。

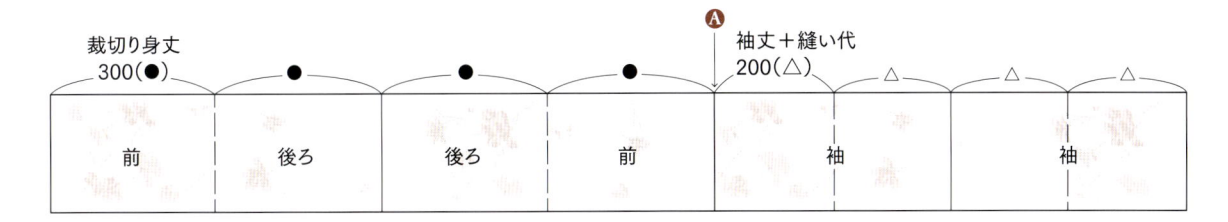

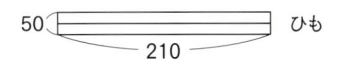

裁切り身丈 300(●)
A 袖丈＋縫い代 200(△)

前 | 後ろ | 後ろ | 前 | 袖 | 袖

50 × 210 ひも

仕立て編 ── 四つ身浴衣

布を裁って、印をつける

1. Aを切り、前後身頃（裁切り身丈の4倍）と袖に分ける。
   ■ 袖丈＝{総丈2000−（裁切り身丈300×4）}÷4＝200

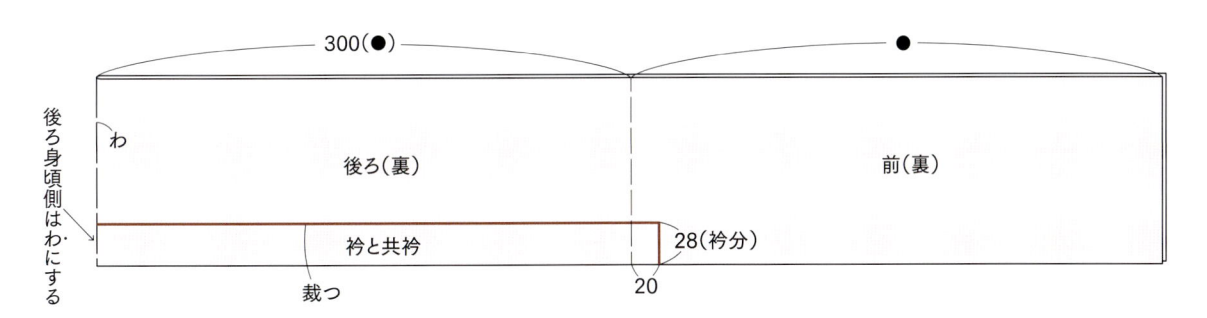

300(●)

後ろ身頃側はわにする

わ

後ろ(裏) | 前(裏)

衿と共衿
裁つ
28(衿分)
20

2. 後ろ身頃から衿を裁つ。
   ❶身頃布を中表に丈半分に折り、左側がわになるように置く。
   ❷後ろ身頃に衿丈、衿幅の印をつけ、布を重ねたまま衿を裁つ。
   Point 中心より前身頃側に2寸(20)ほど出して衿をとったほうがよい。

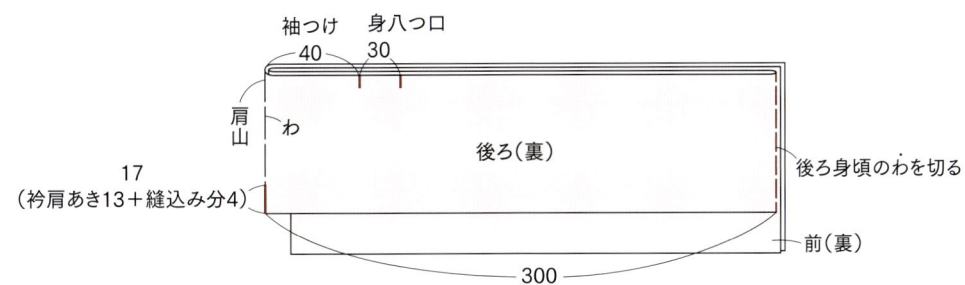

袖つけ 40　身八つ口 30

肩山　わ

後ろ(裏)

後ろ身頃のわを切る

17
(衿肩あき13＋縫込み分4)

300

前(裏)

3. 身頃に印をつける。
   ❶2の身頃布をもう一度丈半分に折る。
   ❷袖つけ、身八つ口の印をつける。
   ❸肩山に衿肩あきの切込みを入れる。
   ❹後ろ身頃のわを切る。

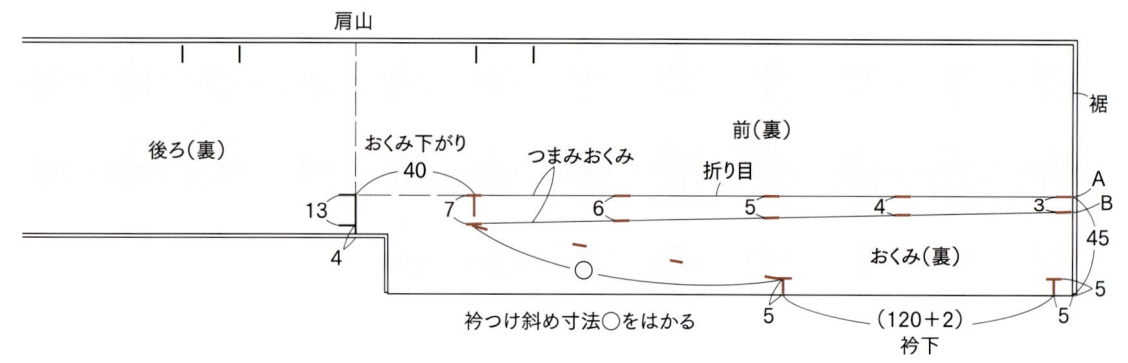

肩山　　　　　　　　　　　　　　　　　　　　　　　　　裾

後ろ(裏)　　　　おくみ下がり　つまみおくみ　前(裏)　折り目　　　　　　　　A
　　　　　　　　40　　　　　　　　　　　　　　　　　　　　　　　　　　　B
　　　　　13　　7　　　　　6　　　5　　　　4　　　　3　　45
　　　　　　4　　　　　　　　　　　　　　　　おくみ(裏)　　　　　　　5
　　　　　　　　衿つけ斜め寸法○をはかる　5　　(120＋2)　　　　　5
　　　　　　　　　　　　　　　　　　　　　　　　衿下

4 前身頃におくみの印をつける。
　❶後ろ身頃を左側に開く。
　❷図を参照して、前身頃につまみおくみ、衿下、裾、おくみ下がり、衿つけ斜めの印をつける。

[印つけの手順]
❶裾からおくみ下がりまで、4寸5分(45)のところに印Aをつける。
❷Aの印の下側に図を参照して、印Bをつける。
❸衿下、衿つけ斜め線に印を入れ、衿つけ斜め線の寸法をはかる。

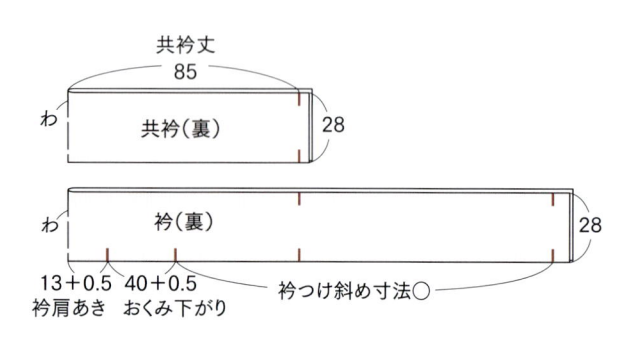

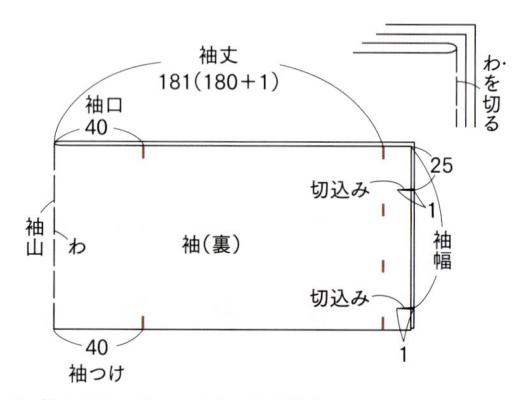

共衿丈
85
共衿(裏)　28
わ

衿(裏)　28
わ
13＋0.5　40＋0.5　衿つけ斜め寸法○
衿肩あき　おくみ下がり

袖丈
181(180＋1)
袖口
40　　　　　わを切る
　　　　　25
袖山　わ　袖(裏)　切込み　袖幅
　　　　　　　　切込み
40　　　　　　　1
袖つけ

5 衿に印をつける。(一つ身浴衣51ページ参照)
　■衿つけ斜め寸法○＋54(衿肩あき13.5＋おくみ下がり40.5)＝衿丈
　❶衿布を共衿と衿に切り分ける。
　❷それぞれ、中表に丈半分に折り、図を参照して印をつける。

6 袖に印をつけて、2枚に切り離す。
　❶袖布を中表に丈半分に折り、左側にわがくるように、もう一度丈半分に折る(布が4枚重なる)。
　❷布を重ねたまま、図を参照して印をつける。
　❸袖下側のわを切り、袖下の両側に1分の切込みを入れる。

袖、身頃を縫い、身頃に衿と袖をつける

1 袖を縫う。(一つ身浴衣52ページ参照)
　❶袖下、袖口下を縫う。袖下は袋縫い、袖口下は2分のところを縫い、袖口の印の3分前から返し縫いをする。
　❷袖口を、三つ折りぐけする。
　❸2寸丸みをつけて、表に返す。

2 身頃を縫う。(一つ身浴衣54ページ参照)
　❶背縫いをする。衿肩あきから裾までを袋縫いで縫う(外表で1分、中表で3分)。衿肩あきを右手に持ち、手前に5厘(0.5)のきせをかけて折る。
　❷後ろ身頃と前身頃の脇を中表に合わせ、耳から3分のところ(脇いっぱい)を縫い、前身頃側に5厘(0.5)のきせをかけて折り、耳ぐけをする。
　❸おくみのA、Bの印を折って中表に合わせ、おくみ下がりから裾まで縫い、つまんだ部分に5厘(0.5)のきせをかけておくみ側に折る。
　❹おくみ衿下を三つ折りぐけする。
　❺上前から下前に向かって裾を三つ折りぐけする。

3 身頃に衿をつける。（一つ身浴衣55ページ参照）
　❶共衿を衿につける。
　❷衿と身頃を中表に合わせて縫い、5厘（0.5）のきせを
　　かけて衿を折る。
　❸衿肩あきに力布をつけ、衿の裏側に三つ衿芯を縫い
　　とめる。（一つ身じんべえ43ページ参照）
　❹衿先を縫い、衿先を裏衿側に折り、縫い代を整える。
　❺衿先にしのびを入れ、下前衿先から上前衿先まで、
　　身頃にくける。

4 身頃に袖をつける。（一つ身浴衣54ページ参照）

肩揚げ、腰揚げをする（一つ身じんべえ47ページ、一つ身浴衣56ページ参照）

●体格によって着丈、ゆきは異なるので、仕立てた浴衣を子供に着せて揚げ寸法を決めるとよい。

ひもを2本作り、身頃につける（58ページ参照）

Point ひもは最初に作っておくとよい。仕立て上がったら寸法を確認し、霧吹き仕上げをしてたたむ。

【ひも通しの縫い方】
Point 四つ身浴衣（男児のみ）。男児用の筒袖には振り、身八つ口がないので、ひも通しをつける。脇の縫い方は、一つ身じんべえ39ページ参照。

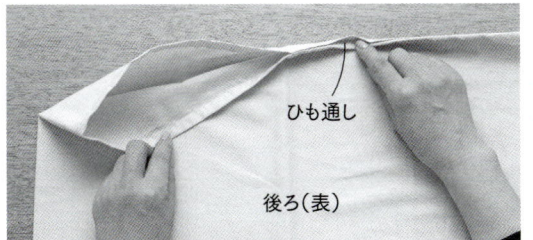

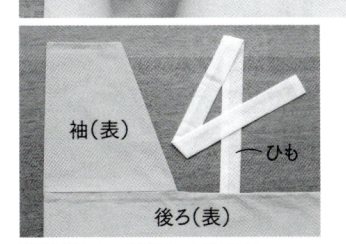

男児用四つ身浴衣の縫上り

1 後ろ身頃と前身頃を中表に合わせ、印どおりに脇を縫う。裾から袖つけの印から2寸（20）手前まで縫い、返し針をして糸を切る。

2 1の縫終りから1寸（10）あけて、脇を袖つけの印まで縫う。

3 前後身頃の袖つけに折り目をつけてから、裾から肩山、反対側の裾まで図を参照してぐるりと耳ぐけする。

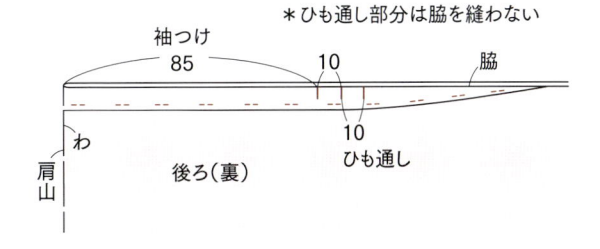

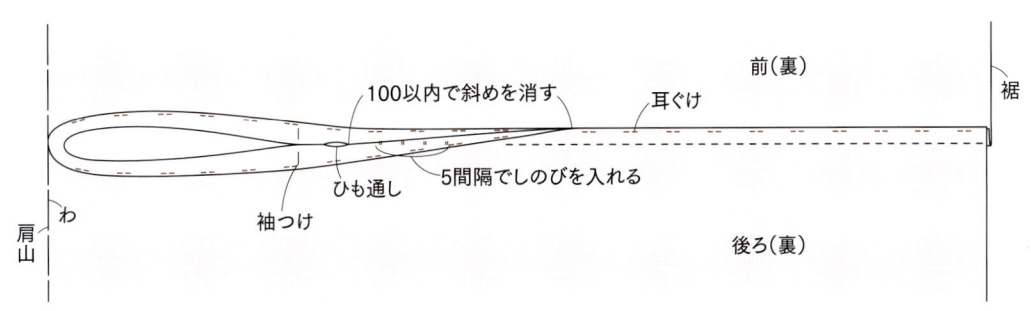

＊ひも通し部分は脇を縫わない

仕立て編 ― 四つ身浴衣

車裁ち浴衣

＊9〜13歳ぐらい

- ●別おくみ…前身頃から衽をとる裁ち方。
- ●子供は格好物のため、寸法に変動がある。
- ●四つ身裁ちでは身幅が足りず、本裁ちでは大きすぎる場合にちょうどいい大きさ。
  ただ、布寸法が中途半端で不経済な方法なので、本裁ちで仕立て、おはしょりで調整したほうが後々の使い勝手がよい。

【材料】

浴衣地…並幅2丈5尺（約9.5m）
別布（白のさらし）…つけひも 5寸×2尺2寸、
三つ衿芯 2寸5分×5寸
手縫い木綿糸…浴衣地と同色または白

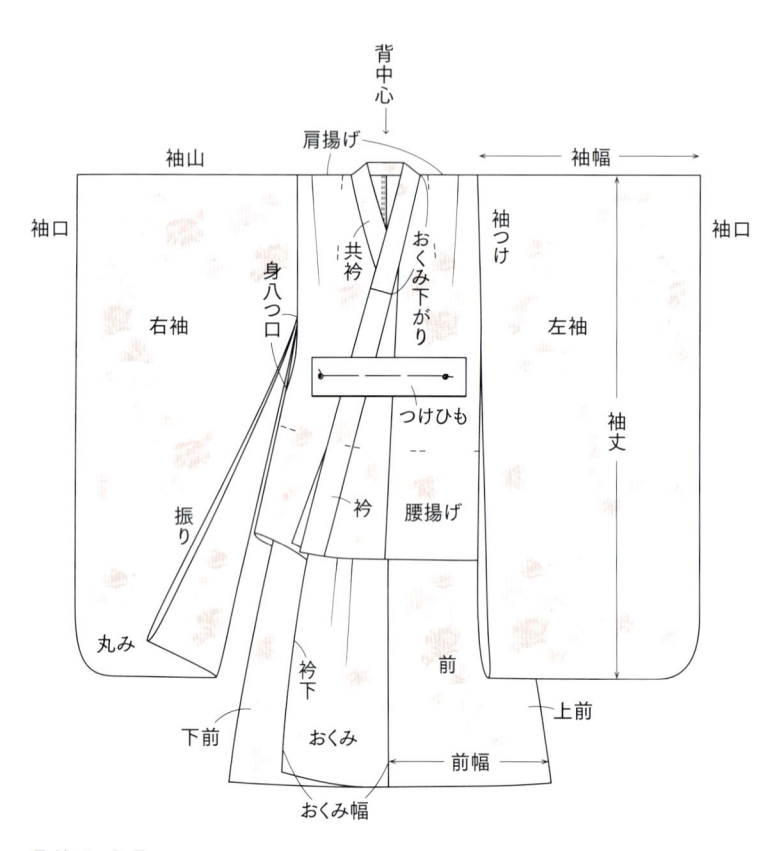

【寸法表】 ●身長：130〜150cm

(単位＝分)

袖丈（女児／元禄袖）	200
（男児／筒袖）	85
袖幅	88
袖口	45
袖つけ（女児）	45
（男児／袖丈分）	85
丸み（女児のみ）	20
裁切り身丈	330（腰揚げ分60）
着丈	260
着ゆき丈	150
身八つ口（女児のみ）	35
衿肩あき	18
後ろ幅／肩幅	73（布幅いっぱい）
前幅	55
おくみ下がり	45
おくみ幅	38
衿下	155
共衿丈	95
衿幅	12.5
ひも幅	11
ひも丈	220
ひもつけ位置	肩から85下へ

【裁ち方】 Point 用尺が2丈5尺あることを2〜3回確認する。図内の＋0.5〜2の表記はきせ分または詰まり分。

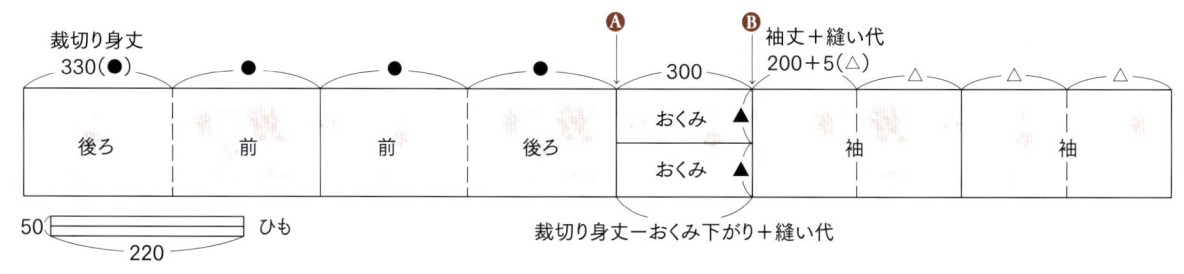

裁切り身丈 330（●）
後ろ／前／前／後ろ
Ⓐ 300 おくみ
Ⓑ 袖丈＋縫い代 200＋5（△）
袖／袖
裁切り身丈ーおくみ下がり＋縫い代
50 ひも 220

布を裁って、印をつける

1 ⓐを切り、身頃を切り離す。

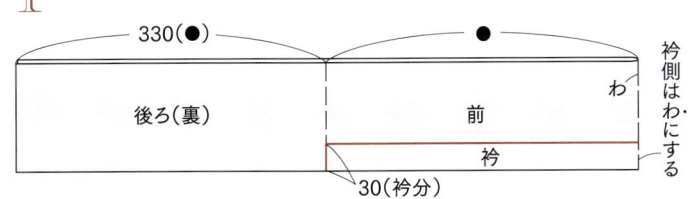

- 330(●)
- 後ろ(裏)／前
- 衿側はわ・わにする
- 衿 30(衿分)
- 袖つけ 45／身八つ口 35
- 衿肩あき 18／34
- 後ろ(裏)
- 前身頃のわ・はあとで切る

2 前身頃から衿を裁つ。
- ❶ 身頃布を中表に丈半分に折り、右側がわになるように置く。
- ❷ 前身頃から、布を重ねたまま衿を裁つ。

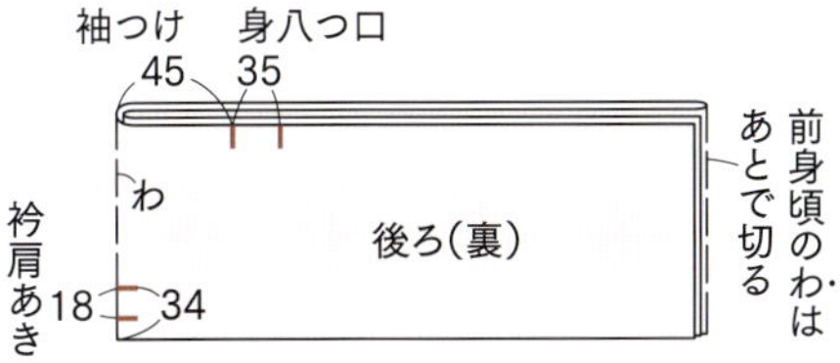

3 身頃に印をつける。
- ❶ 後ろ身頃と前身頃の裾を合わせて重ねる。
- ❷ 袖つけ、身八つ口、衿肩あきの印をつけ、衿肩あきに切込みを入れる。

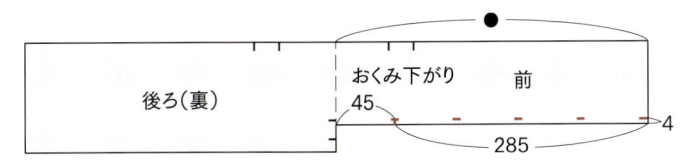

- 後ろ(裏)／おくみ下がり 45／前／285／4
- 半分に折る
- おくみ(表)
- おくみ丈285／6／おくみ(裏)／わ／38+1 おくみ幅／155+2／5
- 衿つけ斜め寸法○をはかる

4 後ろ身頃を開いて、おくみ下がり、おくみつけの印をつける。

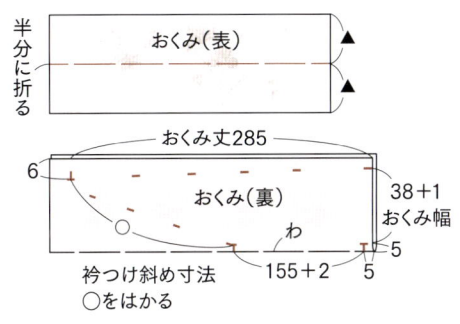

5 Ⓑを切っておくみを切り離し、印をつける。
- ❶ おくみを中表に幅半分に折り、手前がわになるように置く。
- ❷ わを切る。図を参照して印をつけ、○部分の寸法をはかる。

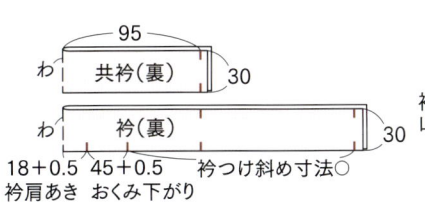

- わ／共衿(裏)／95／30
- わ／衿(裏)／30
- 18+0.5 衿肩あき／45+0.5 おくみ下がり／衿つけ斜め寸法○
- 袖丈 202(200+2)／45袖口／25／切込み／袖幅／袖山／45袖つけ／袖(裏)／1／1

6 衿に印をつける。(一つ身浴衣51ページ参照)

■ 衿つけ斜め寸法○＋64(衿肩あき18.5＋おくみ下がり45.5)＝衿丈

共衿と衿に切り分け、それぞれ中表に丈半分に折って印をつける。

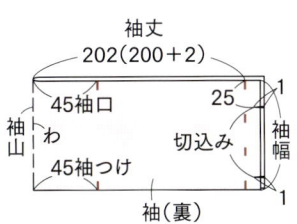

7 袖に印をつけて、2枚に切り離す。(四つ身浴衣62ページ参照)

仕立て編／車裁ち浴衣

袖、身頃を縫い、身頃に衿をつける
(一つ身じんべえ、一つ身浴衣参照)

1 袖を縫う。(2寸丸み／52ページ参照)

2 身頃を縫う。(54ページ参照)
- ❶ 背縫いを二度縫いする。(女物浴衣69ページ参照)
- ❷ 脇から3分のところを縫い、5厘(0.5)のきせをかけて前身頃側に折り、耳ぐけする。
- ❸ 衿下を三つ折りぐけする。
- ❹ おくみを印どおりに折り、袋縫いで前身頃につける。おくみ側に5厘(0.5)のきせをかける。
- ❺ 裾を三つ折りぐけする。

3 身頃に衿をつける。(55ページ参照)
- ❶ 共衿を衿につける。
- ❷ 衿に力布と三つ衿芯をつける。(43ページ参照)
- ❸ 衿先を作り、衿を身頃にくける。(44ページ参照)

4 身頃に袖をつける。(54ページ参照)

肩揚げ、腰揚げをする
(一つ身じんべえ47ページ参照)
(一つ身浴衣56ページ参照)

●体格に合わせて揚げ寸法を決める。

ひもを2本作って、身頃につける
(一つ身浴衣58ページ参照)

Point ひもは先に縫っておくとよい。仕立て上がったら寸法を確認し、霧吹き仕上げをしてたたむ。

女物浴衣

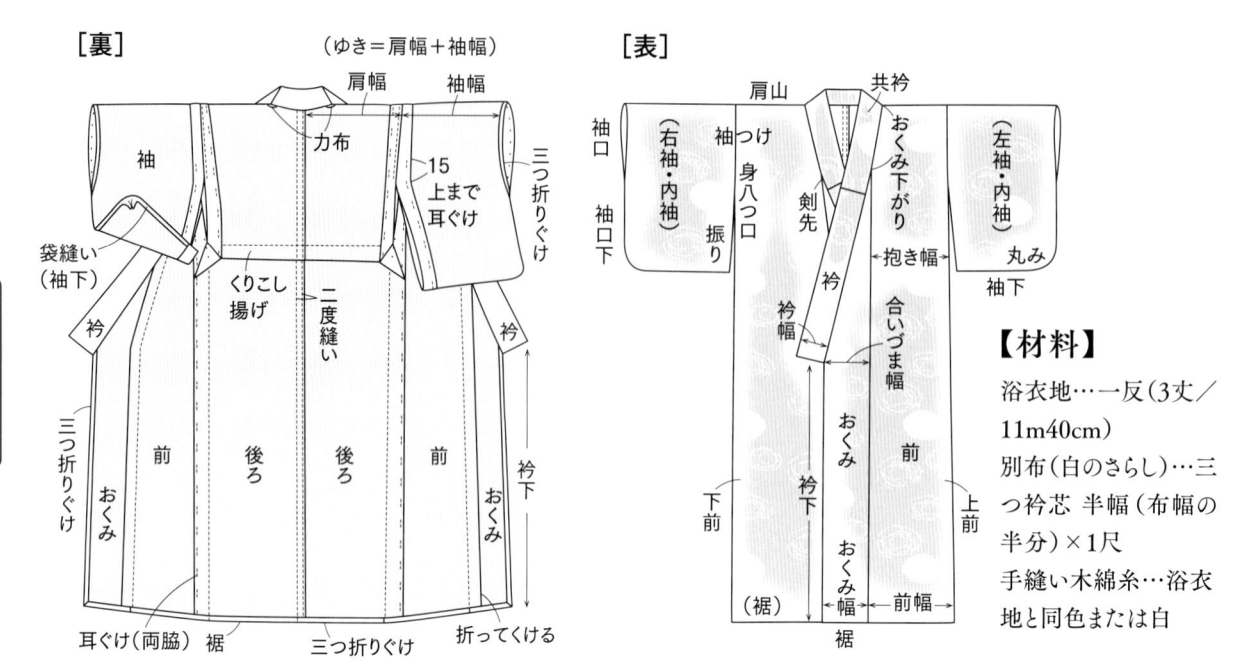

＊身長150〜160cm

[裏]

（ゆき＝肩幅＋袖幅）
肩幅／袖幅／力布／15上まで耳ぐけ／三つ折りぐけ／袖／袋縫い（袖下）／衿／くりこし揚げ／二度縫い／前／後ろ／後ろ／前／三つ折りぐけ／おくみ／衿下／耳ぐけ（両脇）／裾／三つ折りぐけ／折ってくける

[表]

肩山／共衿／袖口／（右袖・内袖）／袖つけ／身八つ口／振り／剣先／おくみ下がり／（左袖・内袖）／丸み／袖下／衿／衿幅／抱き幅／合いづま幅／前／おくみ／衿下／下前／おくみ幅／前幅／上前／裾

【材料】

浴衣地…一反（3丈／11m40cm）
別布（白のさらし）…三つ衿芯 半幅（布幅の半分）×1尺
手縫い木綿糸…浴衣地と同色または白

【寸法表】

（単位＝分）

●身長：150cm（身丈）

	身丈　くりこし×2　縫込み等
裁切り身丈	400＋10＋12
ゆき	165
袖丈	130
袖幅	85
袖口	60
袖つけ	60
袖丸み	5
後ろ幅	75（体格による）
前幅	60（体格による）
抱き幅	56
おくみ幅	40
合いづま幅	35
衿下	200（身丈の半分程）
おくみ下がり	65（衿肩あきから）
身八つ口	35
衿肩あき	23
くりこし	5
衿幅（ばち衿）	衿肩回り15〜衿先20
共衿丈	125

●身長：155cm（身丈）

裁切り身丈	410＋22
ゆき	170
袖丈	130
袖幅	88
袖口	60
袖つけ	60
袖丸み	5
後ろ幅	75（体格による）
前幅	60（体格による）
抱き幅	56
おくみ幅	40
合いづま幅	35
衿下	205（身丈の半分程）
おくみ下がり	65（衿肩あきから）
身八つ口	35
衿肩あき	23
くりこし	5
衿幅（ばち衿）	衿肩回り15〜衿先20
共衿丈	125

●身長：160cm（身丈）

裁切り身丈	420＋22
ゆき	175
袖丈	130
袖幅	90
袖口	60
袖つけ	60
袖丸み	5
後ろ幅	75（体格による）
前幅	60（体格による）
抱き幅	56
おくみ幅	40
合いづま幅	35
衿下	210（身丈の半分程）
おくみ下がり	65（衿肩あきから）
身八つ口	35
衿肩あき	23
くりこし	5
衿幅（ばち衿）	衿肩回り15〜衿先20
共衿丈	125

●体格により寸法が変わる部分がある

標準寸法はヒップ90cm前後が基準。体格がいい場合は、ゆとりがあったほうが着やすいので、後ろ幅、前幅、おくみ幅を以下のように増やすとよい。
・ヒップ90cm前後の場合→後ろ幅7寸5分（75）、前幅6寸（60）、おくみ幅4寸（40）
・ヒップ100cm前後の場合→後ろ幅8寸（80）、前幅6寸5分（65）、おくみ幅4寸2分（42）

【裁ち方】 Point 用尺が3丈以上あることを2〜3回確認する。図内の＋0.5〜2の表記はきせ分または詰まり分。

身長155cmの場合

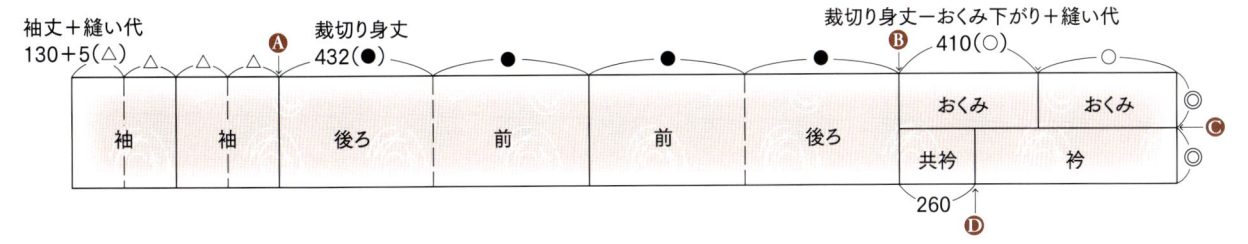

袖丈＋縫い代 130＋5(△)　裁切り身丈 432(●)　裁切り身丈−おくみ下がり＋縫い代 410(○)

袖／袖／後ろ／前／前／後ろ／おくみ／おくみ
共衿／衿

260 Ⓓ

布を裁って、印をつける

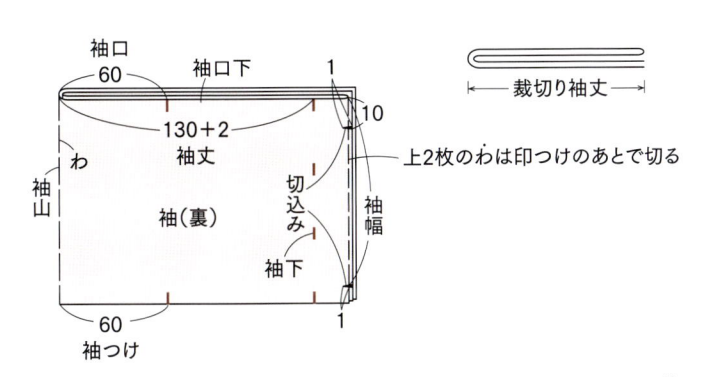

1. Ⓐを切って袖を切り離し、印をつける。
   ① 袖布を中表で半分に折り、もう一度半分に折る。
   ② 袖丈、袖口、袖つけの印をつける。
   ③ 右上2枚(袖下)のわを切る。
   ④ 袖下の縫い代の袖幅、袖つけ部分に1分の切込みを入れる。

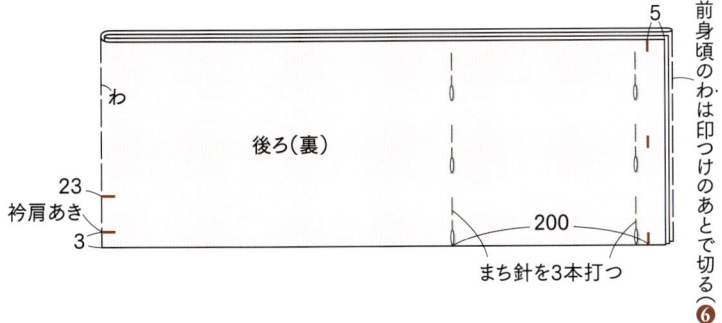

   袖口 60／袖口下／130＋2 袖丈／袖(裏)／袖山／わ／袖幅／袖下／袖つけ／60／1／10 上2枚のわは印つけのあとで切る／切込み／1
   裁切り袖丈

2. Ⓑを切って前後身頃を切り離し、印をつける。
   ① 身頃布を中表に丈半分に折り、もう一度半分に折って、わを下にする。
   ② 裾4枚を合わせ、裾と2尺(200)のところにまち針を3本打つ。
   ③ 裾、衿肩あきの印をつけ、衿肩あきの肩山を平らに押さえておく。

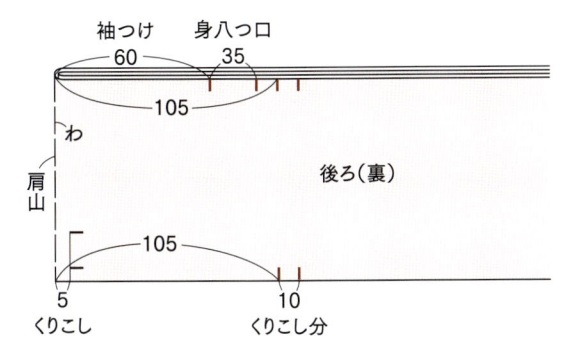

   後ろ(裏)／わ／23 衿肩あき 3／200 まち針を3本打つ／5 前身頃のわは印つけのあとで切る(⑥)

   袖つけ 60／身八つ口 35／105／後ろ(裏)／わ／肩山／105／5 くりこし／10 くりこし分

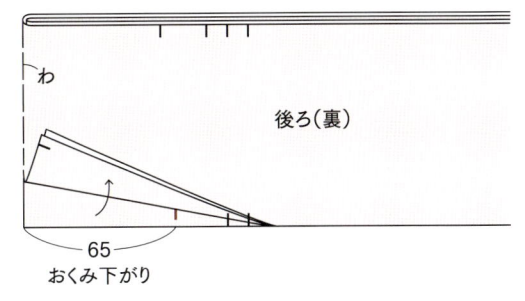

④ 肩山のわをくりこし分の5分ずらし、袖つけ、身八つ口の印をつける。次に、くりこしの印をつける。
   Point くりこしは、衿を抜いて着るための下がり分。大人女物だけに入れる。くりこしの場合だけ、身頃の両端に印をつける。

   後ろ(裏)／わ／65 おくみ下がり

⑤ 肩山のわを元に戻し、衿肩あきを切る。上から2枚をめくって向う側に倒し、おくみ下がりの印を入れる。

■ おくみ丈　裁切り身丈432−おくみ下がり65＝367

⑥ 前身頃のわを切る。

おくみ丈
367

△+4

わは
あとで切る

わ

おくみ（裏）

△

36
合いづま幅

40+1
おくみ幅

5

衿つけ斜め寸法○をはかる
160

205+2
衿下

5

切込み

3 **C**を切っておくみを切り離し、印をつける。
① おくみ布を中表に丈半分に折り、左側にわがくるように置く。
② 裾縫い代、おくみ幅、衿下、合いづま幅、おくみ丈、衿つけ斜めの印をつける。衿つけ斜め寸法○をはかる。
③ わを切る。

共衿丈
125 5

わ

共衿（裏）

衿丈
250

わ

衿（裏）

23+1
衿肩あき

65+1
おくみ下がり

衿つけ斜め寸法○

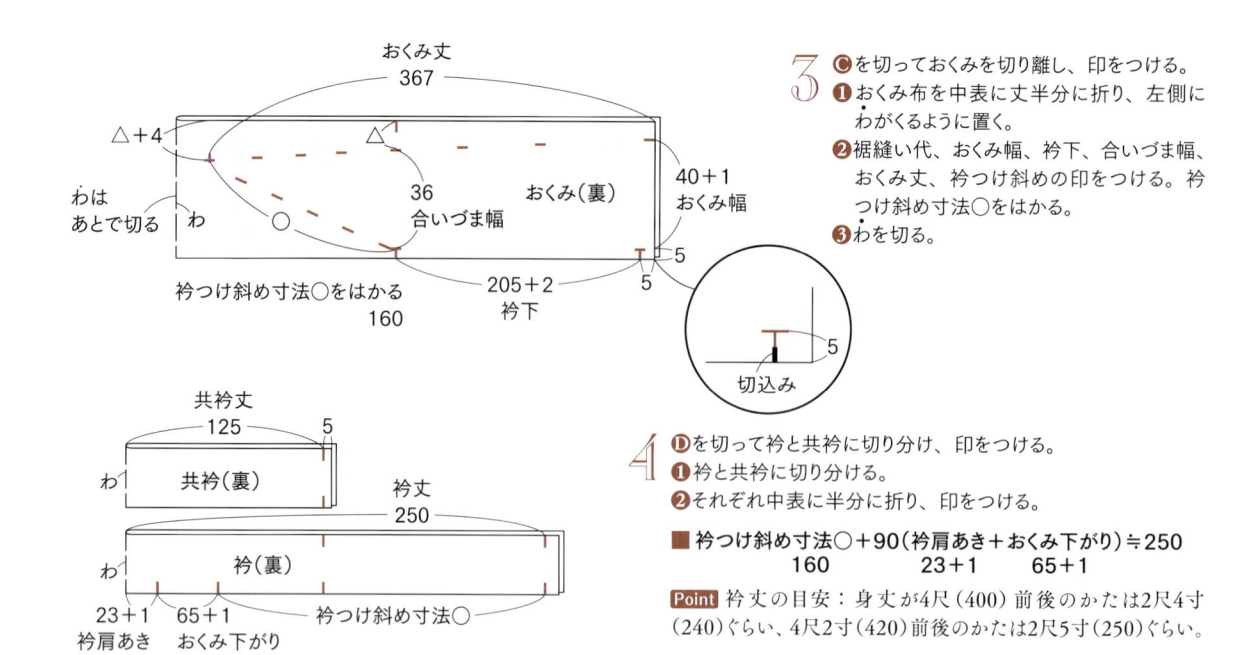

4 **D**を切って衿と共衿に切り分け、印をつける。
① 衿と共衿に切り分ける。
② それぞれ中表に半分に折り、印をつける。

■ 衿つけ斜め寸法○＋90（衿肩あき＋おくみ下がり）≒250
　　　　　　　160　　　23+1　　65+1

Point 衿丈の目安：身丈が4尺（400）前後のかたは2尺4寸（240）ぐらい、4尺2寸（420）前後のかたは2尺5寸（250）ぐらい。

袖を縫う（一つ身浴衣52ページ参照）

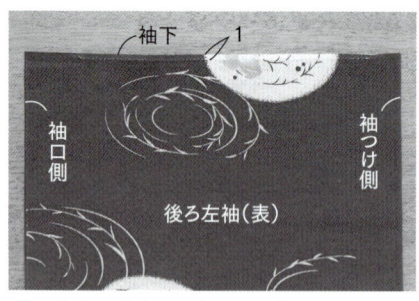

1 袖下を外表に合わせ、切込みから切込みの間を1分間隔で縫い、中表に合わせて袖下（袋縫い）、袖口下を縫う。

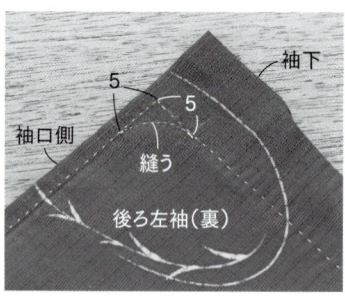

2 袖口を三つ折りぐけしてから、後ろ袖側から5分丸み型を当てて印をつけ、印どおりに縫う。

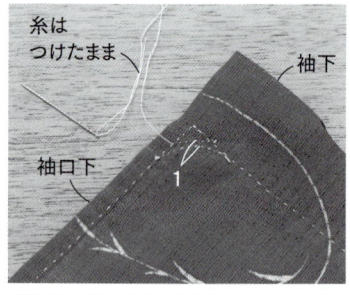

3 2の縫い目から1分上を、丸みにそって縫い、糸を絞ってとめる。

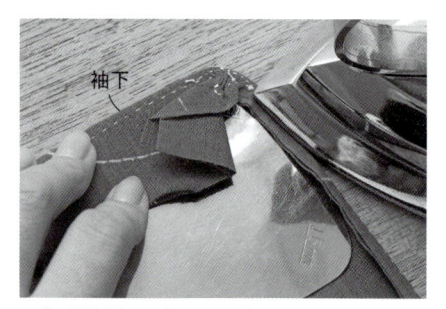

4 前袖側から丸み型を縫い目にそわせ、丸みにそってアイロンかこてで押さえる。袖口下側5厘（0.5）、袖下1分のきせをかけて、縫い代を手前に折る（前袖側）。
Point 木綿の場合は、アイロンを使わずに手で押さえてもよい。

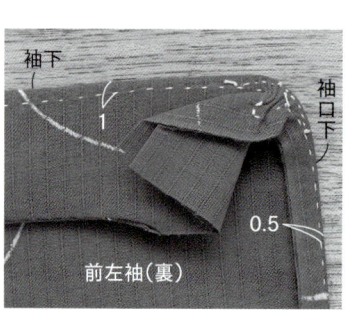

5 丸み型を抜きとる。

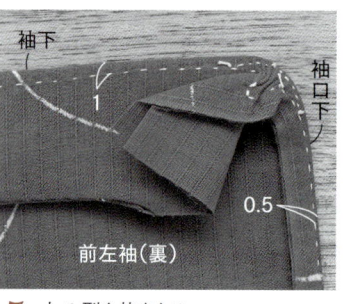

6 表に返して袖の形を整え、袖幅の印をつける（53ページ❽参照）。

身頃を縫う

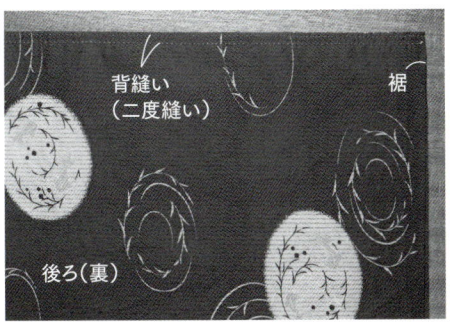

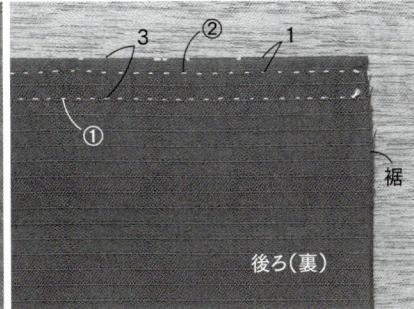

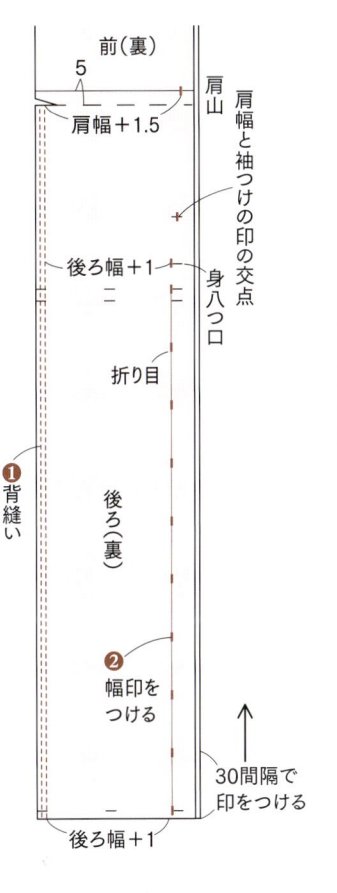

1 後ろ身頃を縫う。
  ❶ 背縫いをする。後ろ身頃を中表に合わせて❶❷の順に二度縫い（耳から3分、1分の順）。
  ❷ 後ろ幅、肩幅（ゆき－袖幅）の印をつけ、印を結んで折る。
  ❸ 衿肩あきを右手に持ち、縫い代に5厘（0.5）のきせをかけて手前側に折る。 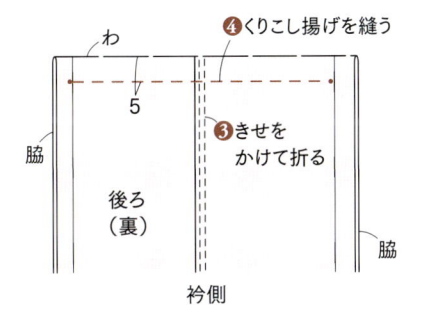
  ❹ くりこし揚げを縫う。くりこし揚げの印を中表に合わせ、衿側を見ながら印どおりに縫う。
  ❺ 裾側に5厘（0.5）のきせをかけて裾側に折り、くりこしの折り山を身頃にくける。

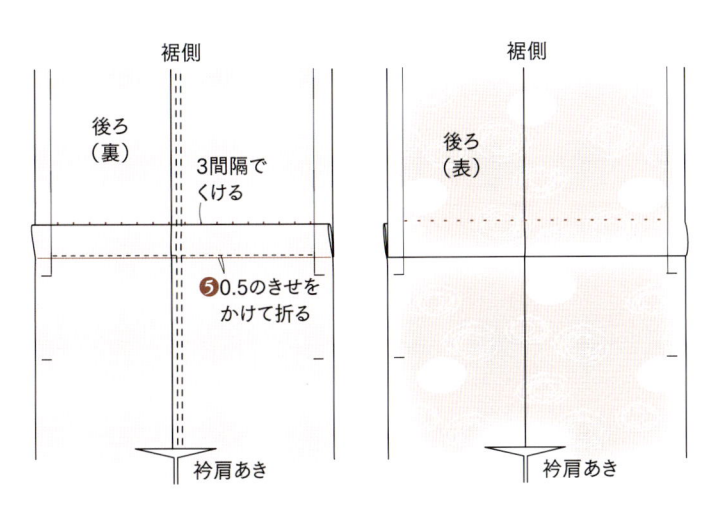

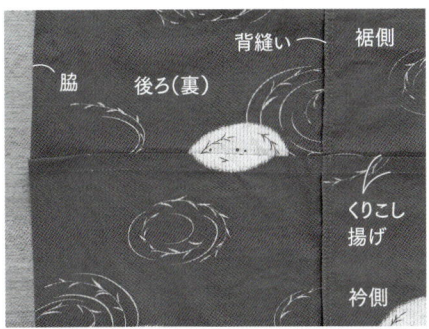

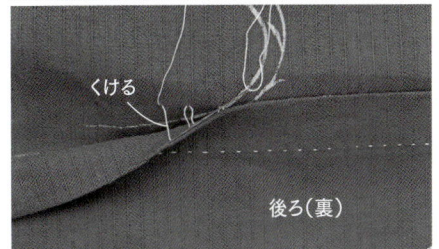

＊縫い代はくけない

仕立て編 — 女物浴衣

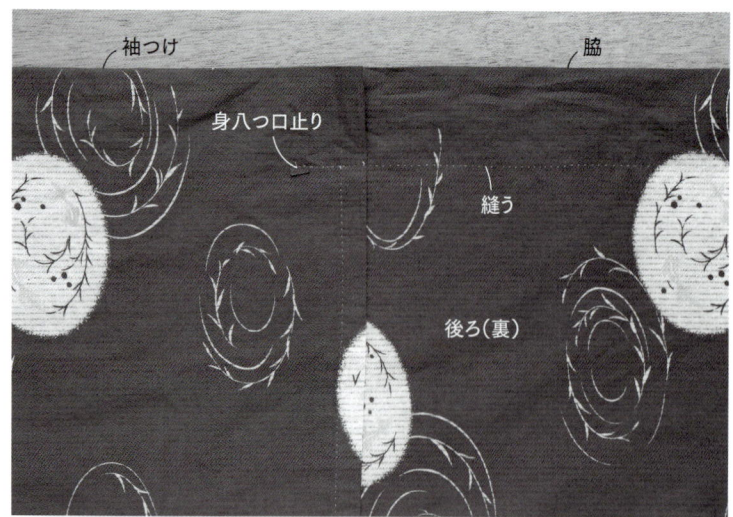

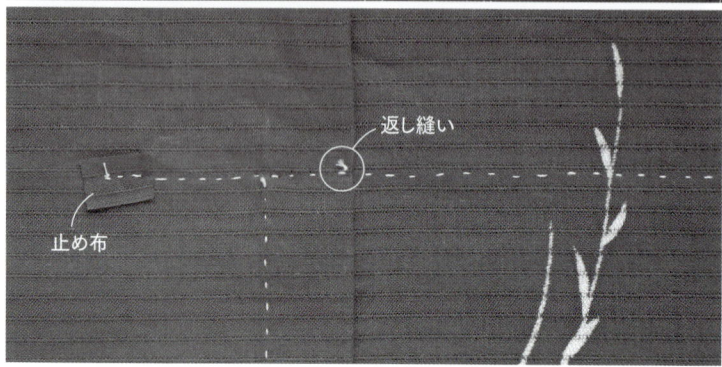

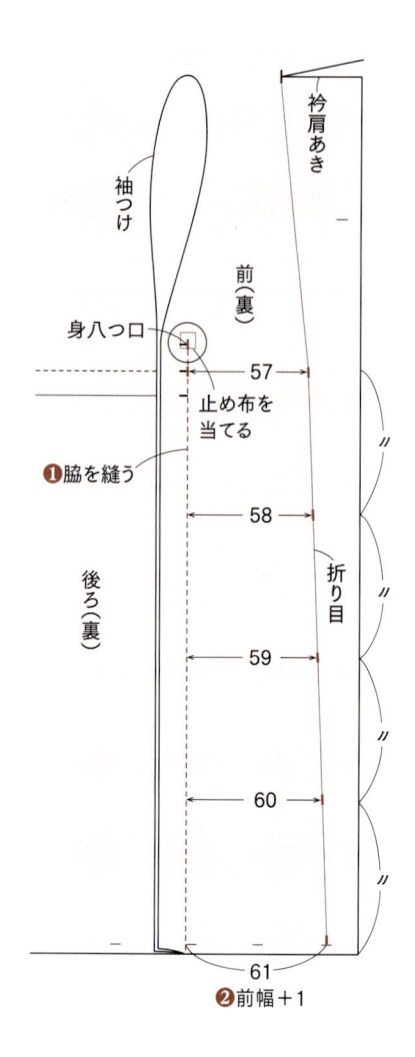

② 脇を縫う。（一つ身じんべえ39ページ参照）

❶ 前後身頃を中表に合わせ、脇端をそろえて後ろ身頃を見ながら裾から身八つ口までを印どおりに縫う。
　Point 前後身頃の身八つ口止りには、止め布（3×3）を当てる。くりこしなど要所要所は1針返し針をしながら縫う。

❷ 前身頃に前幅の印をつける。
　Point 裾からくりこしあたりまで、図のように1分ずつ減らしていく。

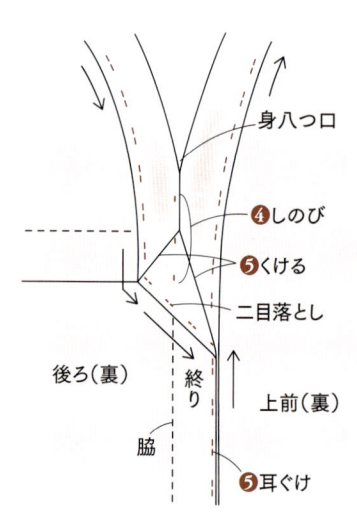

［袖つけ斜めの縫い代の落着せ方］

Point 後ろ幅と肩幅の差が大きい場合に用いる方法。

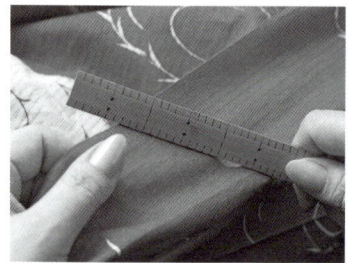

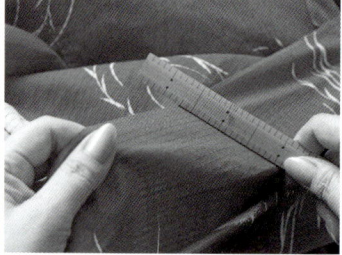

木綿、麻の場合は、袖つけ、身八つ口の斜め縫い代をものさしで落ち着かせる。肩山から裾に向かって、袖つけの端をものさしで軽くなで下ろす作業を繰り返して縫い代を加減する。この工程を「おろす」という。

❸ 脇の縫い目に5厘（0.5）のきせをかけて、前身頃側に折る。

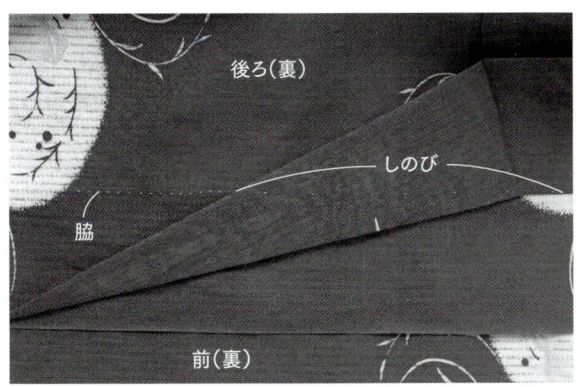

❹くりこし部分の縫い代を三角形に開き、しのび(24ページ参照)で縫い代を脇の縫い目近くに5分間隔でとめる。

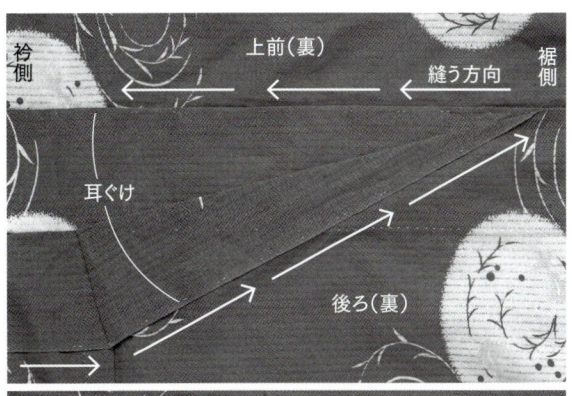

❺脇の縫い代を耳ぐけ(22ページ参照)する。
上前…裾からくけ始めて肩山を回り、❹の三角の布の角でくけ終わる。
下前…❹の三角の布の角からくけ始め、肩山を回り、裾でくけ終わる。
Point 三角形のところは表に出ないようにくける。(70ページ右下の図参照)

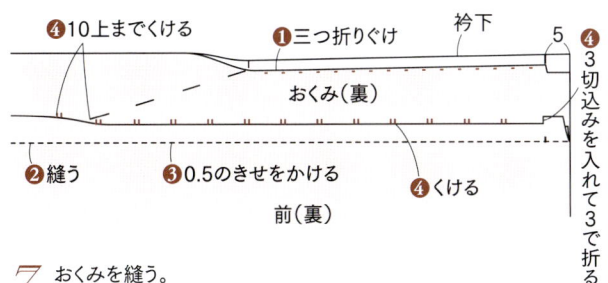

3 おくみを縫う。
❶おくみ布の衿下を三つ折りぐけ(22ページ参照)でくける。
❷おくみと前身頃を中表に合わせ、印どおりに縫う。
❸おくみ側に5厘(0.5)のきせをかけて折る。
❹縫い代の裾から5分のところに3分の切込みを入れて折り、縫い代をおくみ側にくける。上前は裾からくけ始め、衿つけ斜めの印の1寸(10)ほど上までくける。下前は逆からくける。

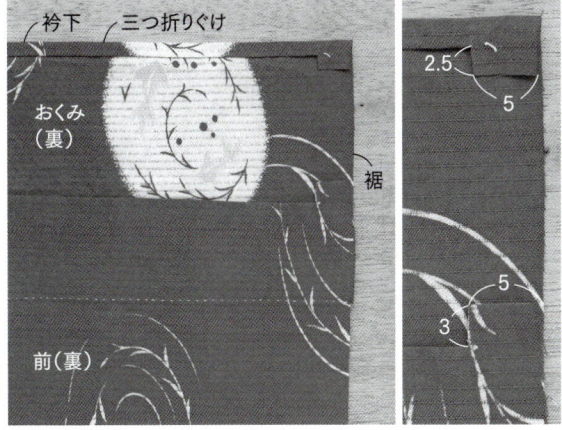

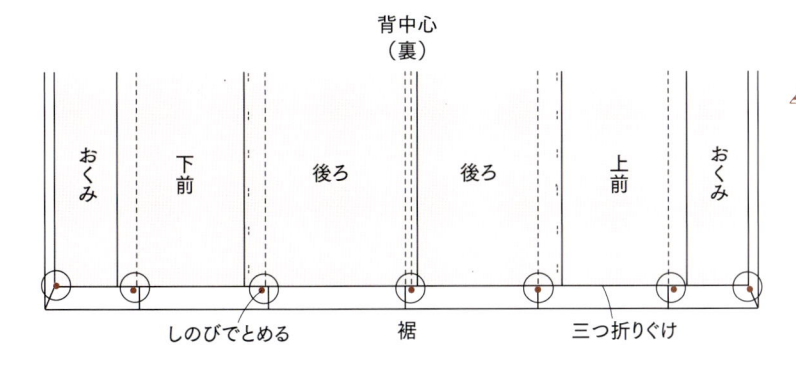

4 裾を縫う。(一つ身じんべえ41ページ参照)
裾を印どおりに折り、上前裾のおくみ先から下前裾のおくみ先まで、5分の縫い代を三つ折りぐけでくける。
Point 図の○部分は、しのびでとめる。

仕立て編 ― 女物浴衣

身頃に衿をつける

1 衿に共衿をつける。（一つ身浴衣55ページ参照）

2 衿つけ側を3分折って、身頃と中表に合わせ、印どおりに縫う。衿先から共衿までの縫い目に5厘(0.5)のきせ、共衿には1分のきせをかけ、衿側に折る。○印部分で1針返す。

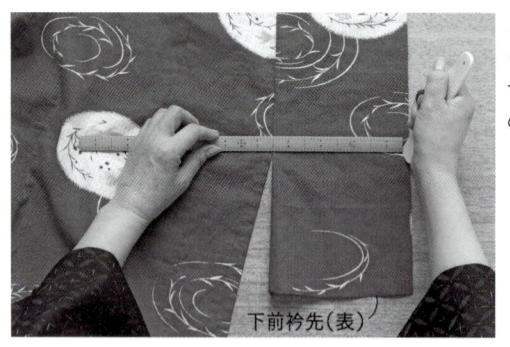

3 下前側から衿幅の印をつける。

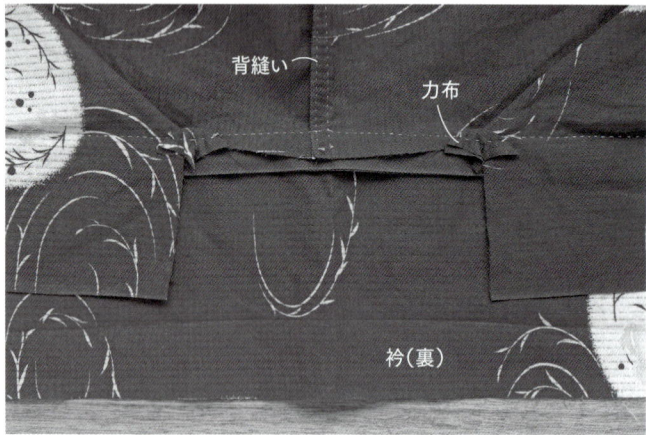

4 衿幅の印どおりに折る。力布を作って衿肩あきにとめる。（一つ身じんべえ43ページ参照）

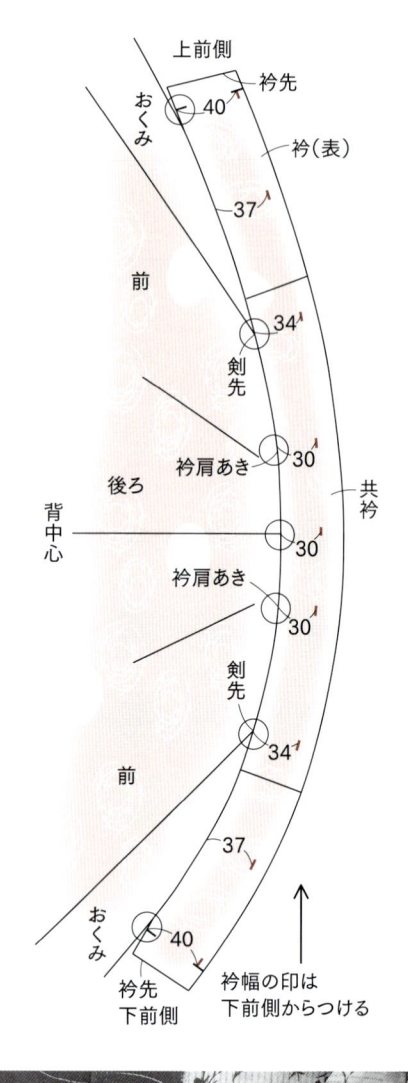

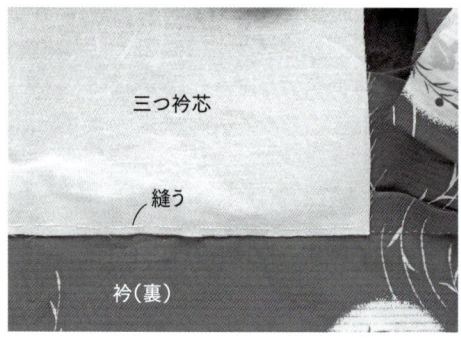

5 衿の裏に三つ衿芯を5分間隔でとめる。三つ衿芯を手前の衿に重ね、衿幅で折る。（一つ身じんべえ43ページ参照）
[Point] 布にゆとりがあれば、共布で三つ衿芯を作る。

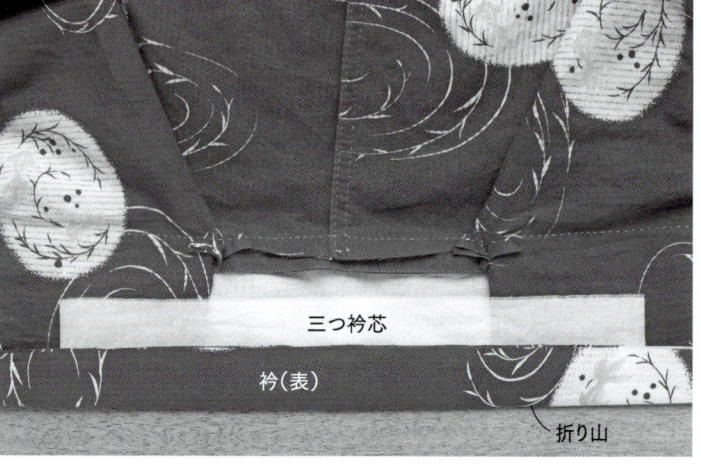

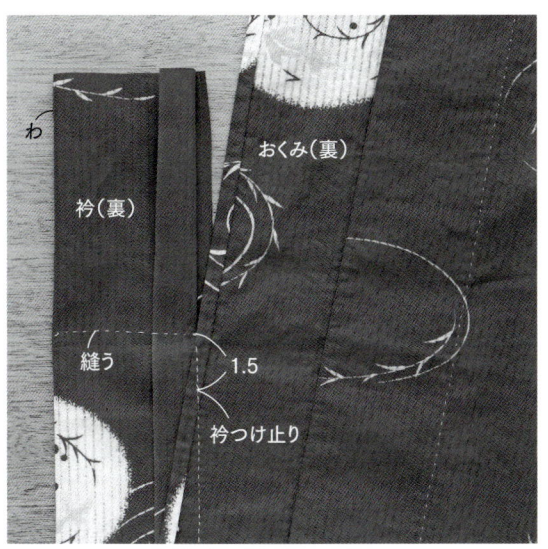

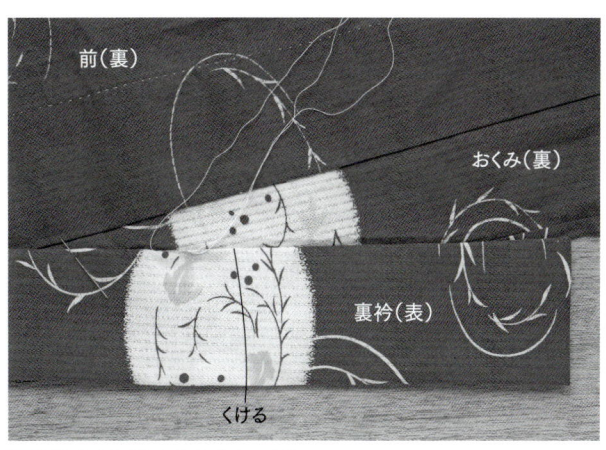

わ
衿(裏)
おくみ(裏)
縫う
1.5
衿つけ止り

前(裏)
おくみ(裏)
裏衿(表)
くける

7 衿先を下前から上前までくける。

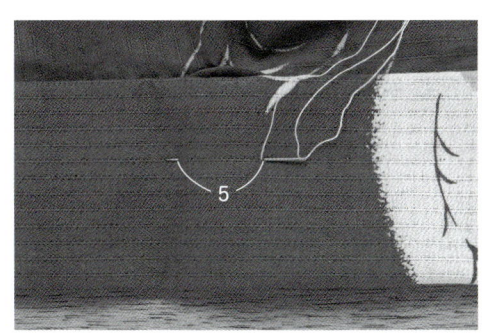

6 衿先を縫い、衿つけ止りで裏衿側に折る。表に返して縫い代の形を整える。(一つ身じんべえ44ページ参照)
Point 衿先が長い場合は、3寸(30)ぐらいで裁つ。

5

8 共衿に裏側からしのび(24ページ参照)を入れる。表1枚には縫い目を出さないで、5分間隔で小さく返し針をしながら押さえる。
Point 洗濯時に縫い代が片寄らないので、形くずれを防ぐことができる。

身頃に袖をつける (一つ身浴衣54ページ参照)

左袖(表)

Point 仕立て上がったら、寸法を確認する。霧吹き仕上げをしてたたむ。

仕立て編 — 女物浴衣

73

男物浴衣

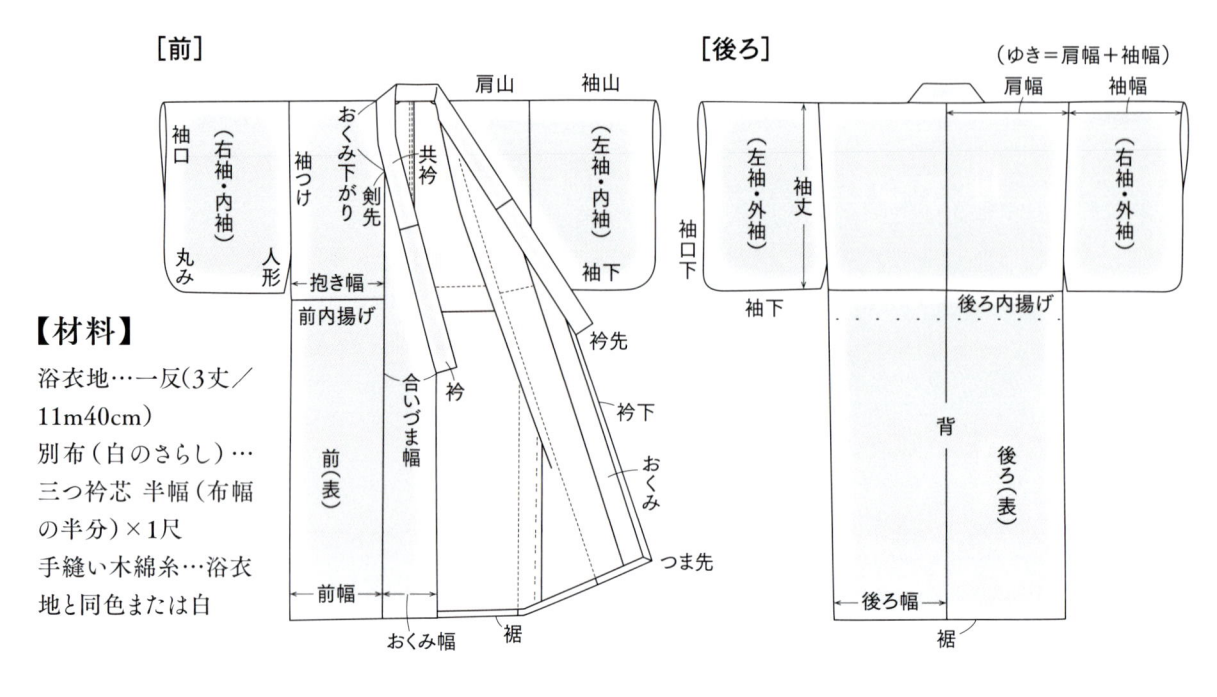

＊身長165〜175cm

[前] [後ろ]

（ゆき＝肩幅＋袖幅）

図中ラベル：袖口、（右袖・内袖）、丸み、人形、袖つけ、袖下がり、おくみ下がり、共衿、肩山、袖山、剣先、（左袖・内袖）、袖下、衿先、衿、衿下、おくみ、つま先、抱き幅、前内揚げ、合いづま幅、前表、前幅、おくみ幅、裾、（左袖・外袖）、袖丈、袖口下、袖下、後ろ内揚げ、背、後ろ（表）、（右袖・外袖）、肩幅、袖幅、後ろ幅、裾

【材料】

浴衣地…一反（3丈／11m40cm）
別布（白のさらし）…三つ衿芯 半幅（布幅の半分）×1尺
手縫い木綿糸…浴衣地と同色または白

【寸法表】

Point 男物は着丈をはかったほうがよい

（単位＝分）

項目	身長：165cm	身長：170cm	身長：175cm
着丈	365	375	385
裁切り身丈	身丈 内揚げ 縫込み 365＋50＋12	身丈 内揚げ 縫込み 375＋50＋12	身丈 内揚げ 縫込み 385＋50＋12
ゆき	180	185	190
袖丈	130	130	135
袖幅	93（布幅いっぱい）	93（布幅いっぱい）	93（布幅いっぱい）
袖口	70	70	75
袖つけ	100	100	105
人形	30	30	30
袖丸み	5	5	5
後ろ幅	80	80	80
前幅	65	65	65
抱き幅	62	62	62
おくみ幅	40	40	40
合いづま幅	35	35	35
衿下	180（着丈の半分程)	185（着丈の半分程）	190（着丈の半分程）
おくみ下がり	50	50	55
衿肩あき	22	22	22
衿幅（棒衿）	30	30	30
共衿丈	125	125	130

● 体格により寸法が変わる部分がある

標準寸法はヒップ90cm前後が基準。体格がいい場合は、ゆとりがあったほうが着やすいので、後ろ幅、前幅、おくみ幅を以下のように増やす。
ヒップ90cm前後の場合→後ろ幅8寸（80）、前幅6寸5分（65）、おくみ幅4寸（40）
ヒップ100cm前後の場合→後ろ幅8寸5分（85）、前幅7寸5分（75）、おくみ幅4寸（40）

【裁ち方】 Point 浴衣地を2〜3回はかって、3丈以上あることを確認する。図内の＋0.5〜2の表記はきせ分または詰まり分。

身長170cmの場合

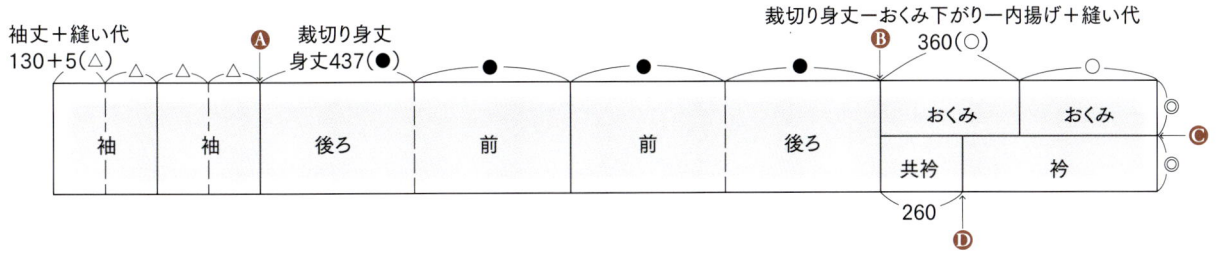

袖丈＋縫い代　130＋5(△)　Ⓐ 裁切り身丈　身丈437(●)　　　裁切り身丈ーおくみ下がりー内揚げ＋縫い代　Ⓑ 360(○)

| 袖 | 袖 | 後ろ | 前 | 前 | 後ろ | おくみ | おくみ |
| | | | | | | 共衿 | 衿 |

260　Ⓓ　　Ⓒ

布を裁って、印をつける

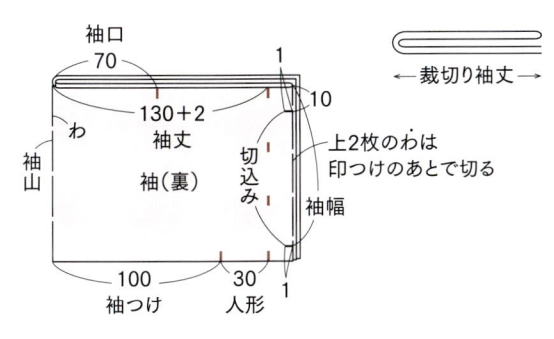

1 Ⓐを切って袖を切り離し、印をつける。
❶ 袖布を中表に合わせて丈半分に折り、もう一度半分に折る。
❷ 図を参照して、袖丈、袖口、袖つけの印をつける。
❸ 上2枚のわを切り、袖下の縫い代の両端に1分の切込みを入れる。

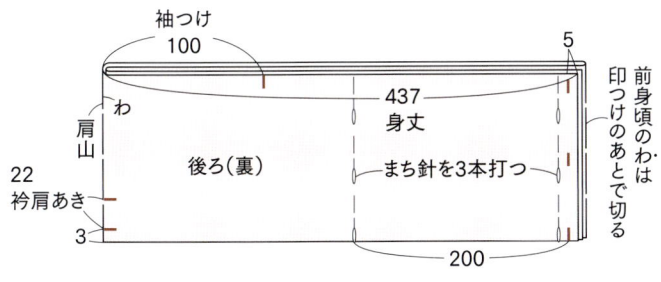

(袖口70／130＋2 袖丈／袖(裏)／上2枚のわは印つけのあとで切る／袖幅／袖山／わ／切込み／100 袖つけ／30 人形／1 裁切り袖丈)

2 Ⓑを切って前後身頃を切り離し、印をつける。
❶ 身頃布を中表に合わせて丈半分に折り、もう一度丈半分に折って、前身頃の上に後ろ身頃を重ねる。
❷ 裾4枚を合わせ、裾と2尺(200)のところにまち針を打つ。
❸ 裾、袖つけ、衿肩あきの印をつける。

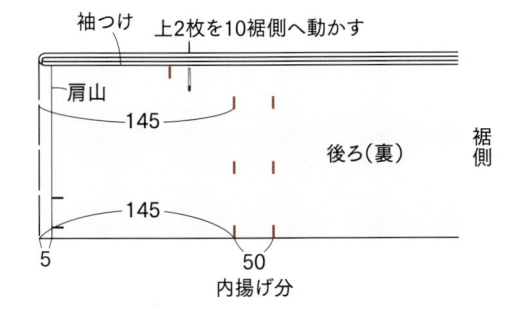

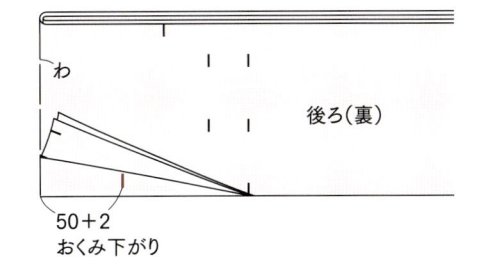

(袖つけ100／437 身丈／まち針を3本打つ／わ／肩山／22／衿肩あき／3／200／5／前身頃のわは印つけのあとで切る／後ろ(裏))

❸ 後ろ身頃の上2枚を裾側に5分ずらし、内揚げの印をつける。
Point 布2枚を針ですくってずらすと簡単にずらすことができる。

(袖つけ／上2枚を10裾側へ動かす／肩山／145／後ろ(裏)／裾側／145／5　50 内揚げ分)

❹ 後ろ身頃の上2枚を元に戻して、衿肩あきを切る。上2枚をめくり、おくみ下がりの印をつける。

(わ／後ろ(裏)／50＋2 おくみ下がり)

■ おくみ丈　裁切り身丈437ーおくみ下がり52ー内揚げ50＝335
❺ 前身頃の裾のわを切る。

男物浴衣　仕立て編

75

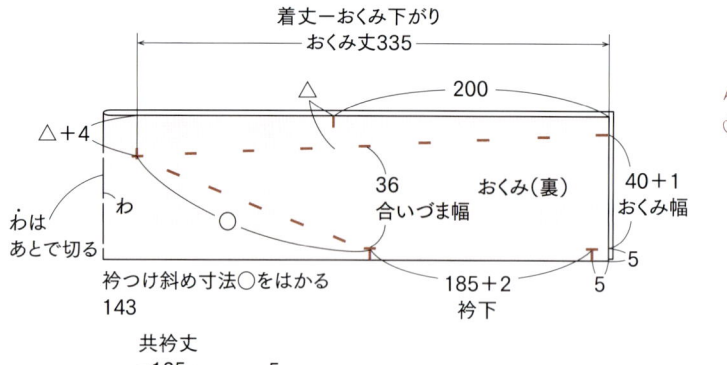

着丈−おくみ下がり
おくみ丈 335

△+4　　　　　200
△　　　　　　36　おくみ（裏）　40+1
わは　　わ　　　合いづま幅　　　　　おくみ幅
あとで切る
衿つけ斜め寸法○をはかる　185+2　　5
143　　　　　　　　　　衿下

3 Cを切っておくみを切り離し、印をつける。
❶おくみ布を中表に合わせ、わが左側にくるように置き、図を参照して、裾縫い代、おくみ幅、衿下、合いづま幅、おくみ丈、衿つけ斜めの印をつける。衿つけ斜め寸法○をはかる。
❷わを切る。

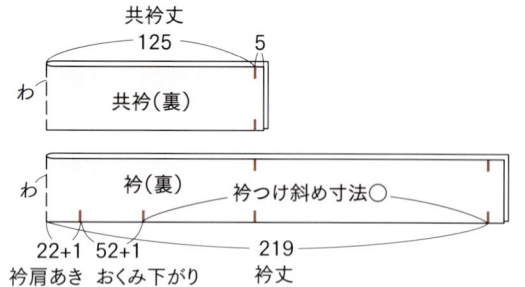

共衿丈
125　　5
わ　共衿（裏）

わ　衿（裏）　衿つけ斜め寸法○
22+1　52+1　　219
衿肩あき おくみ下がり　衿丈

4 Dを切って衿と共衿に切り分け、印をつける。
❶衿布を共衿と衿に切り分ける。
❷それぞれ、中表に丈半分に折り、図を参照して印をつける。

■ 衿つけ斜め寸法○＋76（衿肩あき＋おくみ下がり）＝219
　　　　　　　143　　　22+1　　52+1

Point 男物衿丈の目安：2尺〜2尺3寸（200〜230）くらい

仕立て編 — 男物浴衣

袖を縫う（女物浴衣68ページ参照）

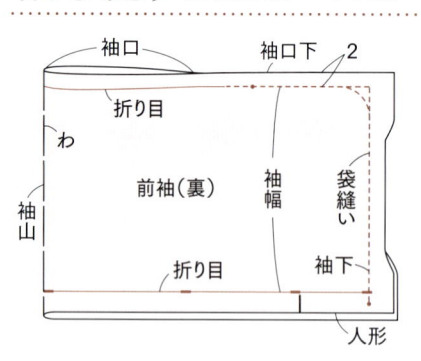

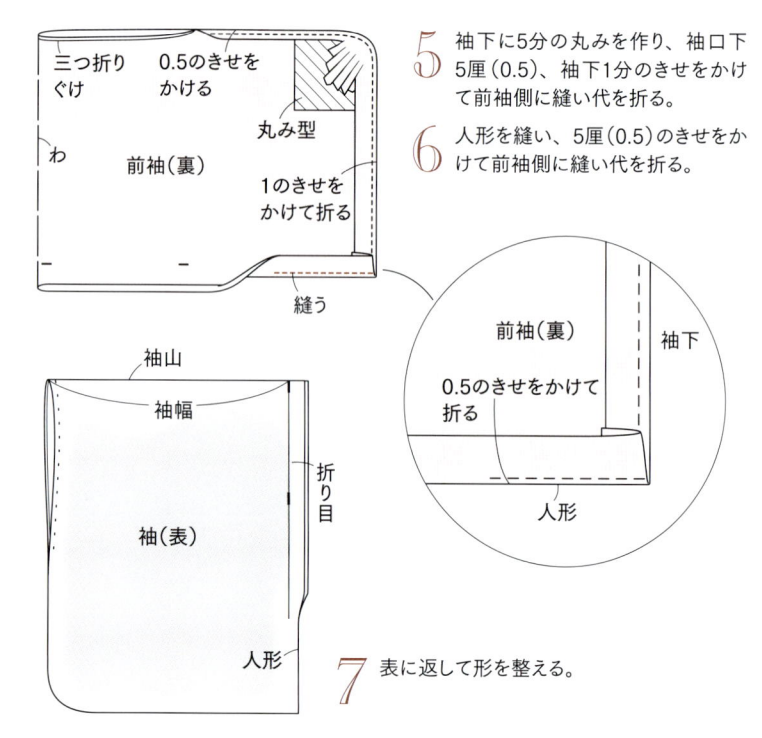

袖口　袖口下 2
折り目
わ　前袖（裏）　袖幅　袋縫い
袖山
折り目　袖下
人形

三つ折りぐけ　0.5のきせをかける
わ　前袖（裏）　丸み型
1のきせをかけて折る
縫う

袖山
袖幅
袖（表）　折り目
人形

前袖（裏）　袖下
0.5のきせをかけて折る
人形

1 袖下を外表に合わせ、切込みから切込みの間を1分で縫う。

2 中表に合わせ、袖下、袖口下を印どおりに縫う（袋縫い）。

3 袖口を三つ折りぐけでくける。

4 袖幅の印をつけて、印どおりに折る。

5 袖下に5分の丸みを作り、袖口下5厘（0.5）、袖下1分のきせをかけて前袖側に縫い代を折る。

6 人形を縫い、5厘（0.5）のきせをかけて前袖側に縫い代を折る。

7 表に返して形を整える。

身頃を縫う

1 背縫いをする。（女物浴衣69ページ参照）
❶後ろ身頃を中表に合わせ、裾から衿肩あきまでを二度縫い。
❷衿肩あきを右手に持ち、背縫いに5厘（0.5）のきせをかけて手前に折る。

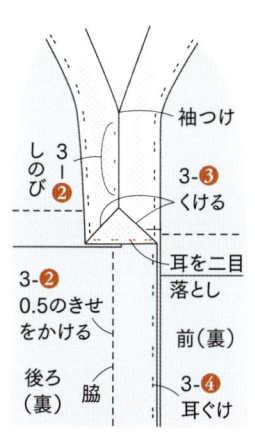

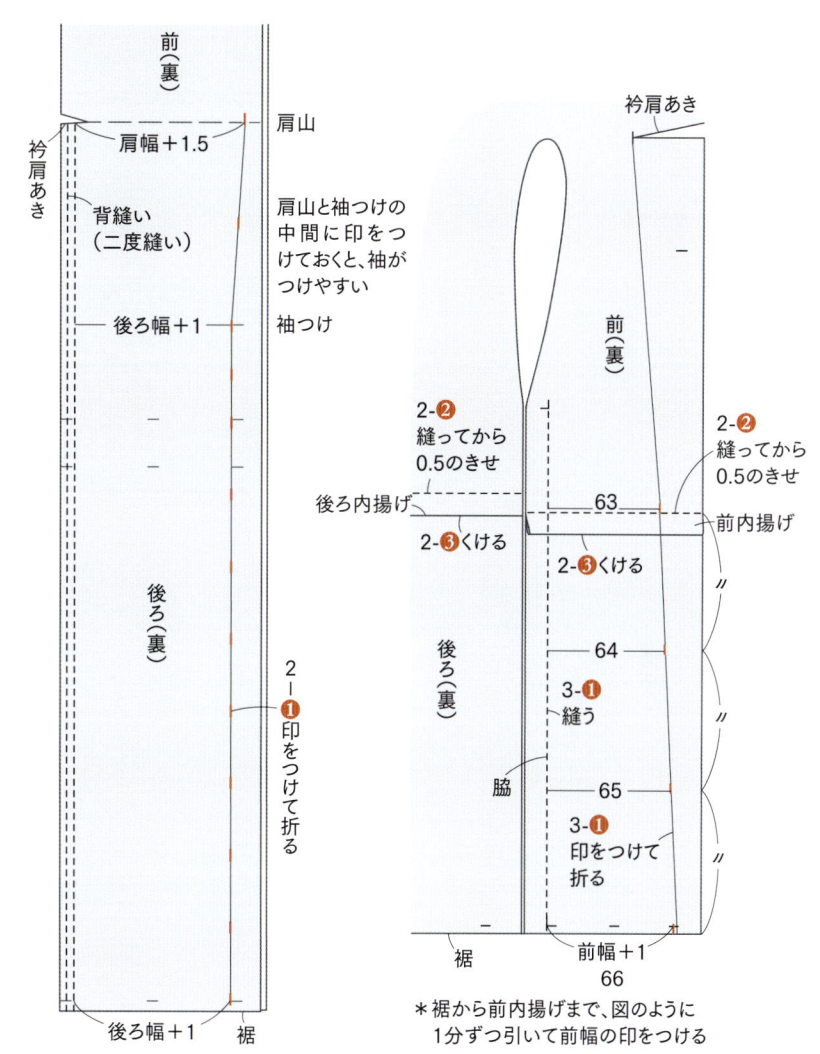

図ラベル（左上図）:
- 袖つけ
- しのび
- 3-❷
- 3-❸ くける
- 3-❷ 0.5のきせをかける
- 耳を二目落とし
- 前（裏）
- 後ろ（裏）
- 脇
- 3-❹ 耳ぐけ

図ラベル（中央図）:
- 前（裏）
- 肩幅＋1.5
- 肩山
- 衿肩あき
- 背縫い（二度縫い）
- 肩山と袖つけの中間に印をつけておくと、袖がつけやすい
- 後ろ幅＋1
- 袖つけ
- 後ろ（裏）
- 2-❶ 印をつけて折る
- 後ろ幅＋1
- 裾

図ラベル（右図）:
- 衿肩あき
- 前（裏）
- 2-❷ 縫ってから0.5のきせ
- 2-❷ 縫ってから0.5のきせ
- 後ろ内揚げ
- 63
- 前内揚げ
- 2-❸ くける
- 2-❸ くける
- 後ろ（裏）
- 64
- 3-❶ 縫う
- 脇
- 65
- 3-❶ 印をつけて折る
- 裾
- 前幅＋1
- 66

＊裾から前内揚げまで、図のように1分ずつ引いて前幅の印をつける

❷ 内揚げを縫う。

❶ 図を参照して、後ろ幅、肩幅（ゆき－袖幅）の印をつける。
Point 印は裾から肩山に向かってつけ、すぐに印を結んで折る。

❷ 後ろ内揚げ、前内揚げを縫う。それぞれ印を中表に合わせて縫い、裾側に5厘（0.5）のきせをかけて揚げ山を折る。
Point 後ろ身頃は印から印、前身頃は端から端までを縫う。

❸ 内揚げの山を前身頃、後ろ身頃にくける。

❸ 脇を縫う。（女物浴衣70ページ参照）

❶ 印どおりに脇を縫い、図を参照して前身頃に前幅の印をつける。

❷ 脇の縫い代に5厘（0.5）のきせをかけて前身頃側に折り、内揚げ部分の縫い代を三角形に開き、しのびを入れる。

❸ 三角の布の2辺をくけたら、1辺を二目落としで縫う。

❹ 縫い代を、身頃に耳ぐけでくける。

❹ 身頃におくみをつける。（女物浴衣71ページ参照）

❶ おくみ布の衿下を三つ折りぐけでくける。

❷ おくみを印どおりに折り、前身頃のおくみつけに合わせて縫う。おくみ側に5厘（0.5）のきせをかけて折り、縫い代を3分折って身頃にくける。
Point 裾から前内揚げまで、前内揚げから衿肩あきまでに分けて折ると折りやすい。

❸ 裾は5分の縫い代を三つ折りぐけする。

❺ 身頃に衿をつける。（一つ身浴衣55ページ参照）

❶ 共衿を衿につける。

❷ 衿つけ側を3分で折って身頃に縫いつけ、きせをかける。共衿は5厘（0.5）多めにきせをかける。

❸ 衿幅の印をつける。（女物浴衣72ページ参照）

❹ 衿肩あきに力布をつけ、衿の裏に三つ衿芯をつける。（一つ身じんべえ43ページ参照）

❺ 衿先を作り、身頃に衿をくける。（44ページ参照）

身頃に袖をつける（じんべえ45ページ参照）

Point 仕立て上がったら、寸法を確認する。霧吹き仕上げをしてたたむ。

仕立て編 — 男物浴衣

女物ひとえ長着

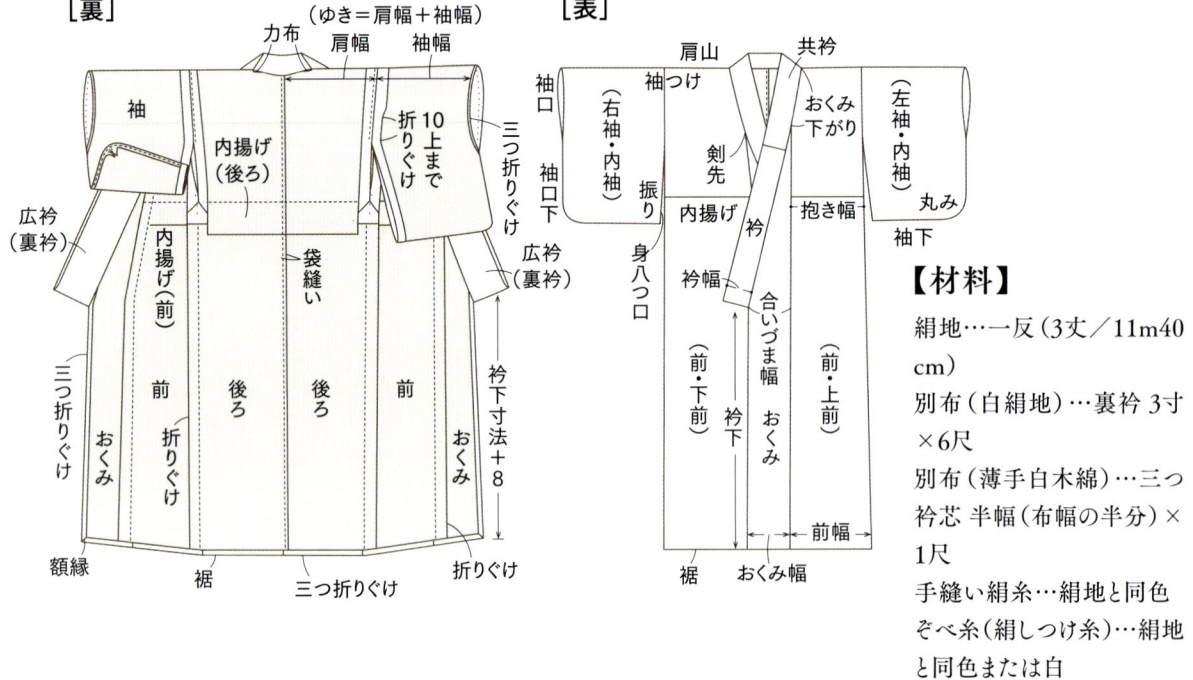

＊身長150〜160cm

[裏] （ゆき＝肩幅＋袖幅） [表]

力布・肩幅・袖幅・袖・内揚げ（後ろ）・10上まで・折りぐけ・三つ折りぐけ・袖口・袖口下・広衿（裏衿）・広衿（裏衿）・内揚げ（前）・袋縫い・三つ折りぐけ・前・後ろ・後ろ・前・衿下寸法＋8・おくみ・額縁・裾・三つ折りぐけ・折りぐけ

肩山・共衿・袖つけ・（右袖・内袖）・袖口・振り・剣先・おくみ下がり・内揚げ・衿・身八つ口・衿幅・合いづま幅・（前・下前）・衿下・おくみ・（前・上前）・（左袖・内袖）・丸み・袖下・裾・おくみ幅・前幅

【材料】

絹地…一反（3丈／11m40cm）
別布（白絹地）…裏衿 3寸×6尺
別布（薄手白木綿）…三つ衿芯 半幅（布幅の半分）×1尺
手縫い絹糸…絹地と同色
ぞべ糸（絹しつけ糸）…絹地と同色または白

【寸法表】

●身長：150cm（身丈） ●身長：155cm（身丈） ●身長：160cm（身丈） （単位＝分）

項目	150cm	155cm	160cm
身丈	400	410	420
ゆき	165	170	175
袖丈	125	130	130
袖幅	85	88	88
袖口	60	60	60
袖つけ	60	60	60
袖丸み	5	5	5
後ろ幅	75（体格による）	75（体格による）	75（体格による）
前幅	60（体格による）	60（体格による）	60（体格による）
抱き幅	56	56	56
おくみ幅	40	40	40
合いづま幅	35	35	35
衿下	200（着丈の半分程）	205（着丈の半分程）	210（着丈の半分程）
身八つ口	35	35	35
衿肩あき	23	23	23
くりこし	5	5	5
おくみ下がり	65（衿肩あきから）	65（衿肩あきから）	65（衿肩あきから）
衿幅（広衿）	30	30	30
共衿丈	125	125	125

●体格により寸法が変わる部分がある

標準寸法はヒップ90cm前後が目安。体格がいい場合は、ゆとりがあったほうが着やすいので、後ろ幅、前幅、おくみ幅を以下のように増やすとよい。

・ヒップ90cm前後の場合→後ろ幅7寸5分（75）、前幅6寸（60）、おくみ幅4寸（40）
・ヒップ100cm前後の場合→後ろ幅8寸（80）、前幅6寸5分（65）、おくみ幅4寸2分（42）

仕立て編 — 女物ひとえ長着

【裁ち方】 Point 用尺が3丈以上あることを2〜3回確認する。図内の＋0.5〜2の表記はきせ分または詰まり分。

身長155cmの場合

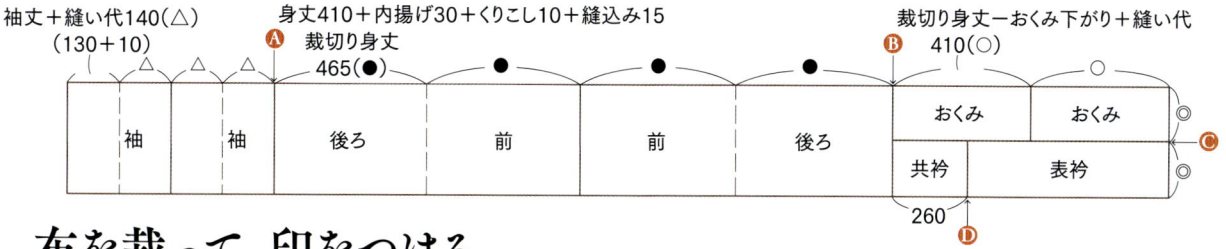

袖丈＋縫い代140(△)
(130＋10)

身丈410＋内揚げ30＋くりこし10＋縫込み15 Ⓐ
裁切り身丈
465(●)

裁切り身丈−おくみ下がり＋縫い代 Ⓑ
410(○)

袖	袖	後ろ	前	前	後ろ	おくみ	おくみ
						共衿	表衿

260 Ⓓ
Ⓒ

布を裁って、印をつける

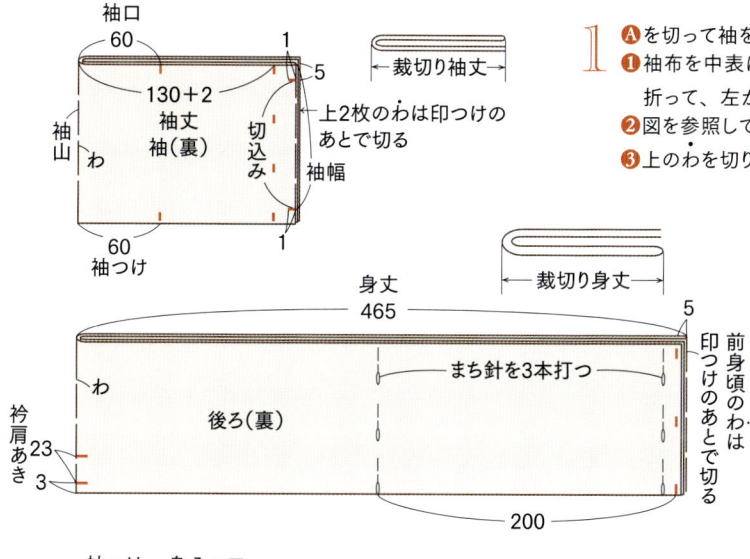

1 Ⓐを切って袖を切り離し、印をつける。
① 袖布を中表に合わせて丈半分に折り、もう一度丈半分に折って、左が袖山、上布のわを右端に重ねる。
② 図を参照して印をつける。
③ 上のわを切り、袖を2枚に切り離す。

袖口 60
130＋2 袖丈 袖(裏)
袖山 わ 切込み
60 袖つけ
袖幅
←裁切り袖丈
上2枚のわは印つけのあとで切る

2 Ⓑを切って前後身頃を切り離し、印をつける。
① 身頃布を中表に合わせて丈半分に折り、もう一度丈半分に折る。
② 4枚を平らに整え、裾と2尺(200)のところに針を打つ。
③ 裾、衿肩あきの印を入れる。衿肩あきの山をアイロンまたはこてで押さえる。

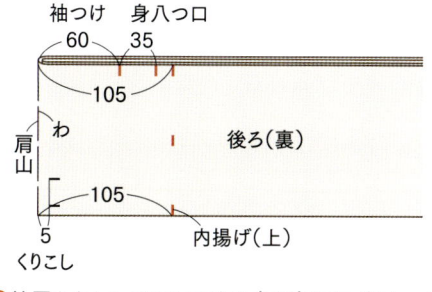

身丈465
後ろ(裏)
まち針を3本打つ
わ
衿肩あき23
3
200
←裁切り身丈
前身頃のわは印つけのあとで切る

袖つけ60 身八つ口35
105
後ろ(裏)
肩山 わ
105
5 くりこし
内揚げ(上)

③ 衿肩あきからくりこし寸法分(5分)右にずらし、袖つけ、身八つ口、内揚げの上の印をする。

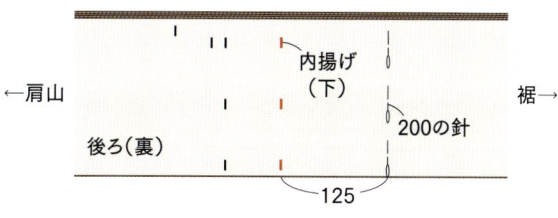

←肩山
後ろ(裏)
内揚げ(下)
200の針
裾→
125

$410 - (200 + 100) + 15 = 125$
身丈　裾分　縫込み
　　内揚げ(上)の部分

④ 図の2尺(200)の針から内揚げまでを平らにして、内揚げの下の印をつける。

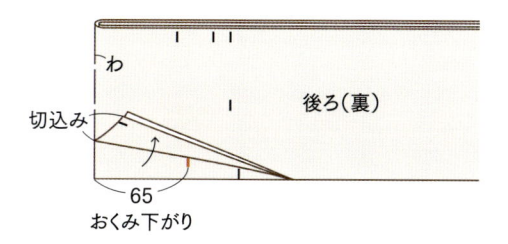

わ
後ろ(裏)
切込み
65
おくみ下がり

⑤ 衿肩あきを元に戻し、衿肩あきを切る。後ろ身頃の上2枚を開いて、おくみ下がりの印をつける。
⑥ 前身頃の裾のわを切り、身頃を2枚に切り離す。

Point おくみ丈を計算する。わからない場合は、はかる。

■ おくみ丈　$435 - おくみ下がり65 = 370$
　$435 = 410 + 10 (くりこし×2) + 15 (縫込み詰まり分)$

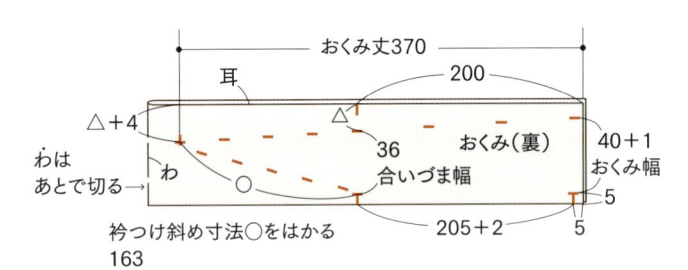

おくみ丈370
耳
200
△+4
36 合いづま幅
おくみ(裏) 40+1 おくみ幅
わは あとで切る→
わ
205+2
5
衿つけ斜め寸法○をはかる
163

3 **C**を切っておくみを切り離し、印をつける。
① おくみ布を中表に合わせて丈半分に折り、わを左側に置く。
② 図を参照して、裾縫い代、おくみ幅、衿下、合いづま幅、おくみ丈、衿つけ斜めの印を入れる。衿つけ斜め寸法○をはかる。

共衿丈
耳 125
わ 共衿(裏)

耳
わ 表衿(裏)
23+1 65+1 253衿丈
衿肩あき おくみ下がり

衿丈253
わ 裏衿(裏)
24 66 253-1
衿肩あき おくみ下がり

三つ衿芯
50
わ
24

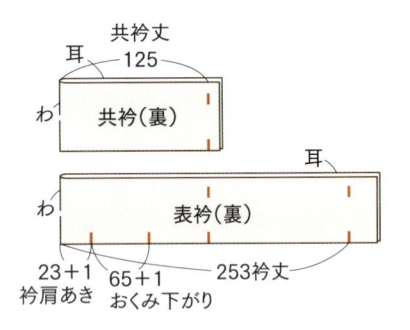

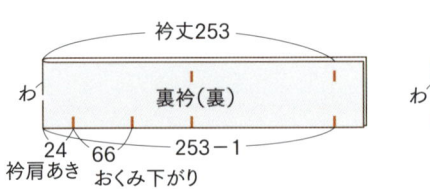

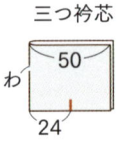

4 **D**を切って表衿と共衿に切り分け、印をつける。
Point 衿丈、共衿丈を確認してから**D**を切り離す。

■ 衿つけ斜め寸法○＋90（衿肩あき＋おくみ下がり）＝253
　　　　　　　163　　　　23+1　　　65+1

Point 衿丈目安：身丈4尺（400）前後の場合は2尺4寸（240）ぐらい、身丈4尺2寸（420）前後の場合は2尺5寸（250）ぐらい

袖を縫う（女物浴衣68ページ参照）

1 袖下を外表に合わせ、裁ち目から1分のところを印から印まで縫う。
Point 布丈にゆとりがある場合は、写真のように切込みを入れないで袋縫いをするが、ゆとりがない場合は68ページと同様に縫う。

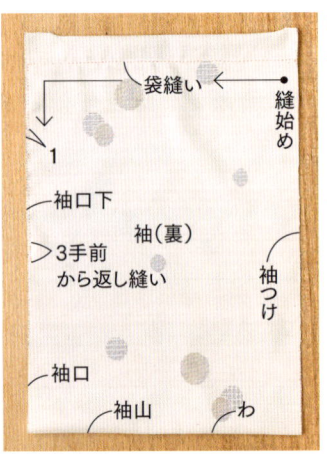

2 中表に合わせ、振り側から袖下（袋縫い）、袖口下まで縫い、袖口の印の3分手前から返し縫いをする。袖口下は端から1分のところを縫う。

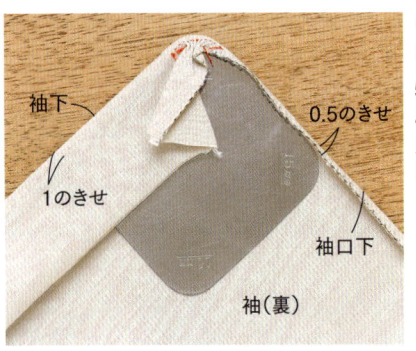

3 5分丸みの型で丸みを作って形を整え、袖下、袖口下にきせをかける。

4 袖口は1分の縫い代を三つ折りぐけでくける。

仕立て編 ——女物ひとえ長着

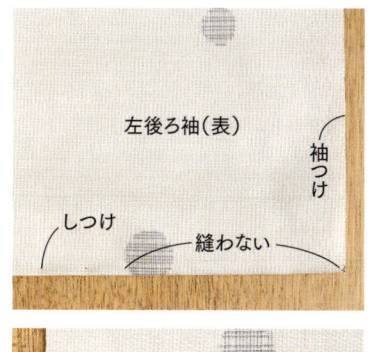

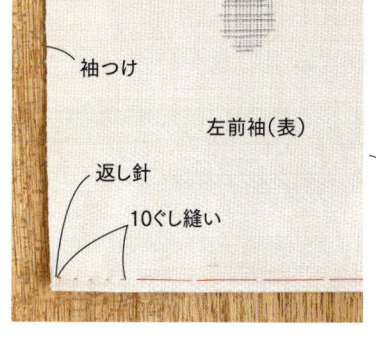

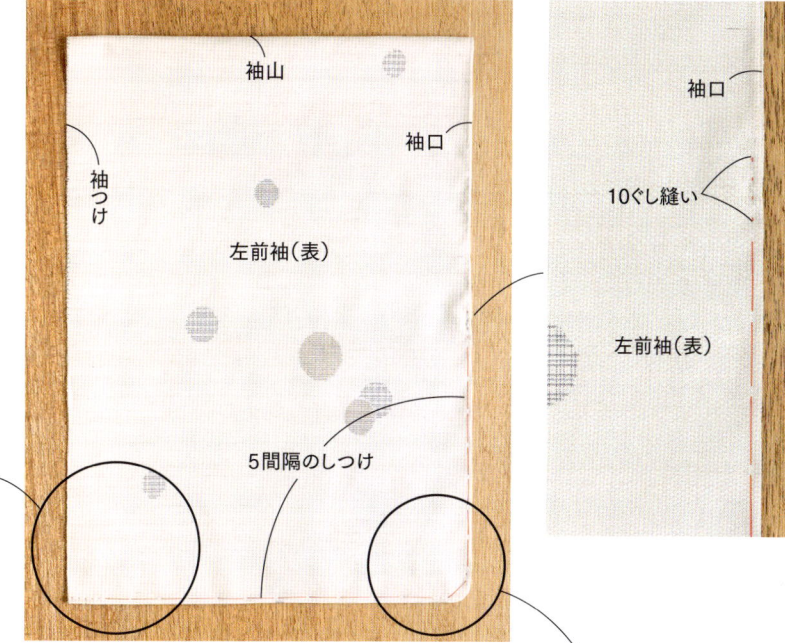

写真ラベル:
- 左後ろ袖(表)、しつけ、袖つけ、縫わない
- 袖つけ、左前袖(表)、返し針、10ぐし縫い
- 袖山、袖つけ、左前袖(表)、袖口、5間隔のしつけ
- 袖口、10ぐし縫い、左前袖(表)
- 袖口下、丸みは糸を斜めに渡す、袖下

図:袖山、左袖・後ろ袖(表)、印をつけて折る、袖幅+0.5、88

5 表に返して、袖口下、袖下に、ぞべ糸で5分間隔のしつけをかけ、縫い始めと縫終りは1寸(10)ぐし縫いをする。当て布を当ててアイロンまたはこてを当てる。
   Point 振り側の布幅の3分の1は前袖だけを縫う。

6 形を整えて、袖幅の印をつけ、印どおりに折る。

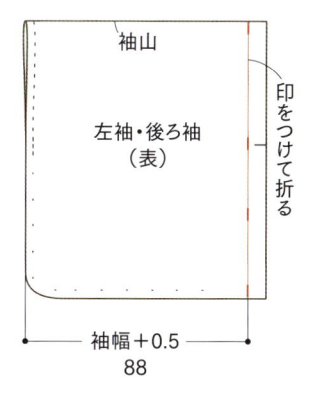

身頃を縫う

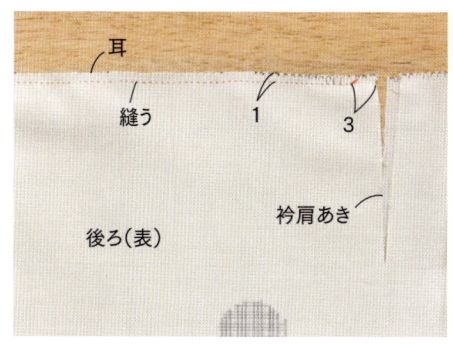

写真ラベル:
- 耳、縫う、1、3、後ろ(表)、衿肩あき
- 後ろ(表)
- 5、1切込み、後ろ(表)、裾

1 背縫いを縫う(袋縫い)。
   ❶ 後ろ身頃を外表に合わせ、裾から5分のところに1分の切込みを入れ、耳から1分のところを次ページの図のように縫う。(1本め)

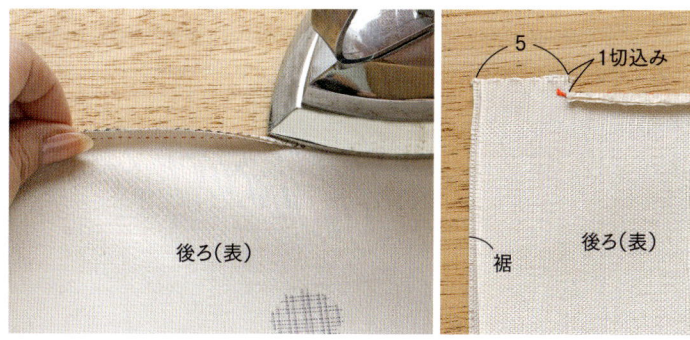

❷ 縫い目にアイロンまたはこてを当て、縫い代を折る。
   Point 袋縫いのときには、きせなしで縫い目で折る

仕立て編 — 女物ひとえ長着

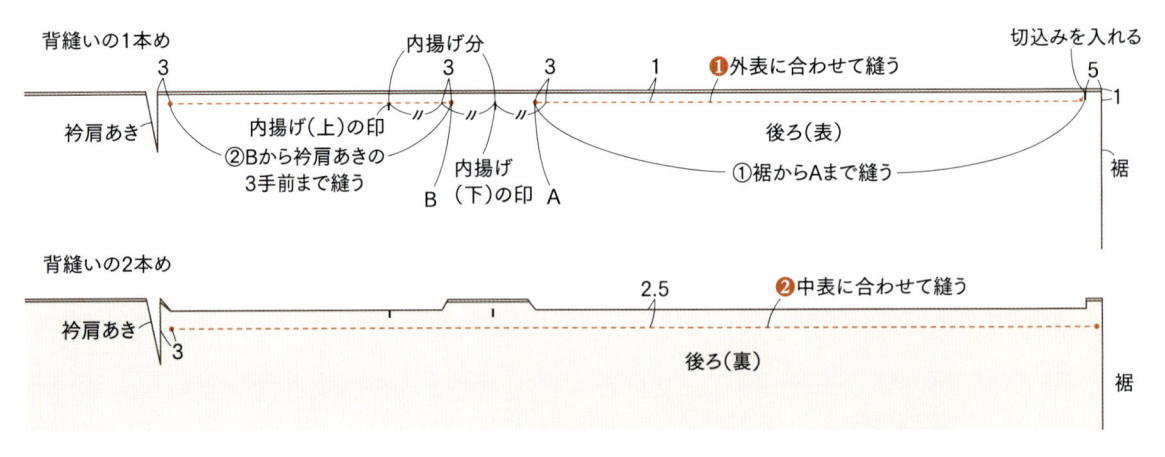

背縫いの1本め　　　　　　　　内揚げ分　　　　　　❶外表に合わせて縫う　　切込みを入れる
　　　　　　　3　　　　　　　3　　3　　1　　　　　　　　　　　5
衿肩あき　　　　　　内揚げ(上)の印　　　　　　　　　　　　　　　　　　　　　　　1
　　　　　　②Bから衿肩あきの　　　　　　　　　　後ろ(表)　　　　　　　　　　　裾
　　　　　　3手前まで縫う　　内揚げ　　　　　　①裾からAまで縫う
　　　　　　　　　　　　　B（下）の印 A

背縫いの2本め　　　　　　　　　　　　　　2.5　　❷中表に合わせて縫う
衿肩あき　3　　　　　　　　　　　　　　　　　後ろ(裏)　　　　　　　　　　　　　裾

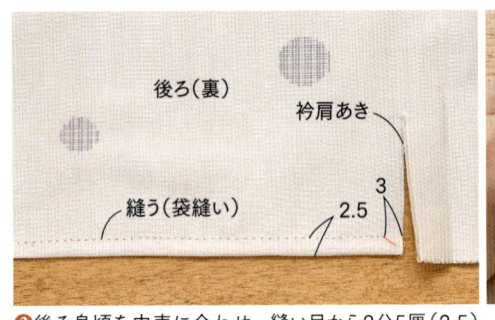

仕立て編 — 女物ひとえ長着

後ろ(裏)　　衿肩あき
縫う(袋縫い)　　3
　　　　2.5

0.5のきせをかける
後ろ(裏)
←裾　　衿肩あき→

❹ 後ろ幅、肩幅(ゆき－袖幅)をはかって印をつけ、後ろ身頃の脇を印どおりに折る。

❺ 衿肩あきを右手に持ち、背縫いの縫い目に5厘(0.5)のきせをかけて手前に折る。

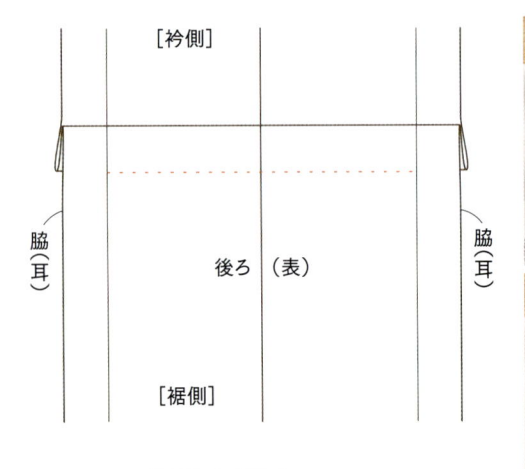

❸ 後ろ身頃を中表に合わせ、縫い目から2分5厘(2.5)のところを、衿肩あきの3分手前まで縫う。(2本め)

[衿側]
脇(耳)　後ろ(表)　脇(耳)
[裾側]

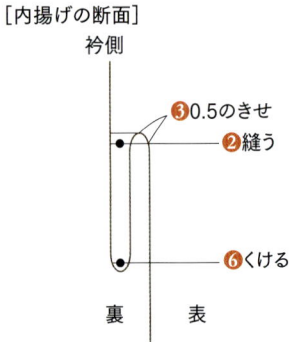

[内揚げの断面]
衿側
❸0.5のきせ
❷縫う
❻くける
裏　表

わ
背縫い　後ろ(裏)　内揚げ　脇

わ
背縫い　縫う　後ろ(裏)　脇
↓衿肩あき

0.5のきせをかける
裾↓　わ

2

前後身頃の内揚げを縫う。

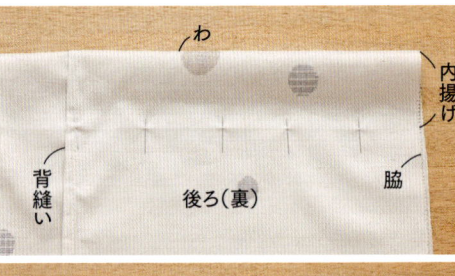

❶ 後ろ身頃の内揚げの上下の印を中表に合わせ、まち針でとめる。

❷ 後ろ幅の印から印までを縫う。

❸ 裾側に5厘(0.5)のきせをかけて、内揚げを手前に折る。

Point
* アイロンは布を押さえるように当て、布を伸ばさない。
* 後ろ身頃の内揚げは印から印までのわに、アイロンまたはこてを当てる。前身頃は端から端までのわにアイロンまたはこてを当てる。
* 紬など堅めの布地は揚げ部分にしつけをかけないが、形がくずれる柔らか物の布地はぞべ糸でぐし縫いをする。

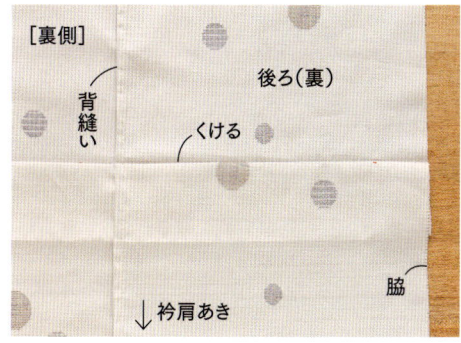

❹揚げ部分のわを衿肩あき側にめくり、揚げ側からアイロンまたはこてを当てて揚げのわを押さえる。

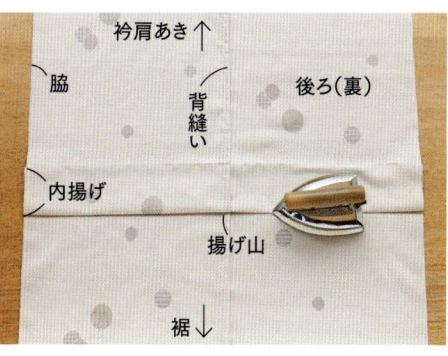

❺揚げを裾側に下げ、揚げの表側からアイロンを当てる。

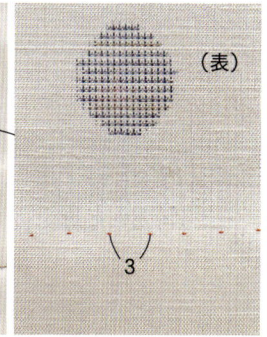

❻衿肩あきを手前に置いて、揚げ山を後ろ幅の印から印まで身頃にくける。

Point 同様に、上前身頃、下前身頃の内揚げを縫い、3分間隔でくける。

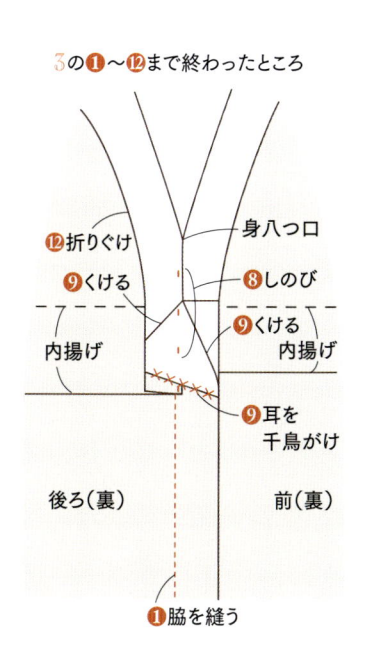

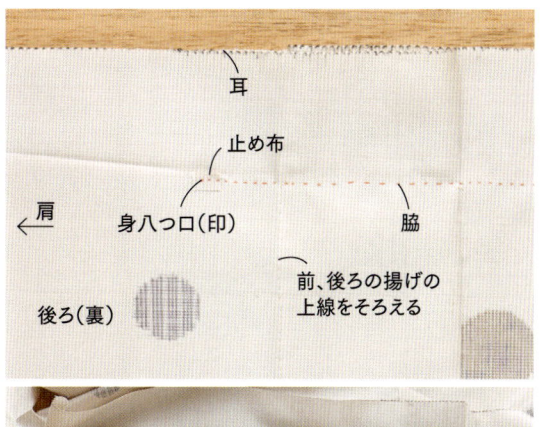

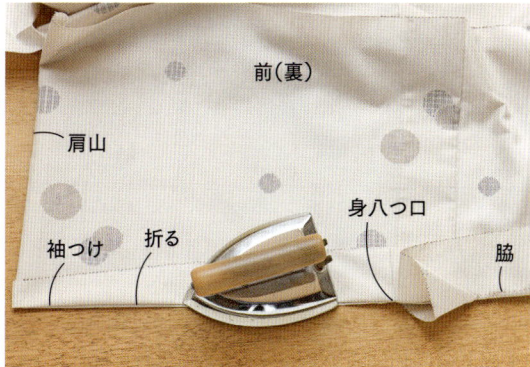

3の❶～⓬まで終わったところ

3

脇を縫う。
❶前後身頃を中表に合わせ、内揚げの上線をそろえ、後ろ身頃を見て印どおりに脇を裾から身八つ口まで縫う。身八つ口の印部分は止め布（2×3）ではさむ。
❷前幅の印をつける。（女物浴衣70ページ参照）
❸肩山の印と身八つ口の印を結んで袖つけを折り、折り目にアイロンまたはこてを当てる。

女物ひとえ長着

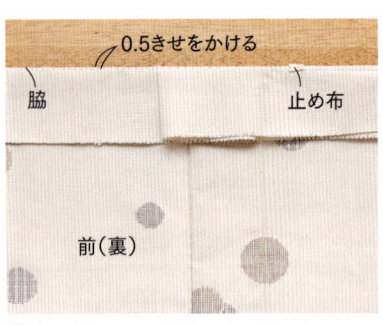

❹脇の縫い目に5厘（0.5）のきせをかけて、前身頃側に折る。

❺身頃を開き、後ろ身頃の縫い代を、縫い目から1分ほど向う側に折り返す。

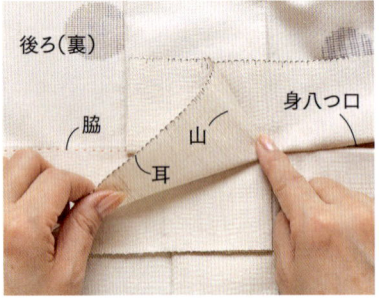

❻後ろ身頃側に広げた縫い代の揚げ山を三角に広げ、耳を手前の縫い代に重ね、アイロンまたはこてを当てる。

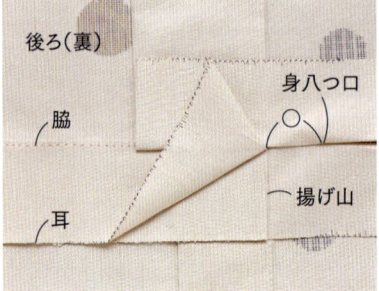

❼たたんだ三角形の縫い代にアイロンまたはこてを当てる。
Point 揚げ山から身八つ口までのきせ分のずれ（○部分）は、身八つ口で自然に消し、縫止で布が平らになるようにする。

［縫い代が2寸以上ある場合］

Point 縫い代を両開きにする

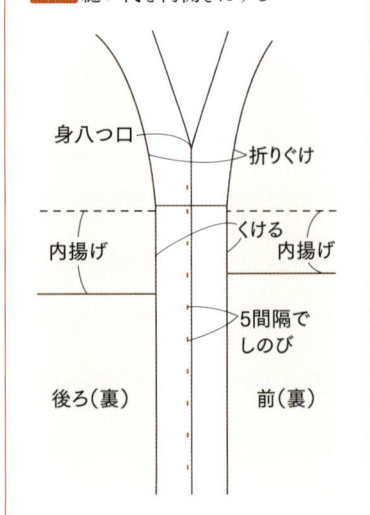

1. 前、後ろともに内揚げ部分は、端から端まで縫う。
2. 脇部分は印の1分上をもう一度縫い、1本めに5厘（0.5）のきせをかけて2本めの縫い目を後ろ身頃側へ折って広げ、5分間隔でしのびを入れる。

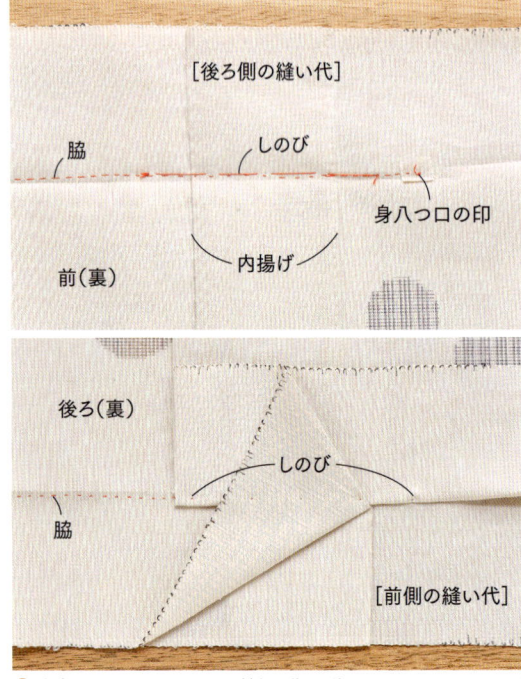

❽前身頃を見て、たたんだ縫い代が動かないように、しのびを入れる。

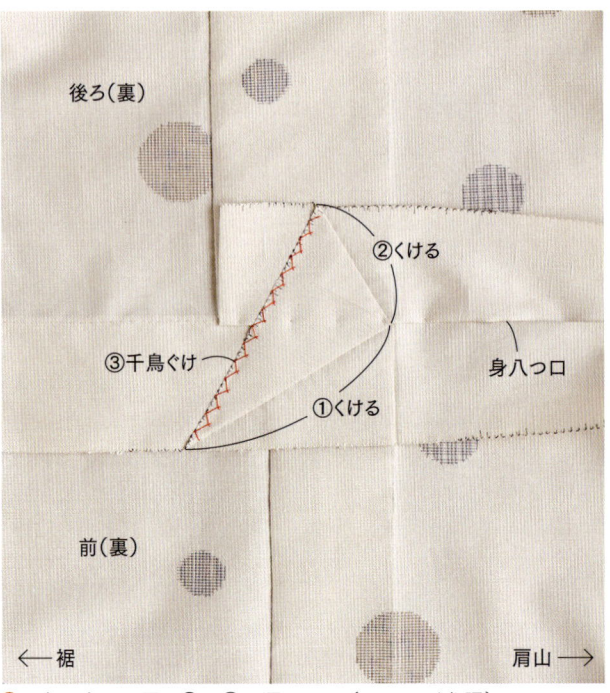

❾三角の布の周囲を①〜③の順にくける（22ページ参照）。

⑩ きせをかけた脇の縫い代を後ろ身頃に広げ、裾側から前幅の印をつける。
Point 印をつけたら、すぐに折っておく。

⑪ 脇の縫い代を重ねて端をそろえ、裾から5分のところに3分の切込みを入れる。

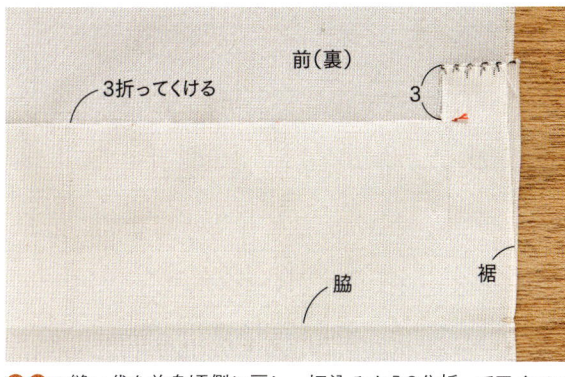

⑫ ⑪の縫い代を前身頃側に戻し、切込みから3分折ってアイロンを当て、3分間隔で裾側から袖回りを折ってくける。
Point 縫い代の端を1枚だけ1分ずらして折っておくと、平らにきれいに仕上がる。

[額縁の作り方]

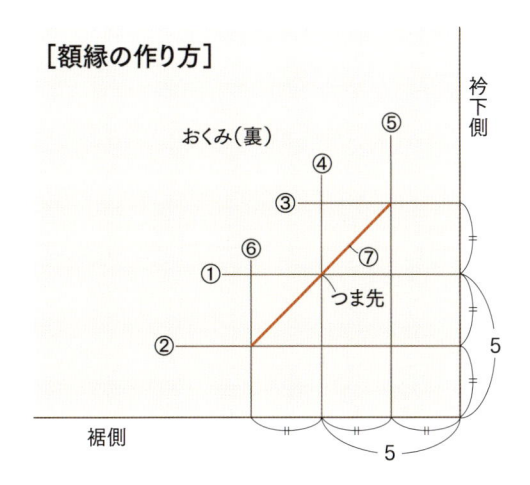

4 前身頃におくみをつける。
❶ おくみのつま先に額縁の印をつける。
　❶ おくみ布の裾と衽下に図の①〜⑥の順に、折り印を入れる。
　❷ ②と⑥、③と⑤の交点を結んで、通しべらで斜めの印を入れる(⑦)。
　❸ 印つけの完成。

仕立て編 ── 女物ひとえ長着

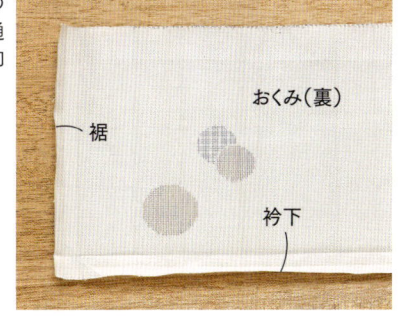

仕立て編
── 女物ひとえ長着

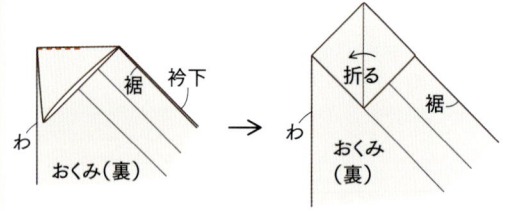

❷額縁を作る。
　❶通しべらの印の端と端を中表に合わせ、印どおりに細かく縫う。

❷縫い目を手前に折って広げる。

❸先端の布を写真のように折り返す。

❹三角を半分にたたんで指で押さえ、表に返す。

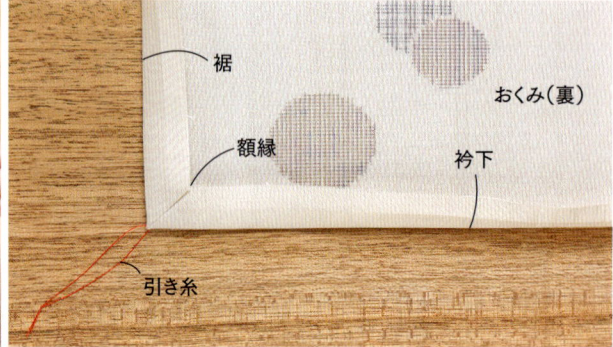

❺角に引き糸（つま糸）をつける。糸を引いて角をきれいにし、裏から当て布を当て、アイロンまたはこてを当てて形を整える。

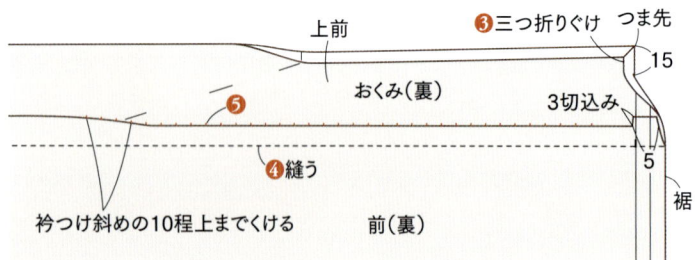

❸衿下とおくみ裾を1寸5分（15）ほど、三つ折りぐけでくける。
❹おくみつけを印どおりに折り、前身頃と中表に縫う。おくみを見て、おくみ側に5厘（0.5）のきせをかけて折る。
❺縫い代に脇と同じように切込みを入れて折り、くける（85ページ参照）。

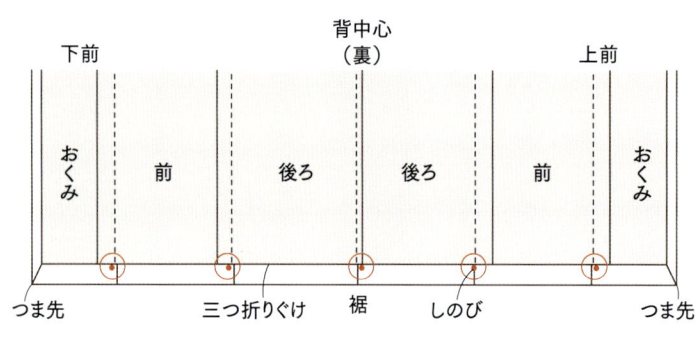

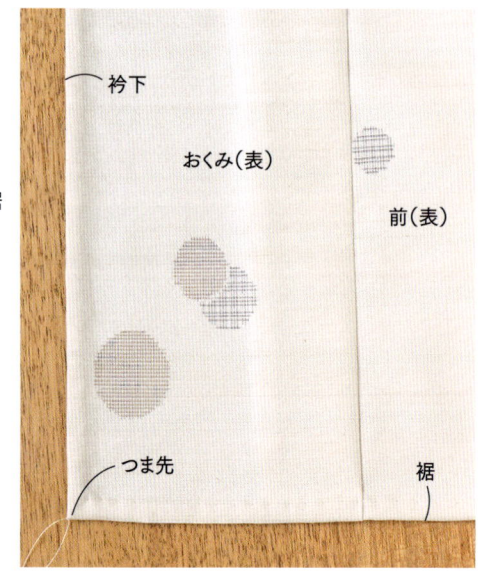

5 裾の始末をする。（一つ身じんべえ41ページ参照）
　裾に三つ折りの折り目をつけ、上前から下前に向かって三つ折りぐけでくける。
　Point おくみと身頃の間、脇など、図の○部分でしのびをする。

86

身頃に衿をつける

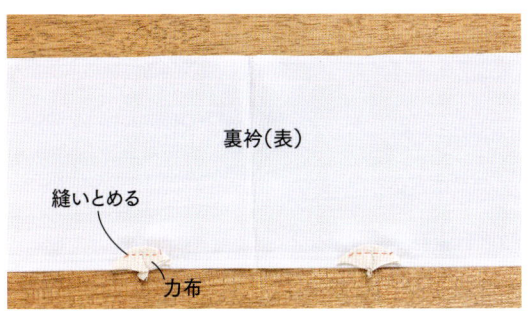

中心
裏衿(表)
力布
衿肩あき　衿肩あき
3折る

裏衿(表)
縫いとめる
力布

1 裏衿の衿肩あきの縫い代に、力布をつける。(一つ身じんべえ43ページ参照)

2 表衿と裏衿で身頃をはさみ、下前衿つけ止りから上前衿つけ止りに向かってつける。

[衿先の縫い方]

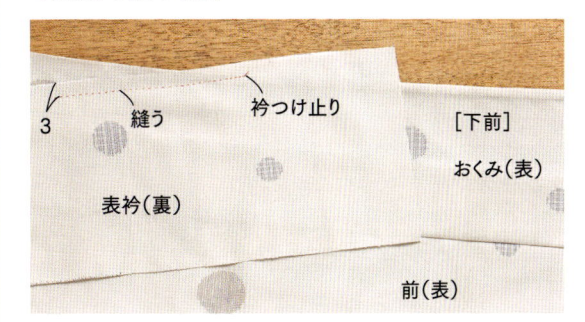

3　縫う　衿つけ止り
[下前]
おくみ(表)
表衿(裏)
前(表)

表衿のつける側を3分で折る。表衿と裏衿の間に身頃をはさみ、下前衿つけ止りから上前衿つけ止りまでを縫う。縫始め、共衿の始めと終り、剣先、縫終りは返し針をする。

[衿肩回りの縫い方]

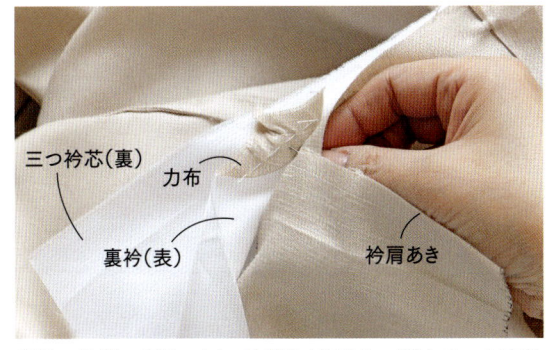

三つ衿芯(裏)
力布
裏衿(表)
衿肩あき

表衿、身頃、裏衿、三つ衿芯を4枚重ね、背中心、左右衿肩あきの順に印を合わせて、針でとめる。

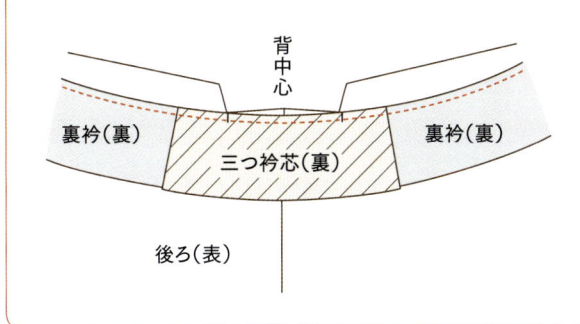

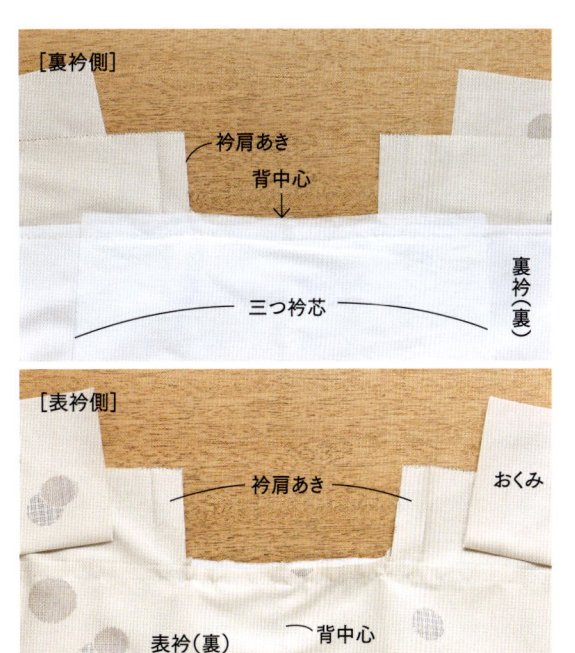

背中心
裏衿(裏)　三つ衿芯(裏)　裏衿(裏)
後ろ(表)

[裏衿側]
衿肩あき
背中心
三つ衿芯
裏衿(裏)

[表衿側]
衿肩あき　おくみ
表衿(裏)　背中心

表衿を見ながら、4枚一緒に印どおりに縫う。

仕立て編 — 女物ひとえ長着

女物ひとえ長着

3 表衿に5厘(0.5)のきせをかける。
Point きせをかける前に、おくみ下がりの前身頃にこてまたはアイロンを当てて、衿を落ち着かせる(おろす)。

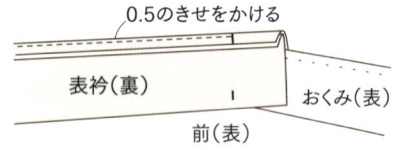

表衿側に5厘(0.5)のきせをかけて縫い代を折り、表衿を広げて裏衿を表衿に重ねる。

4 裏衿は、表衿に平らに重ね、縫い目が見えないように、アイロンかこてできせをかける。
Point こての温度が下がってから、そっとこてを布に当てる。

5 共衿の裁ち目(衿つけ側)を3分折り、ぞべ糸で印から(全体図は右上)印まで5分間隔でしつけをかける。

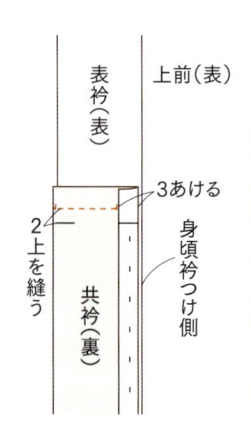

6 上前の表衿に共衿を重ねて縫う。

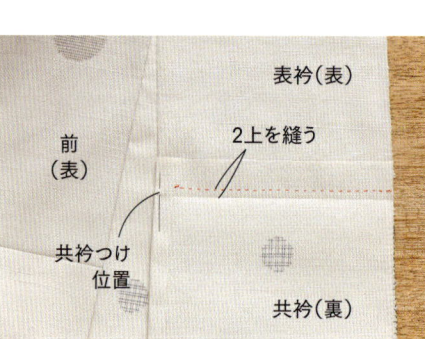

❶ 共衿がねじれないように、背中心に針を打つ。下前の共衿先と表衿の共衿の印を折り、印どうしを合わせて中表に重ね、印の2分上を縫う。

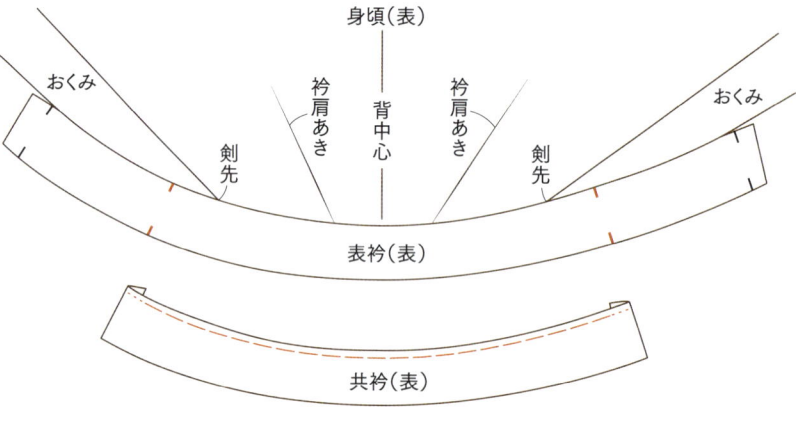

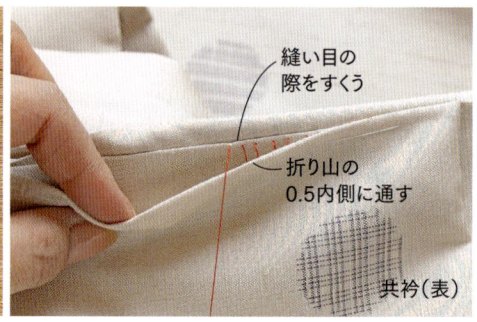

❷ 共衿を表衿にくける。縫い目が表側に出ないように共衿の端から5厘(0.5)内側に針を1分通し、表衿の縫い目の際を1分すくいながら下前共衿先までくける。

［共衿の縫始め、縫終り］

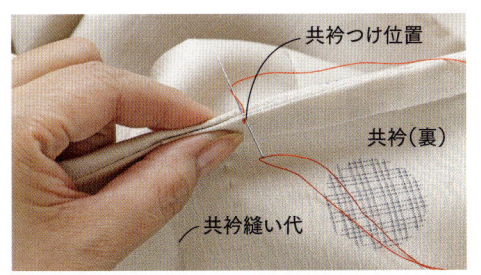

❶共衿と表衿の印を合わせ、共衿と表衿の端をすくう。同じところに、もう一度針を通して針に糸をかける。

❷糸を引く。

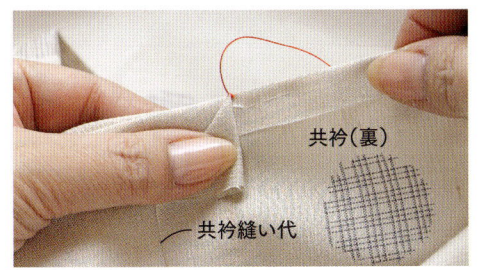

❸共衿の縫い代を三角に折る。

❹三角の布を押さえたまま、共衿を肩側に返す。

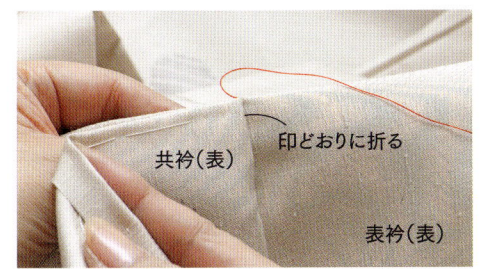

❺印どおりに折って、共衿を表衿に重ねる。

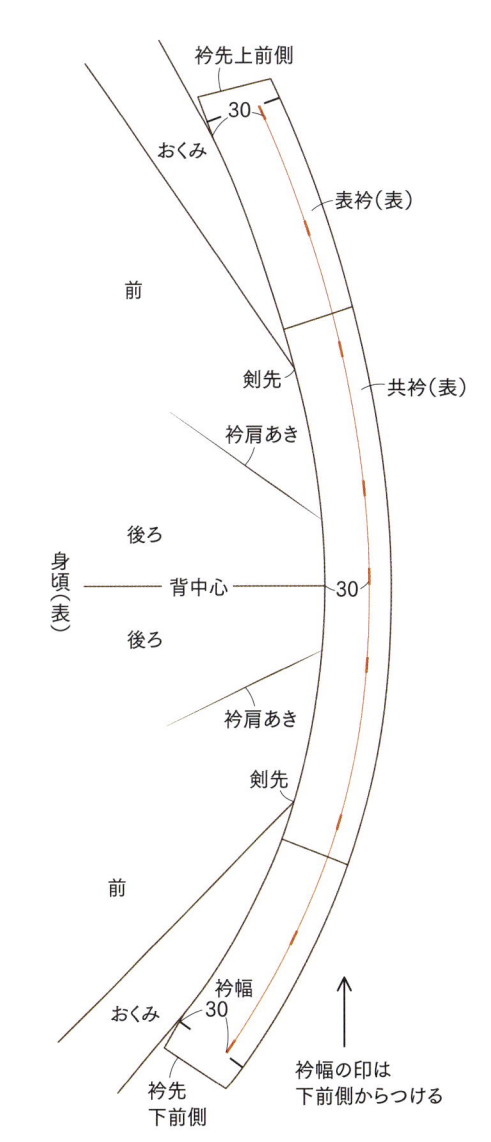

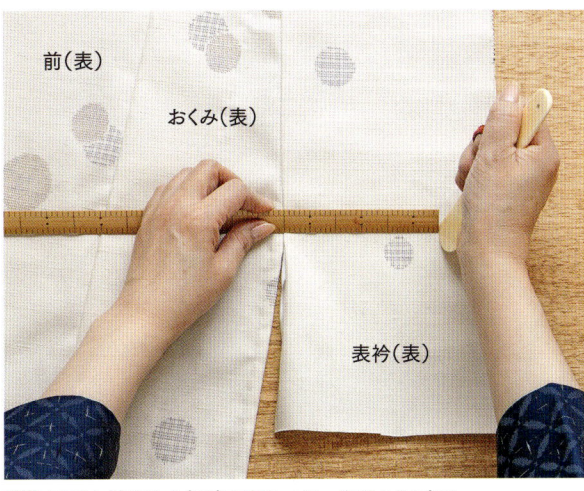

7 表衿に衿幅3寸（30）の印をつけ、印どおりに折る。
Point 共衿はやや多めに幅印をつけておく。

仕立て編 ― 女物ひとえ長着

89

8 衿先を縫う。

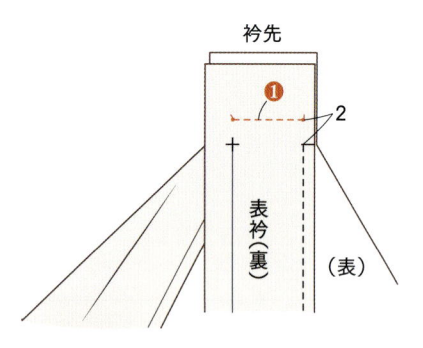

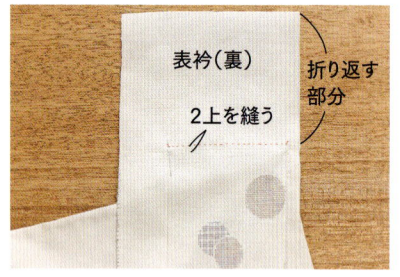

❶ 表衿、裏衿の幅印を合わせ、衿下の印から2分上を縫う。
Point 表裏の衿幅の印に針を打っておく。裏を少し控えるとよい。

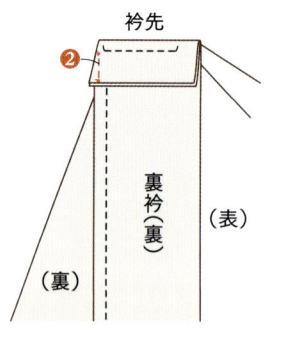

❷ 衿先から裏衿側に折り、縫い目の際を5分間隔でとめる。

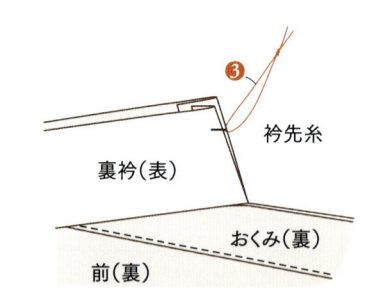

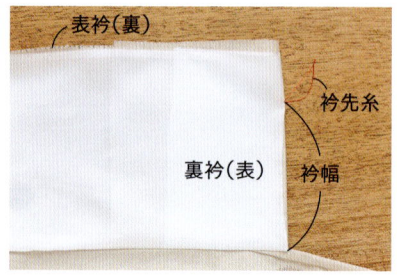

❸ 表に返して表衿と裏衿の衿先を合わせ、衿幅に衿先糸をつける。

❹ 表衿と裏衿を合わせ、衿先の縫い代を裏衿側に印どおりに折る。

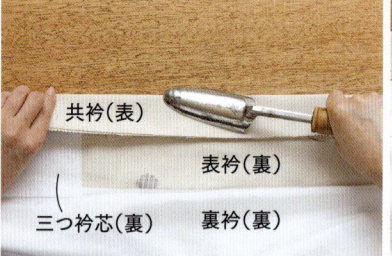

❺ 共衿と表衿だけを、上前衿先から下前衿先まで、印どおりに折る。

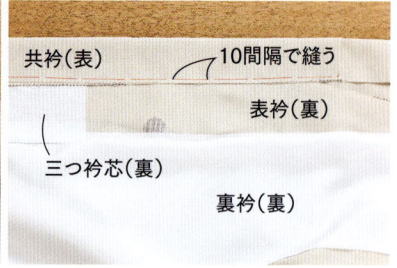

❻ 共衿を1寸（10）間隔で表衿に縫いとめる。糸はしろもを使用する。

［衿先の角のたたみ方］

❶ 右手の人さし指を衿先糸に引っかけて衿先を引きながら、裏衿の縫い代を内側に三角に折る。

❷ 左手の人さし指に衿先糸をかけ替えて衿先を引きながら、表衿の縫い代を裏側に折る。

❸ 右手の人さし指に衿先糸をかけ替えて衿先を引きながら、裏衿を表衿より1分5厘（1.5）控えて、つま形になるように裏の縫い代を折る。

仕立て編 ── 女物ひとえ長着

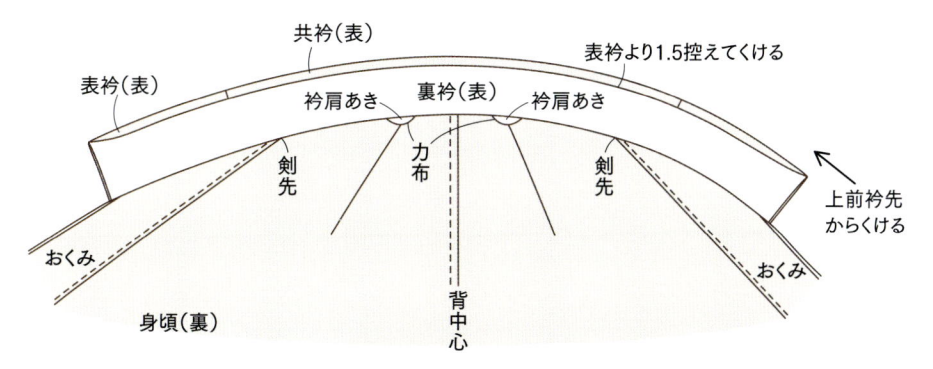

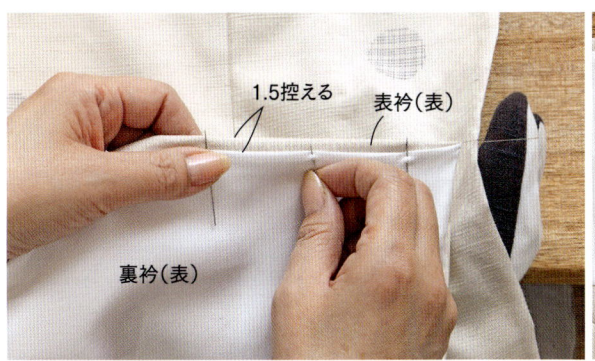

図中ラベル: 共衿(表)、表衿(表)、衿肩あき、裏衿(表)、衿肩あき、表衿より1.5控えてくける、剣先、力布、剣先、おくみ、身頃(裏)、背中心、おくみ、上前衿先からくける

写真ラベル: 1.5控える、表衿(表)、裏衿(表) / 1.5控える、くける、裏衿(表)

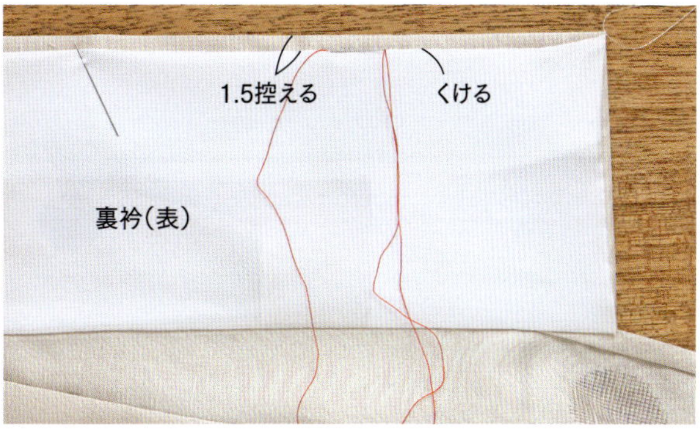

9 裏衿を表衿にくける。

❶ 衿先糸を引きながら、裏衿を表衿に1分5厘(1.5)控えて、まち針でとめる。
Point 最初に背中心に針を打ち、上前、下前が均等になるように針を打つ。

❷ 上前衿先から下前衿先に向かって裏衿をくける。表衿に縫い目が出ないように表衿の縫い代と裏衿を1分間隔でくける。
Point 衿先糸をくけ台などで引き、ピンと張りながらくけるときれいに仕上がる。

身頃に袖をつける

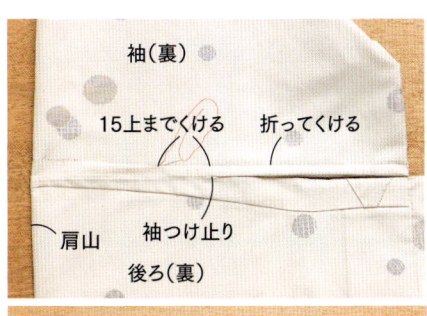

写真ラベル: 袖(裏)、15上までくける、折ってくける、肩山、袖つけ止り、後ろ(裏) / 袖(表)、肩山

1 袖と身頃の折り目を中表に合わせ、袖の袖つけ止りに止め布を当てて、印どおりに縫う。(一つ身浴衣54ページ参照)
Point 左右を間違えやすいので、つける前に左右を確認する。

2 袖つけの縫い目に5厘(0.5)のきせをかけて袖側に折る。

3 振りは前袖から後ろ袖の袖つけ止りの1寸5分(15)上まで折ってくける。

Point
* 仕立て上がったら、寸法を確認する。
* 表から仕上げアイロンをかけてたたむ。
* 表からのアイロンには必ず当て布を当てる。

仕立て編 — 女物ひとえ長着

【衿糸、スナップのつけ方】

衿が広衿の場合には、衿に引き糸かスナップをつけます。
スナップは簡単ですが、凹凸が当たって布地に跡がつくなどの心配があるので、糸のほうがよいでしょう。

◉衿糸の場合

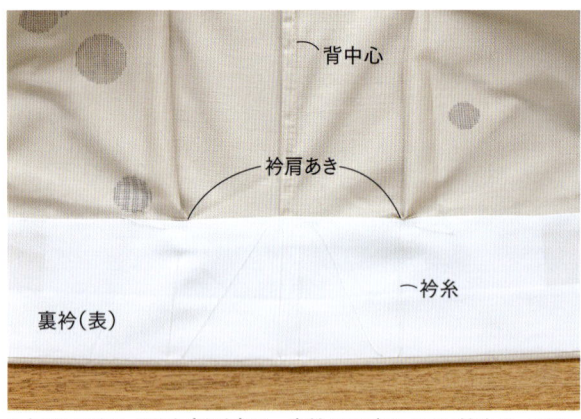

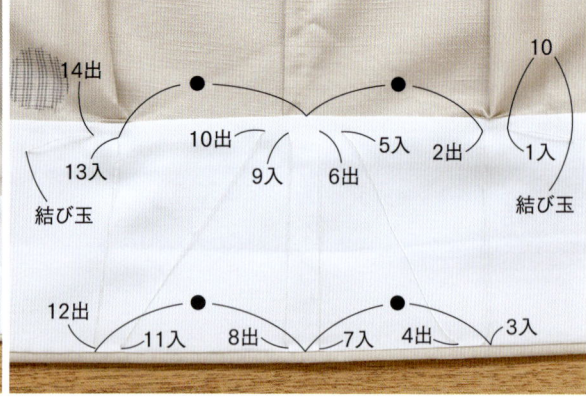

1本どりの穴かがり糸（穴糸）で、裏衿に写真のように衿糸をつける。両端を1寸（10）残して結び玉を作る。

両端の糸玉を引くと、衿が引っ張られて二つ折りになる。

きものを着るときも、糸端はそのままにしておく。表衿に衿糸が出ないように注意する。

◉スナップの場合

裏衿の背中心部分に凸側、向いの衿つけ側に凹側をつける。つけるときには1本どりの絹糸を使い、スナップの穴に5回ずつ糸を通してとめつける。縫始めと縫終りの結び玉はスナップの下に隠し、表から見えないようにする。

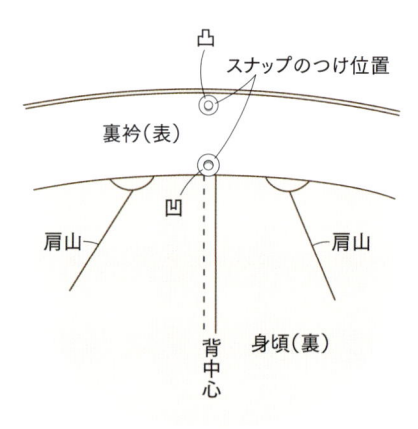

【半衿のかけ方】

半衿のかけ方はいろいろな方法がありますが、本書では絹地を使った丁寧な方法をご紹介します。
半衿は汚れたらつけ替えて、いつもきれいにしておきましょう。

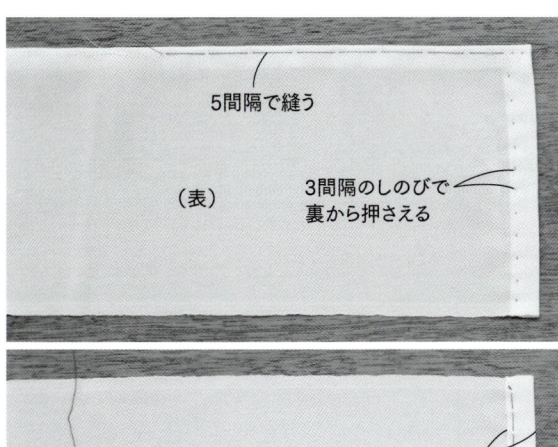

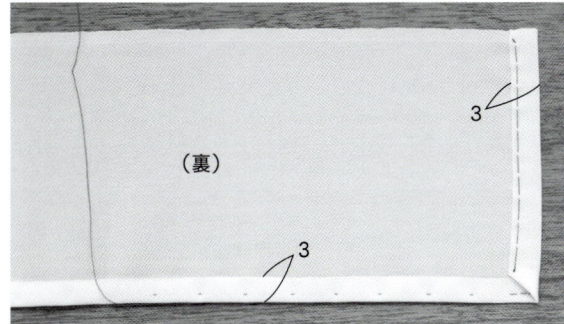

1. 半衿の長いほうの一辺を3分折って、ぞべ糸でしつけをかける。両側は3分のしのびで押さえる。

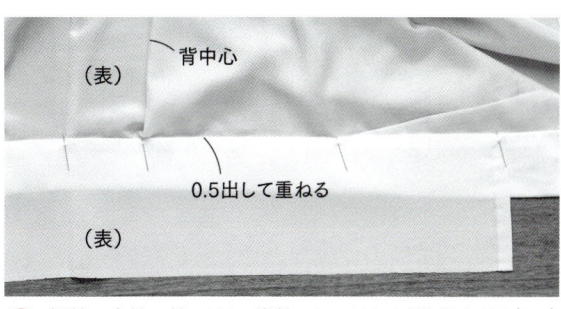

   （画像ラベル：5間隔で縫う／3間隔のしのびで裏から押さえる／（表）／（裏）／3）

2. 襦袢の表衿の衿つけに、半衿のしつけをかけた辺を5厘(0.5)出して重ねる。

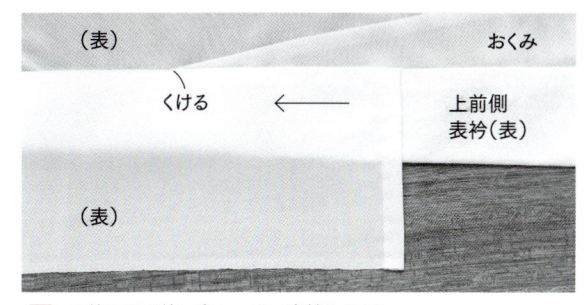

   （画像ラベル：（表）／背中心／0.5出して重ねる／（表））

3. 上前から下前に向かって、半衿をくける。

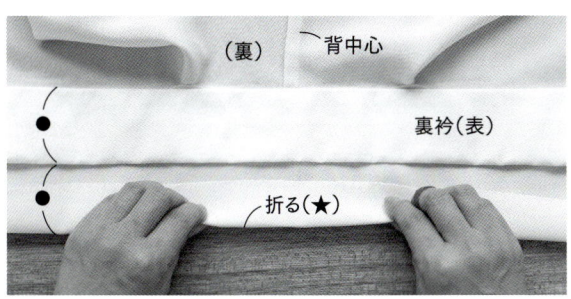

   （画像ラベル：（表）／おくみ／くける／上前側 表衿（表）／（表））

4. 襦袢を裏にして衿を平らに広げ、半衿を衿幅に折る。

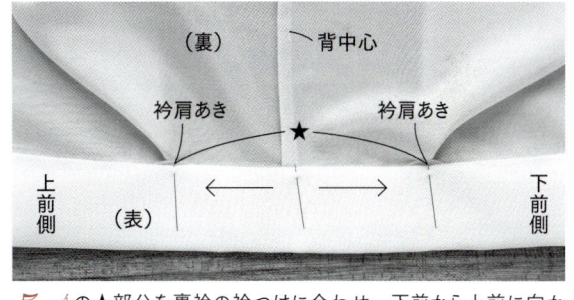

   （画像ラベル：（裏）／背中心／裏衿（表）／折る（★））

5. 4の★部分を裏衿の衿つけに合わせ、下前から上前に向かってくける。

   Point 背中心から衿肩あきまでは→の方向にやや引きぎみにくける。

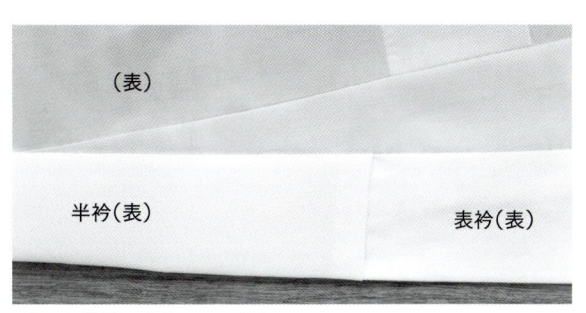

   （画像ラベル：（裏）／背中心／衿肩あき／衿肩あき／上前側／下前側／（表））

6. 上前側の半衿のつけ終り。

   （画像ラベル：（表）／半衿（表）／表衿（表））

●半衿の洗い方

何回か使った半衿は取り外し、ぞべ糸を抜いてから手洗いをする。中性洗剤を溶かした水で押し洗いをして、タオルで軽く水気を取ってから陰干し。乾いてからアイロンを裏からかけて仕上げる。

仕立て編 ― 半衿のかけ方

女物ひとえ長襦袢

＊身長150〜160cm

[裏]

[表]

（ゆき＝肩幅＋袖幅）

【材料】

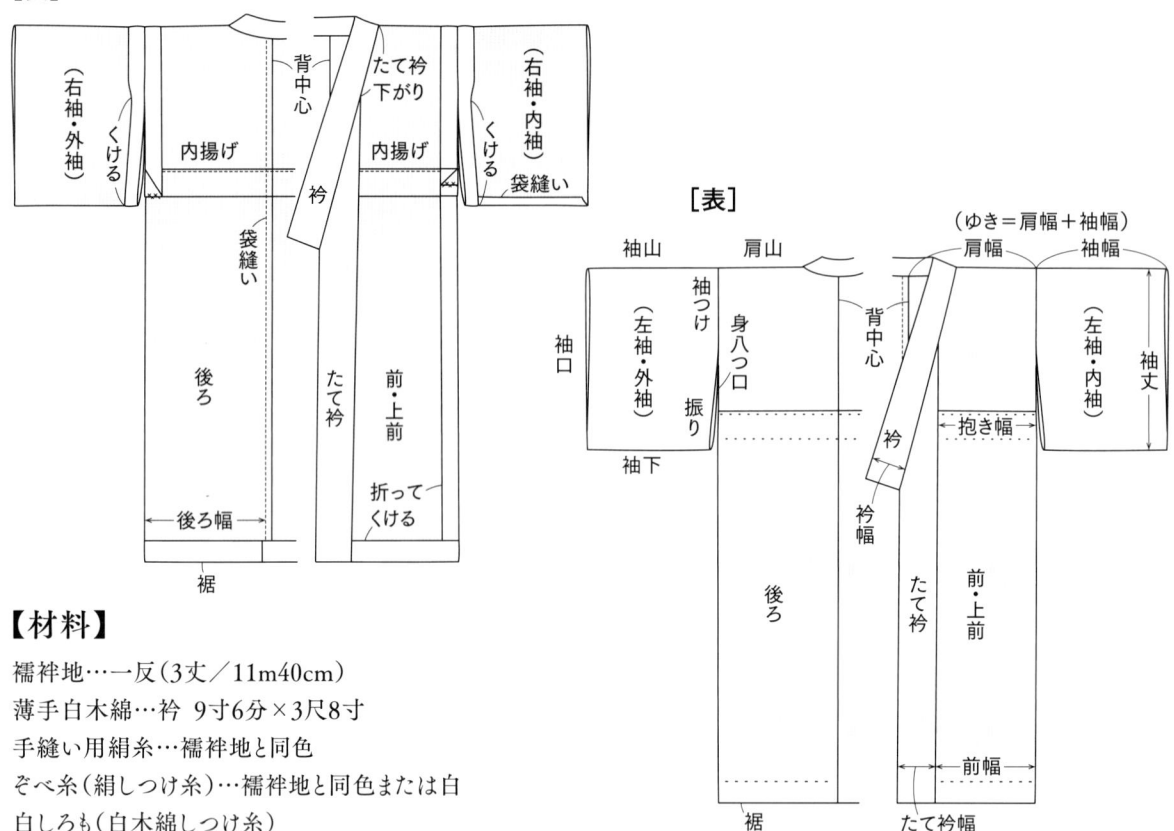

襦袢地…一反（3丈／11m40cm）
薄手白木綿…衿 9寸6分×3尺8寸
手縫い用絹糸…襦袢地と同色
ぞべ糸（絹しつけ糸）…襦袢地と同色または白
白しろも（白木綿しつけ糸）

【寸法表】

●身長：150cm（身丈）

身丈（着丈と同寸）	320	
ゆき	163（長着－2）	
袖丈	123（長着－2）	
袖幅	83（長着－2）	
袖口（広袖）	袖丈と同寸	
袖つけ	58（長着－2）	
後ろ幅	80（長着＋5）	
前幅	70（長着＋10）	
抱き幅	66	
身八つ口	37	
衿肩あき	22（長着－1）	
くりこし	5（長着と同寸）	
たて衿下がり	50（衿肩あきから）	
たて衿幅	20	
衿幅（ばち衿）	衿肩回り14〜衿先20	
衿丈	180	

●身長：155cm（身丈）

身丈（着丈と同寸）	330	
ゆき	168（長着－2）	
袖丈	128（長着－2）	
袖幅	86（長着－2）	
袖口（広袖）	袖丈と同寸	
袖つけ	58（長着－2）	
後ろ幅	80（長着＋5）	
前幅	70（長着＋10）	
抱き幅	66	
身八つ口	37	
衿肩あき	22（長着－1）	
くりこし	5	
たて衿下がり	55（衿肩あきから）	
たて衿幅	20	
衿幅（ばち衿）	衿肩回り14〜衿先20	
衿丈	180	

●身長：160cm（身丈）　　　　　　　　（単位＝分）

身丈（着丈と同寸）	335	
ゆき	173（長着－2）	
袖丈	128（長着－2）	
袖幅	86（長着－2）	
袖口（広袖）	袖丈と同寸	
袖つけ	58（長着－2）	
後ろ幅	80（長着＋5）	
前幅	70（長着＋10）	
抱き幅	66	
身八つ口	37	
衿肩あき	22（長着－1）	
くりこし	5	
たて衿下がり	55（衿肩あきから）	
たて衿幅	20	
衿幅（ばち衿）	衿肩回り14〜衿先20	
衿丈	180	

＊広袖：袖口と袖丈が同寸になる
＊前幅と後ろ幅は、体格により異なる

【裁ち方】 Point 用尺が3丈以上あることを2〜3回確認する。図内の＋0.5〜2の表記はきせ分または詰まり分。

身長155cmの場合

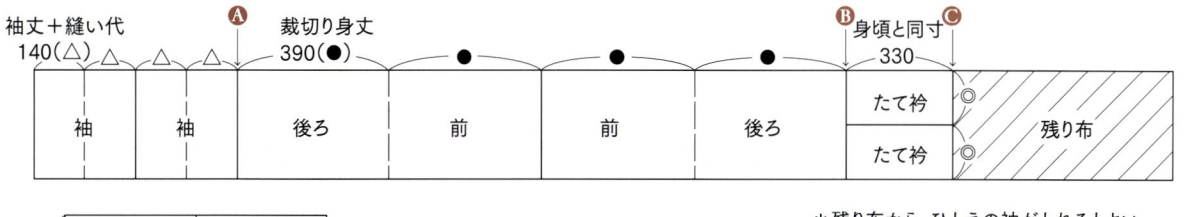

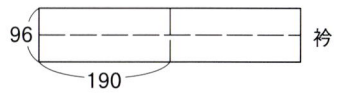

袖丈＋縫い代 140(△)		Ⓐ 裁切り身丈 390(●)				Ⓑ 身頃と同寸 330	Ⓒ	
袖	袖	後ろ	前	前	後ろ	たて衿		残り布
						たて衿		

96		衿
	190	

＊残り布から、ひとえの袖がとれるとよい

■ 裁切り身丈390＝身丈330＋内揚げ分30＋裾分15＋くりこし分10＋縫込み分5

Point 内揚げは、多くても5〜6寸（50〜60）までにする。

布を裁って、印をつける

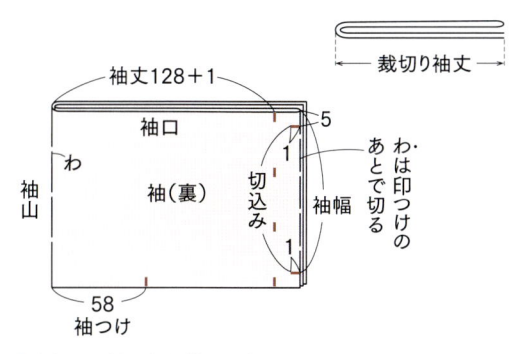

袖丈128＋1
袖口
わ
袖山
袖（裏）
切込み
袖幅
わは印つけのあとで切る
5
1
1
58
袖つけ
裁切り袖丈

豆知識 [反物のゆがみ]

（平衡） （上弦） （下弦）

近年は機械織りが多く布にゆがみがあるので、上弦は前身頃に、下弦は後ろ身頃になるように裁つと、ゆがみが目立ちにくい。

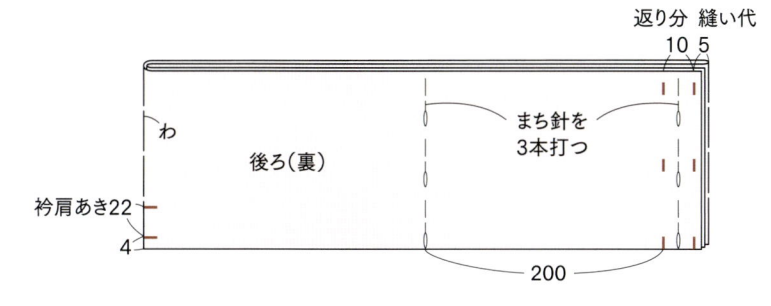

1 Ⓐを切って袖を切り離し、印をつける。

❶ 袖布を中表に合わせて丈半分に折り、左側にわがくるように置く。
❷ もう一度丈半分に折り、わを袖下の上に重ねる。
❸ 図を参照して、袖つけ、袖丈の印をつけ、上のわを切り離す。
❹ 袖下に図のように1分の切込みを入れる。
　Point 縫い代にゆとりがある場合は不要。

返り分 縫い代
10 5
わ
後ろ（裏）
まち針を3本打つ
衿肩あき22
4
200

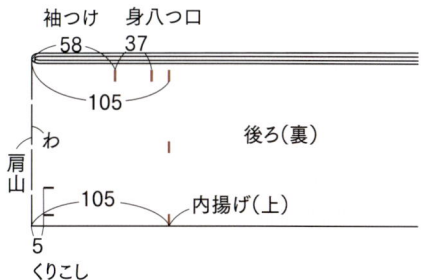

袖つけ 身八つ口
58 37
105
わ
肩山
後ろ（裏）
105 内揚げ（上）
5
くりこし

2 Ⓑを切って前後身頃を切り離し、印をつける。

❶ 身頃布を中表に合わせて丈半分に折り、左側にわがくるように置く。
❷ もう一度丈半分に折って、❶のわを右下にし、裾側に針を打つ。
❸ 2尺（200）のところに針を打ち、裾、衿肩あきの印をつける。
❹ わをくりこし寸法分（5分）右にずらし、袖つけ、身八つ口、内揚げの上の印をつける。
　Point 衿肩あき部分は、肩山をアイロンで軽くつぶしておく。

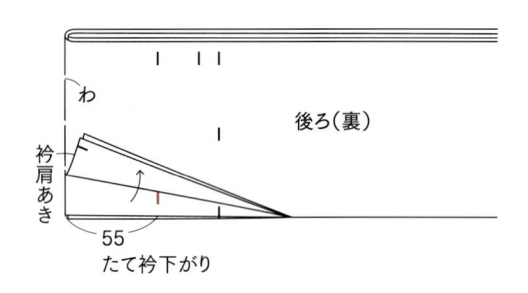

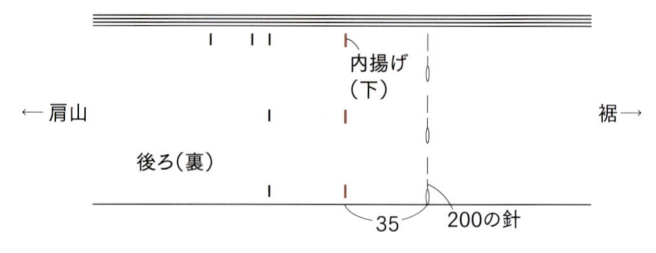

女物ひとえ長襦袢

❺わを元の位置に戻し、衿肩あきを切る。上2枚を向うに折り上げ、たて衿下がりの印を入れる。

❻内揚げの下の印をつける。
Point ❸の2尺(200)部分のまち針から上の揚げ部分までを平らにしておく。たて衿丈を計算する。
■ 内揚げ下の丈
35＝身丈330－裾分200－内揚げ(上)の部分100＋縫込み分5

■ たて衿丈
身丈330＋裾返り分10＋縫込み分5－たて衿下がり55＝290

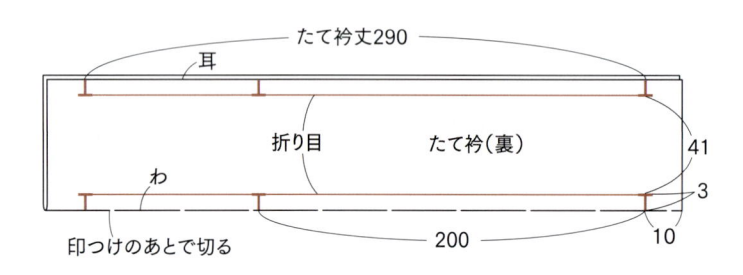

3
❶を切ってたて衿を切り離し、印をつける。
❶たて衿布を中表に幅半分に折り、わを手前に置く。
❷裾から印をつける。
❸わを切って、2枚に切り離す。
❹印どおりに折る。

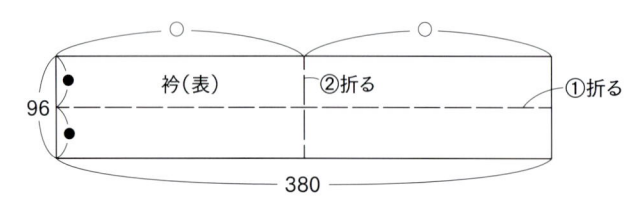

4
別布で衿を裁ち、印をつける。
❶衿布3尺8寸×9寸6分(380×96)を①幅半分、②丈半分の順に折る。
❷図を参照して通しべらをして、印どおりに折る。 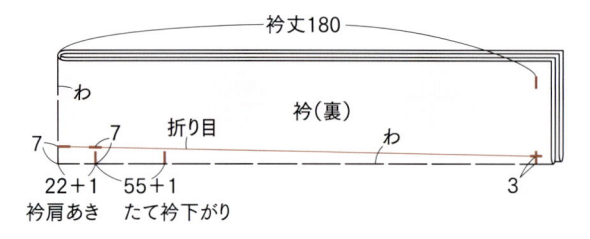

[半衿の印つけ]

半衿を丈半分に折り、上図を参照して印をつける。
Point 半衿の印つけは、長襦袢が仕上がってからでもよい。

袖を縫う（広袖）

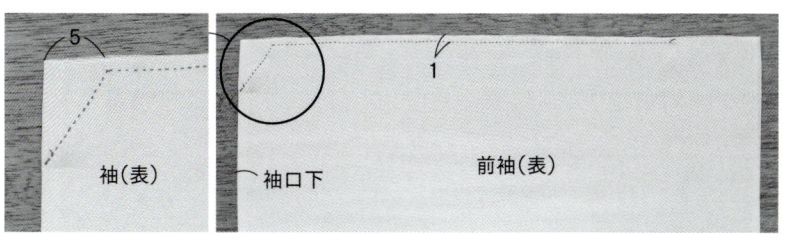

1. 袖布を外表に合わせ、袖下と袖口側を斜めに縫う。端から袖口側5分の斜めまで、1分のところを縫う。
   Point 縫う前に袖丈と袖下5分の印を結んで、通しべらをしておく。

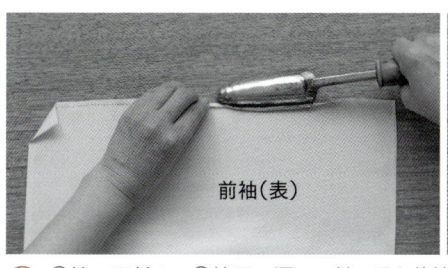

2. ①袖口下斜め、②袖下の順に、縫い目を前袖側に折る。
   Point 右袖は反対側に折る。

3. 表に返して袖を中表に合わせて、袖つけ側から袖口に向かって、端から端まで印どおりに縫う（袋縫い）。

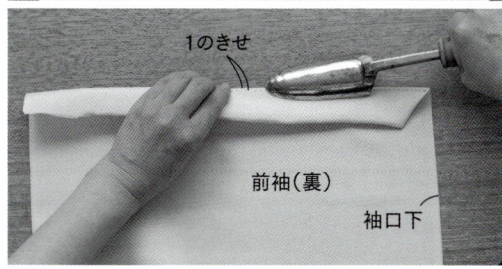

4. 縫い目に1分のきせをかけて、縫い代を前袖側に折る。

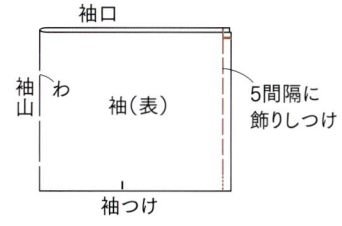

5. 外表にして形を整え、ぞべ糸で袖下に飾りしつけをする。（女物ひとえ長着83ページ参照）
   Point 振りをくけるので、幅3分の1は前袖（内袖）だけにしつけをする。左袖は振りから、右袖は袖口下側からしつけをする。

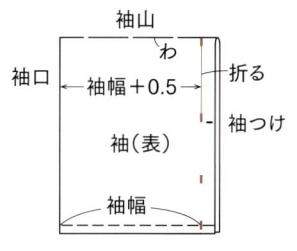

6. 表から袖幅の印をつけて、袖つけまで印どおりに折る。
   Point 左右の袖を作る。同じ袖を作らないように注意する。

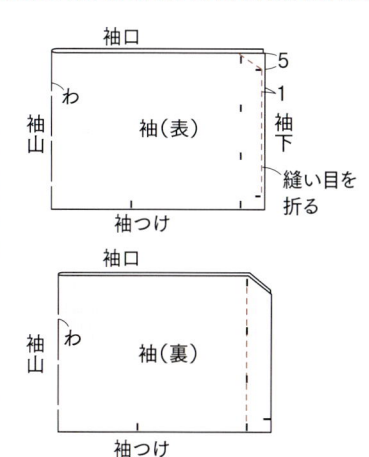

［飾りしつけの角の縫い方］

Point ぞべ糸で縫う。

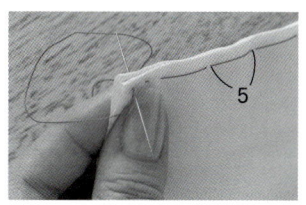

1. 袖下を振り側から5分間隔でしつけをする。袖口下の角手前から1、2針小さくぐし縫いをし、最後に袖端に糸をかけて同じ位置に戻る。

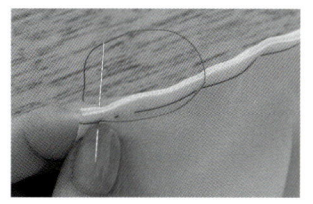

2. 1の針をそのまま袖下側に直角にかけて同じ位置に戻す。

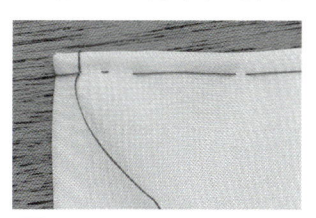

3. 縦横2か所に糸をかけたら、内側に針を入れて玉止めをして糸を切る。

女物ひとえ長襦袢 — 仕立て編

身頃を縫う（女物ひとえ長着82、83ページ参照）

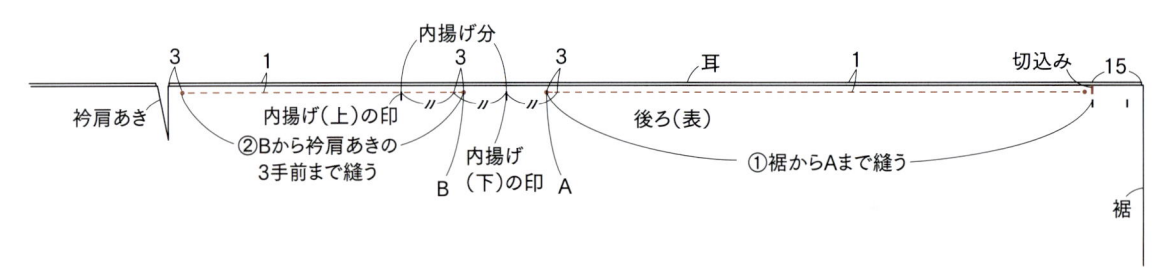

1 背縫いを縫う（袋縫い）。
❶1本め…後ろ身頃を外表に合わせ、裾から1寸5分(15)上、耳から1分入ったところを縫う。
Point 端から端まで印とおりに縫ってもよいが、図のように分けて縫ったほうが内揚げのところがごろつかずに平らになる。

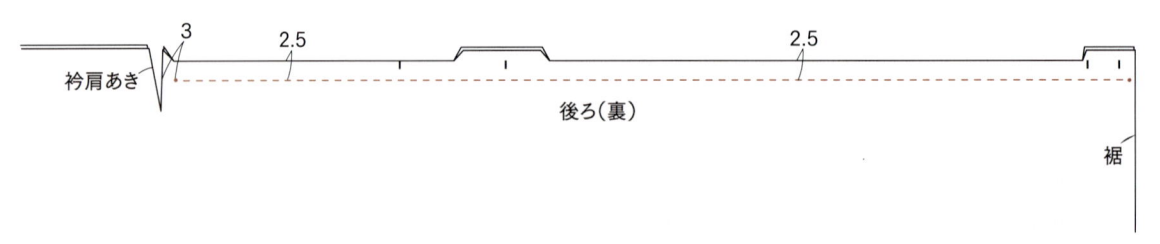

❷2本め…後ろ身頃を中表に合わせ、2分5厘(2.5)のところを裾から衿肩あきの3分手前まで縫う。

2 衿肩あきを右手に持って、背の縫い目に5厘(0.5)のきせをかけて手前に折る。
（女物ひとえ長着82ページ参照）

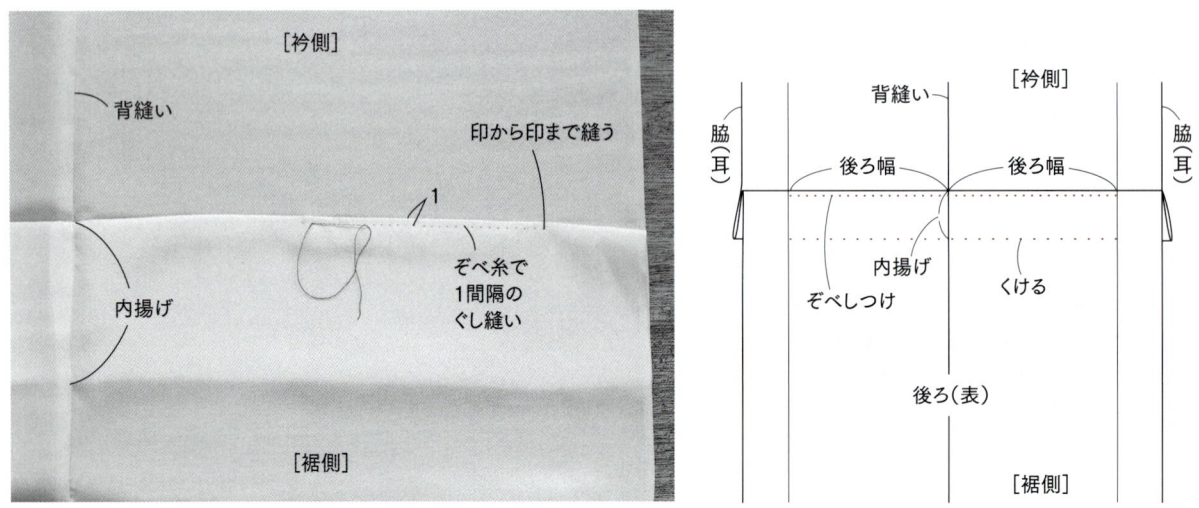

3 後ろ身頃、前身頃の内揚げを縫って5厘(0.5)のきせをかけて、ぞべ糸でぐし縫いをする。
表を見て、きせから1分下を1分間隔でぐし縫い。
Point 後ろ身頃は印から印まで、前身頃は端から端まで縫う。

4 内揚げのわを裏側から3分間隔で身頃にくける。
Point 後ろ身頃は印から印まで、前身頃は端から端までくける。

たて衿を縫う

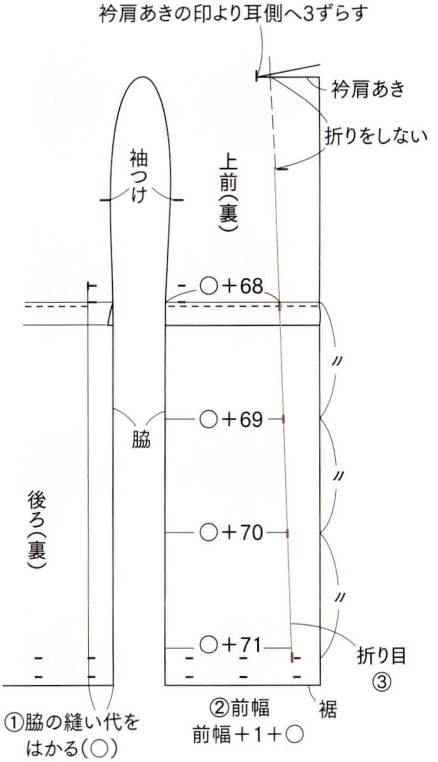

衿肩あきの印より耳側へ3ずらす

袖つけ / 衿肩あき / 折りをしない / 上前(裏) / 後ろ(裏) / 脇

○+68
○+69
○+70
○+71

折り目③
裾

①脇の縫い代をはかる(○)
②前幅
前幅+1+○

1 前幅に縫い代分○を加えた寸法の印を前身頃につけ、印どおりに折る。

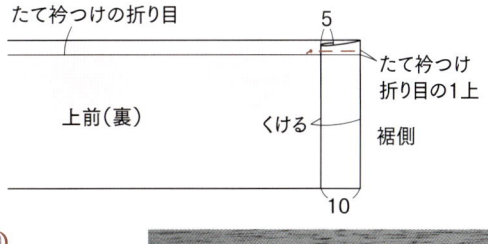

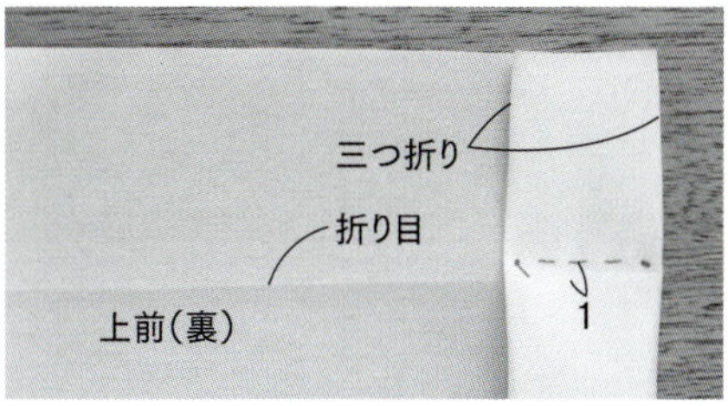

たて衿つけの折り目　5
上前(裏)　たて衿つけ折り目の1上
くける　裾側
10

2 上前身頃の裾を三つ折りして、折りの1分上をしろもで押さえる。

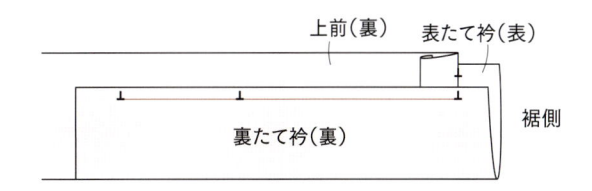

三つ折り / 折り目 / 上前(裏) / 1

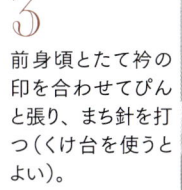

上前(裏)　表たて衿(表)
裏たて衿(裏)　裾側

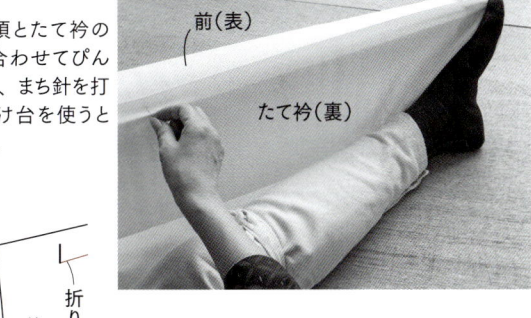

3 前身頃とたて衿の印を合わせてぴんと張り、まち針を打つ(くけ台を使うとよい)。

[衿側] / 前(表) / たて衿(裏)

折り目　前(表)

Point 2寸(20)以内に納まるようにきちんとたたむ。

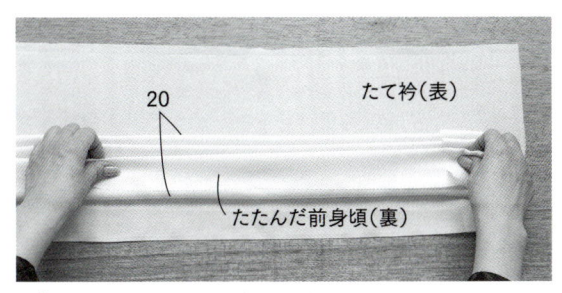

たて衿(表)　20　たたんだ前身頃(裏)

4 たて衿の手前に、前身頃をびょうぶだたみにする。
Point たて衿の印の内側に収まるように前身頃をたたむ。

たて衿(裏)

5 前身頃をたて衿で包み込む。

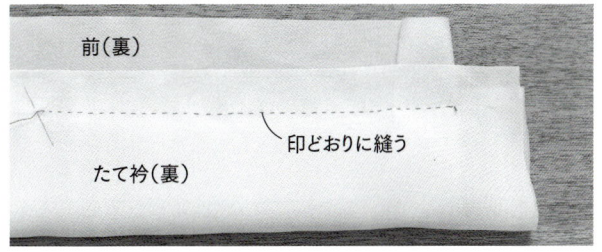

前(裏) / 印どおりに縫う / たて衿(裏)

6 針を打ち直して、たて衿、前身頃を3枚一緒に印どおりに縫う。

仕立て編 ― 女物ひとえ長襦袢

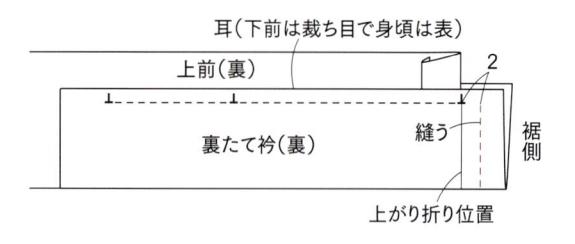

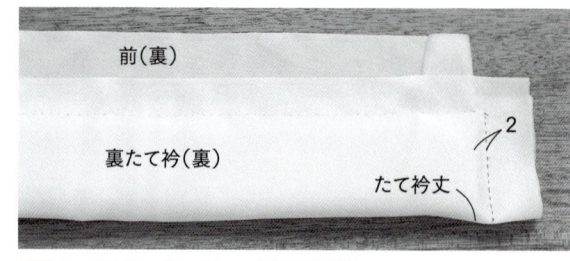

仕立て編 ―― 女物ひとえ長襦袢

図（上）：
- 耳（下前は裁ち目で身頃は表）
- 上前（裏）
- 裏たて衿（裏）
- 縫う
- 裾側
- 2
- 上がり折り位置

図（中）：
- 前（裏）
- 裏たて衿（裏）
- 縫いとめる
- 裾側

図（下）：
- 前（表）
- 裾側
- 0.5のきせをかける
- 表たて衿（裏）

7 たて衿縫い代の印の2分裾側を縫う。
（写真ラベル：前（裏）／裏たて衿（裏）／たて衿丈／2）

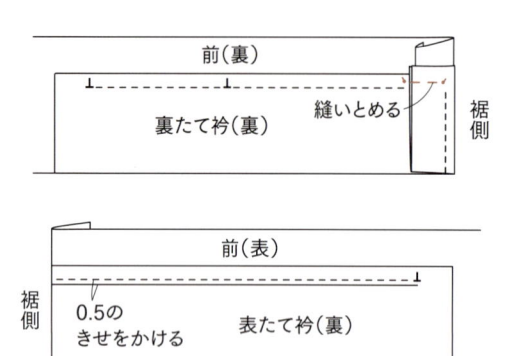

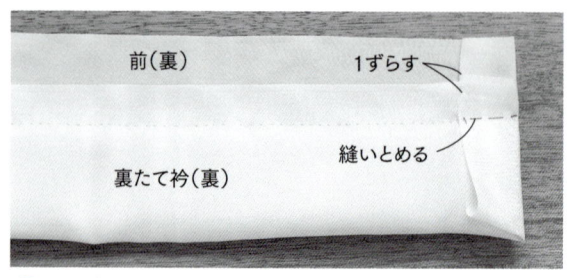

8 たて衿丈の位置で縫い代を裏に折って縫いとめる。
Point 布が裏でだぶつかないように、折り返した縫い代をやや上にずらして（差し上げる）縫いとめる。
（写真ラベル：前（裏）／裏たて衿（裏）／1ずらす／縫いとめる）

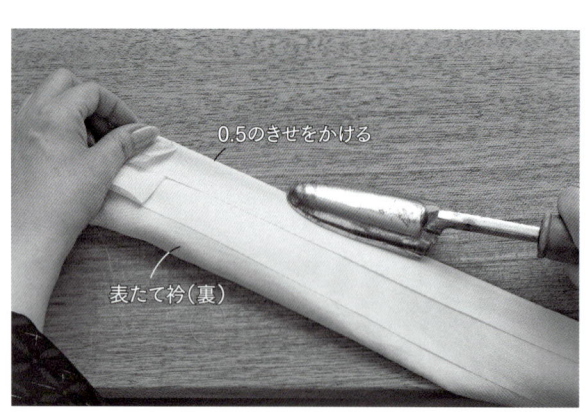

9 たて衿つけに5厘（0.5）のきせをかける。
（写真ラベル：0.5のきせをかける／表たて衿（裏））

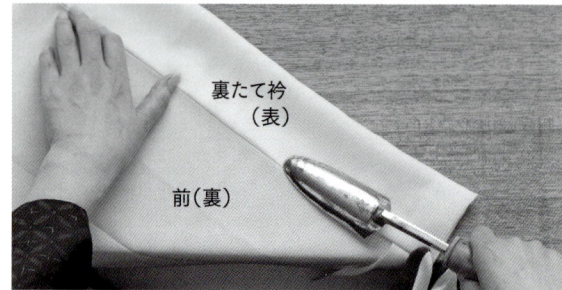

10 たて衿の中の前身頃を引き出して表に返し、たて衿の裏のきせとたて衿先を整える。下前も同じようにたて衿をつける。
（写真ラベル：裏たて衿（表）／前（裏））

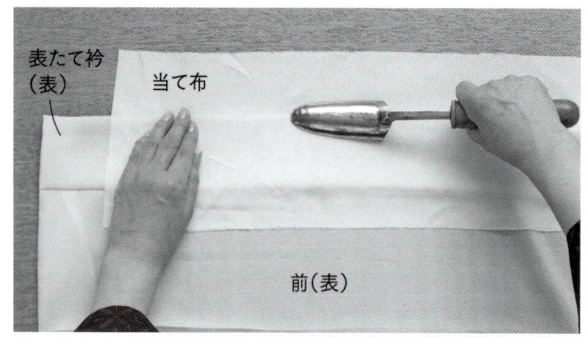

11 当て布を当てて、表からアイロンまたはこてを当てる。
（写真ラベル：表たて衿（表）／当て布／前（表））

図（最下）：
- 表たて衿（表）
- 裾
- 前（表）
- 衿肩あき
- 肩山
- 脇（耳）

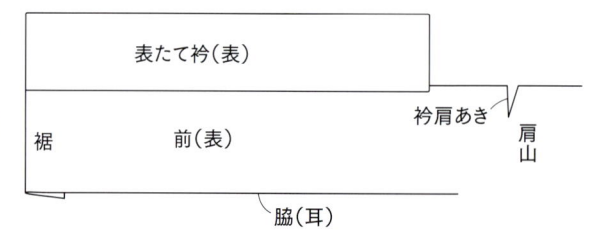

脇を縫って、始末する (女物ひとえ長着83、84ページ参照)

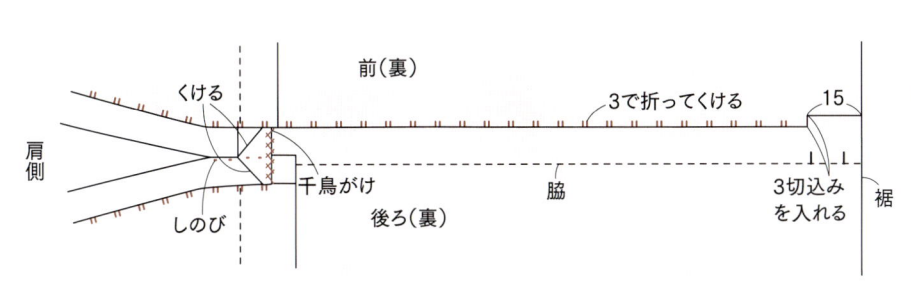

1
後ろ身頃と前身頃を中表に合わせ、後ろ身頃を見ながら、印どおりに脇を縫う。

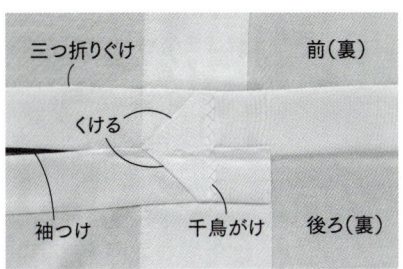

（図：肩側／くける／しのび／千鳥がけ／前(裏)／3で折ってくける／後ろ(裏)／脇／15／3切込みを入れる／裾）

2
内揚げの縫い代を始末する。

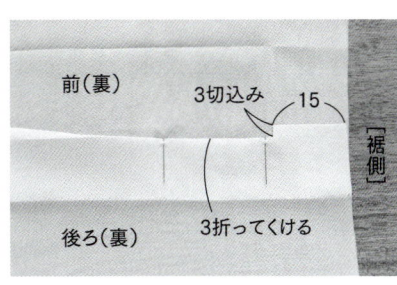

（写真：三つ折りぐけ／くける／袖つけ／千鳥がけ／前(裏)／後ろ(裏)）

3
前身頃側に5厘(0.5)のきせをかけて縫い代を折る。裾側の縫い代に切込みを入れ、縫い代を3分で折り、くける。

（写真：前(裏)／3切込み／15／後ろ(裏)／3折ってくける／[裾側]）

裾をくける

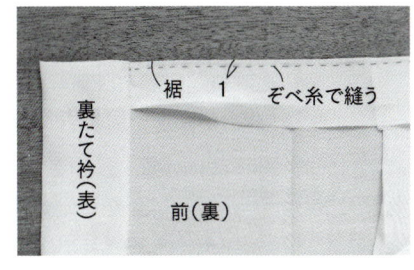

1
裾山から1分のところを、ぞべ糸で縫う。
Point ぞべ糸はあとでとる。

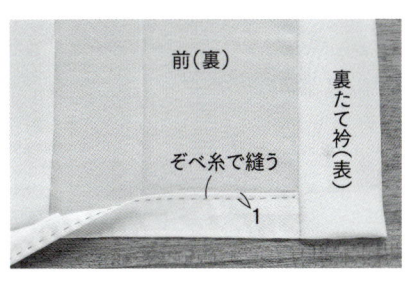

（写真：裾／1／ぞべ糸で縫う／裏たて衿(表)／前(裏)）

2
縫い代を折り、折り山をぞべ糸で縫う。
Point ぞべ糸はあとでとる。

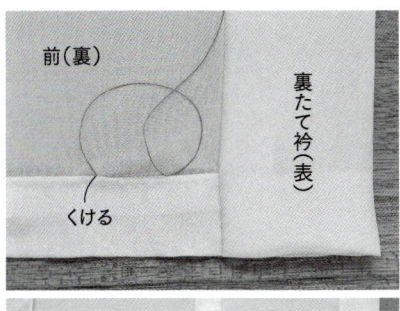

（写真：前(裏)／裏たて衿(表)／ぞべ糸で縫う／1）

3
前身頃上前から前身頃下前まで、裾をくける。

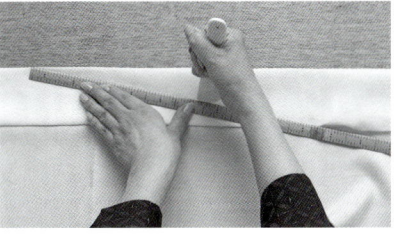

（写真：前(裏)／くける／裏たて衿(表)／裏たて衿(表)／くける）

4
たて衿に衿つけ斜めの印をつける（通しべら）。

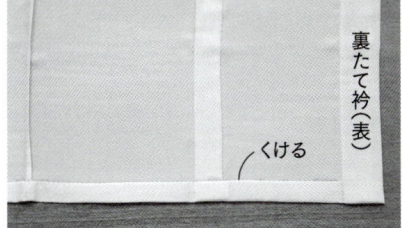

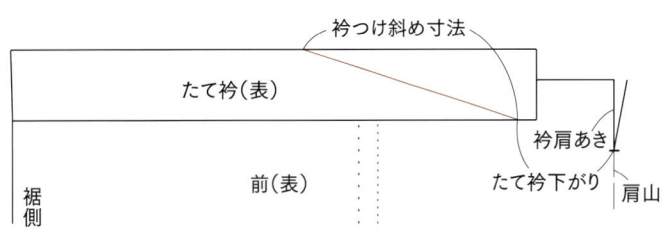

■ 衿丈－背中心～たて衿下がり＝衿つけ斜め寸法
　180－79(23＋56)　＝　101

（図：たて衿(表)／衿つけ斜め寸法／衿肩あき／たて衿下がり／肩山／裾側／前(表)）

仕立て編 — 女物ひとえ長襦袢

衿を身頃につける

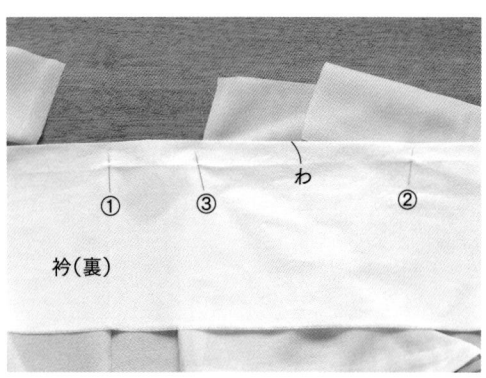

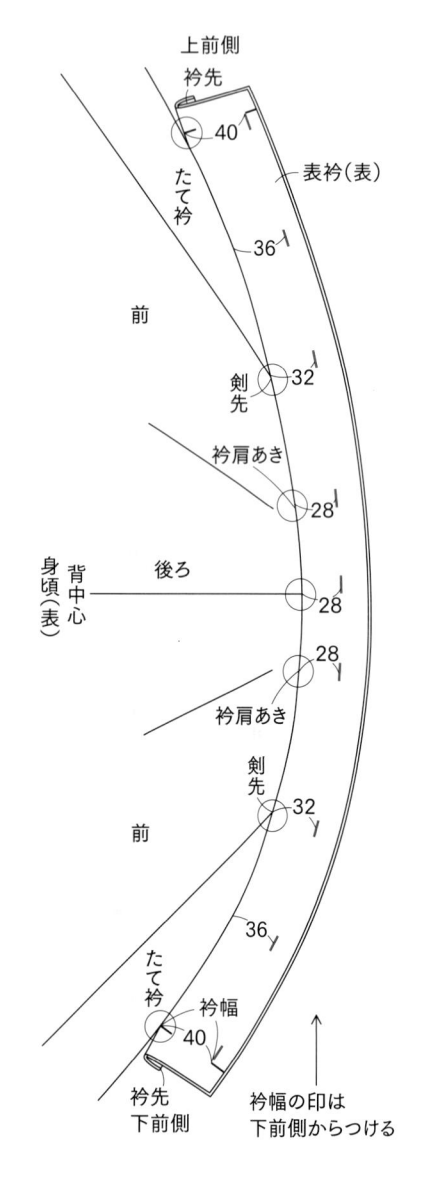

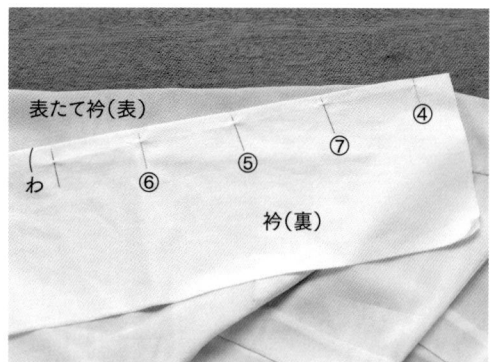

1 衿と身頃を中表に合わせ、①背中心、②たて衿下がり、③衿肩あきの順に、まち針を打つ。

2 裁ち板に置いて④衿先にまち針を打ち、⑤～⑦の順にまち針を打つ。

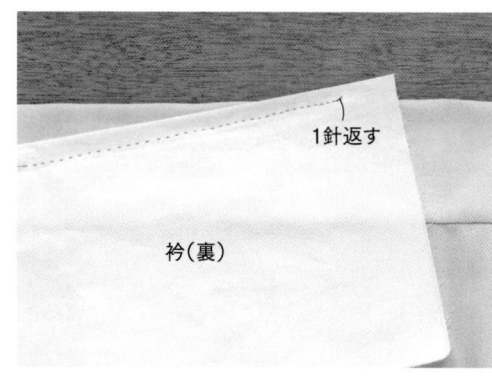

3 下前身頃から上前身頃に向かって、印どおりに衿を縫う。○印部分で1針返す。衿側に0.5のきせをかける。

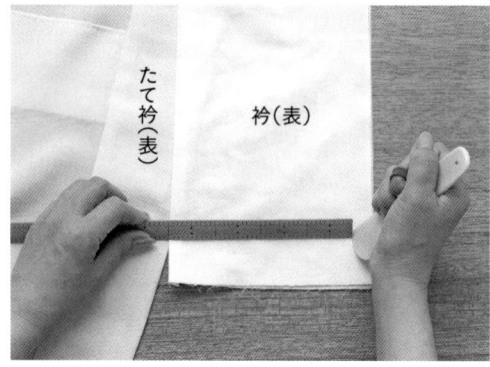

4 衿を起こして下前側から衿幅をはかって、印をつける。

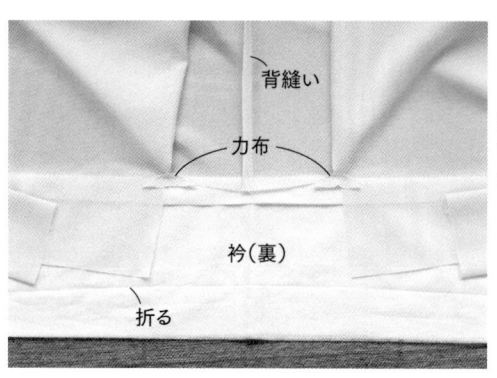

5 印どおりに衿布を折り、衿肩あきに力布をつける。（女物浴衣72ページ参照）

仕立て編 ― 女物ひとえ長襦袢

図中ラベル：
- 上前側
- 衿先
- 40
- たて衿
- 表衿（表）
- 36
- 前
- 剣先 32
- 衿肩あき 28
- 身頃（表）
- 背中心 後ろ 28
- 衿肩あき 28
- 剣先 32
- 前
- 36
- たて衿
- 衿幅 40
- 衿先 下前側
- 衿幅の印は下前側からつける

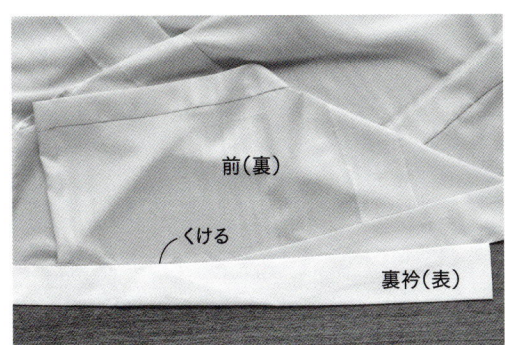

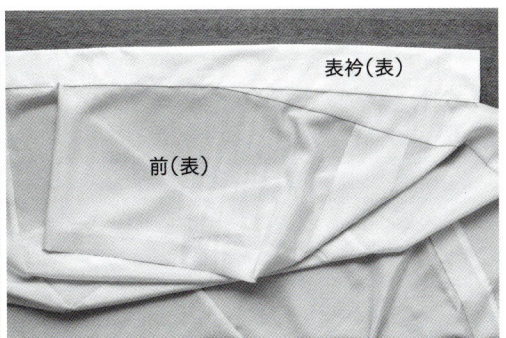

6 衿先を縫い、衿幅の折り部分を身頃にくける（73ページ参照）。

前（裏）
くける
裏衿（表）

表衿（表）
前（表）

身頃に袖をつける（一つ身浴衣54ページ参照）

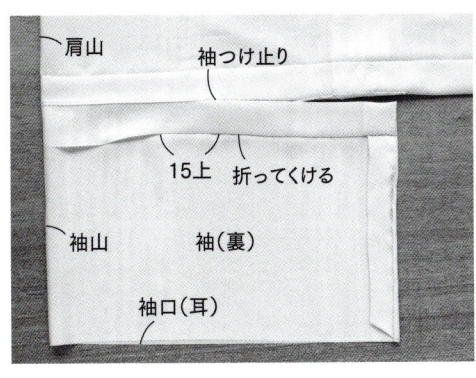

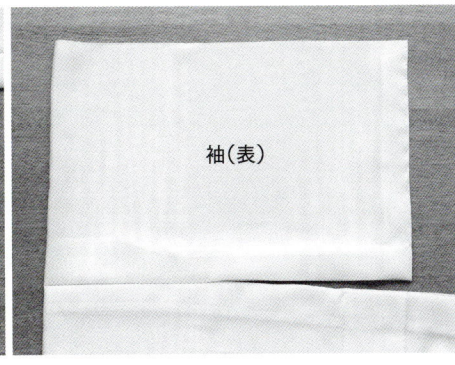

肩山
袖つけ止り
15上　折ってくける
袖山　袖（裏）
袖口（耳）

袖（表）

1 袖と身頃を中表にして、袖つけ止りに止め布をつけて縫う。

2 身頃の袖つけの印から印までを縫い、5厘(0.5)のきせをかける。

3 袖の縫い代を3分で折り、袖つけ止りの1寸5分(15)上まで3分間隔にくける。

半衿をつける（93ページ参照）

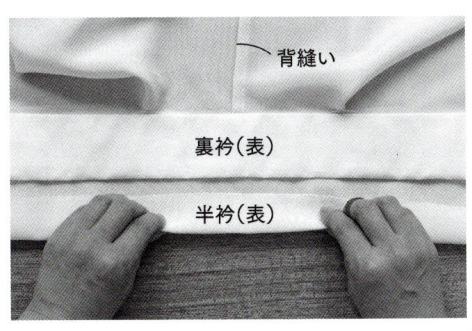

背縫い
裏衿（表）
半衿（表）

1 表衿の衿つけに半衿を重ね、上前から下前に向かってくける。襦袢を裏にして半衿を衿幅に折る。

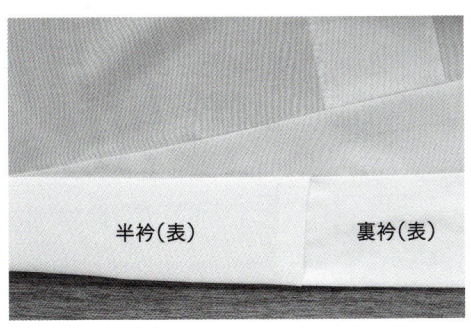

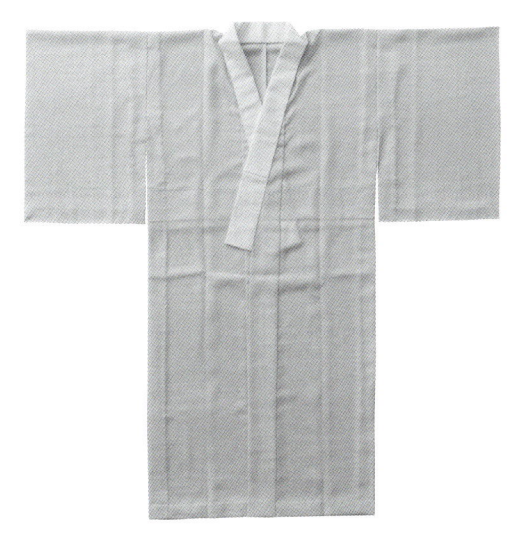

半衿（表）　裏衿（表）

2 裏衿の衿つけに半衿を合わせ、下前から上前に向かってくける。
Point 表から仕上げアイロンをしてたたむ。当て布をして焦がさないように。

仕立て編

女物ひとえ長襦袢

女物二部式ひとえ長襦袢（上衣／半襦袢）

＊身長155cm

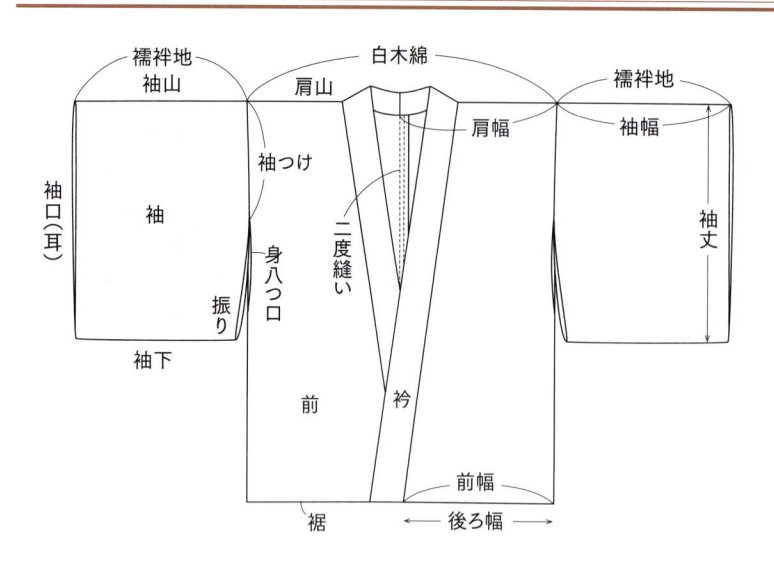

【材料】

襦袢地（袖用）…並幅×5尺6寸
白のさらし（身頃・衿用）…3分の1反（約3.8m）
手縫い用絹糸…襦袢地と同色
手縫い用木綿糸…白

【上衣寸法表】

●身長：155cm　（単位＝分）

身丈	155（肩から）
ゆき	168（長着－2）
袖口（広袖）	袖丈と同寸
袖丈	128（長着－2）
袖幅	86（長着－2）
袖つけ	58（長着－2）
後ろ幅	80（長着＋5）
前幅	いっぱい
衿幅（ばち衿）	衿肩回り14〜衿先20
くりこし	5
身八つ口	37
衿肩あき	22（長着－1）

袖を作る（女物ひとえ長襦袢97ページ参照）

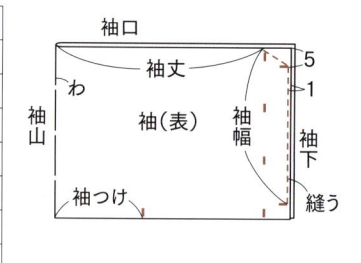

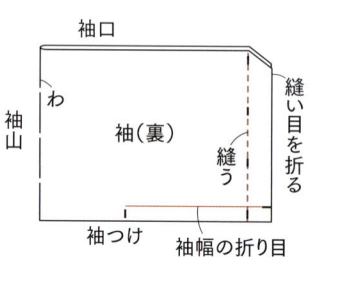

1. 袖布を中表に合わせて丈半分に折り、左側にわがくるように置く。
2. もう一度丈半分に折り、わを袖下の上に重ねる。
3. 図を参照して、袖丈、袖つけの印をつけ、上のわを切り離す。
4. 袖下を外表に合わせ、振り側から5分の印まで1分のところを縫い、5分の印から袖口下側の袖丈の印までを斜めに縫う。
5. 縫い目を折り返して袖を中表に合わせて、袖つけ側から袖口側に向かって、端から端まで印どおりに縫う（袋縫い）。
6. 縫い目に1分のきせをかけて、縫い代を前袖側に折る。表に返し、飾りしつけをする。
7. 表から袖幅の印をつけて、袖つけまで印どおりに折る。

身頃を裁ち、印をつける（肌襦袢108ページ参照）

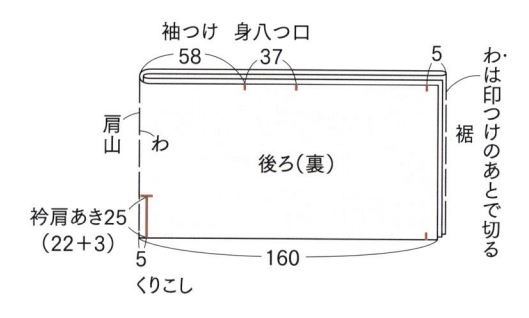

1. 身頃布を中表に合わせて丈半分に折り、左側にわがくるように置く。
2. もう一度半分に折り、1のわを右下にする。
3. 裾、袖つけ、身八つ口、衿肩あきの印をつけ、衿肩あきを切る。
4. 前身頃のわを切り離す。

【裁ち方】 Point 図内の＋0.5〜2の表記はきせ分または詰まり分。

袖／襦袢地

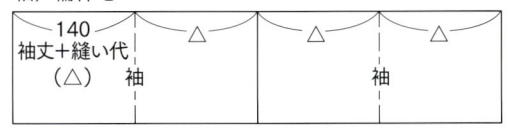

```
├─ 140 ─┤
 袖丈＋縫い代
  （△）   袖      △     袖     △
```

身頃、衿／さらし

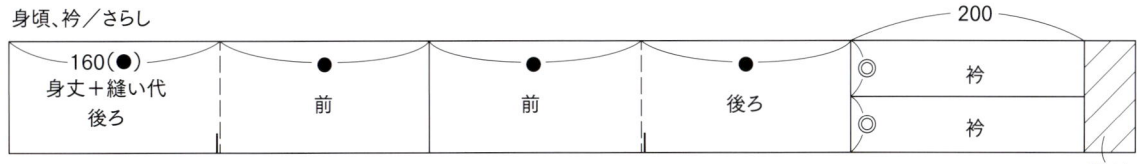

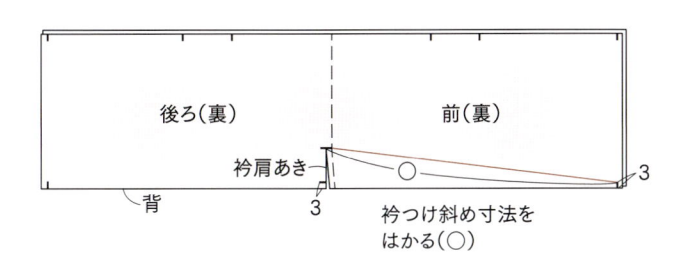

```
├─ 160(●) ─┤           ●         ●         ●        ├─ 200 ─┤
 身丈＋縫い代                                          ◎   衿
   後ろ       前        前       後ろ                ◎   衿
                                                          残り布
```

後ろ(裏)　　前(裏)

衿肩あき — 3

背　　3　　衿つけ斜め寸法を
　　　　　　はかる（○）

5 後ろ身頃（上2枚）を左側に広げる。

6 前身頃の裾と衿肩あきの印を結んでへらで線を引き（通しべら）、衿つけ斜め寸法（衿丈）をはかる。

衿を裁って、印をつける

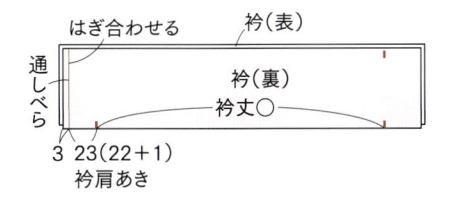

はぎ合わせ　　衿（表）
通しべら　　　衿（裏）
　　　　　　　衿丈○
3　23(22＋1)
　　衿肩あき

1 衿を裁つ。衿布を中表に2枚重ねて、衿山のはぎの印、衿つけ斜め寸法（衿丈）の印を入れる。

2 左端から3分のところに通しべらで印をつける。

3 2を印どおりに縫って、縫い目を割って左右に開く。

身頃を縫う
（女物浴衣69ページ参照）

1 後ろ身頃を中表に合わせて背を二度縫い（耳から3分、1分のところ）。

2 1に後ろ幅の印をつけて前身頃と中表に合わせ、脇を印どおりに縫う。
Point 身八つ口には、両側から止め布を当てる。

3 脇の縫い目に5厘(0.5)のきせをかけて、縫い代を前身頃側に折る。

4 縫い代を開いて、耳ぐけする。

5 裾を三つ折りぐけする。

身頃に衿をつける
（一つ身じんべえ42ページ参照）

1 衿布と身頃を中表に合わせ、印どおりに縫う。きせをかけて、衿幅の印をつける（102ページ参照）

2 衿肩あきに力布をつける。

3 衿先を始末する。

4 裏衿を身頃にくける。

身頃に袖をつける
（女物ひとえ長襦袢103ページ参照）

1 袖と身頃を中表に合わせ、片側の袖つけ止りから反対の袖つけ止まで印どおりに縫う。

2 振りの縫い代をくける。

半衿をつける
（93ページ参照）

仕立て編 — 女物二部式ひとえ長襦袢（上衣／半襦袢）

女物二部式ひとえ長襦袢（下衣／裾よけ） ＊身長155cm

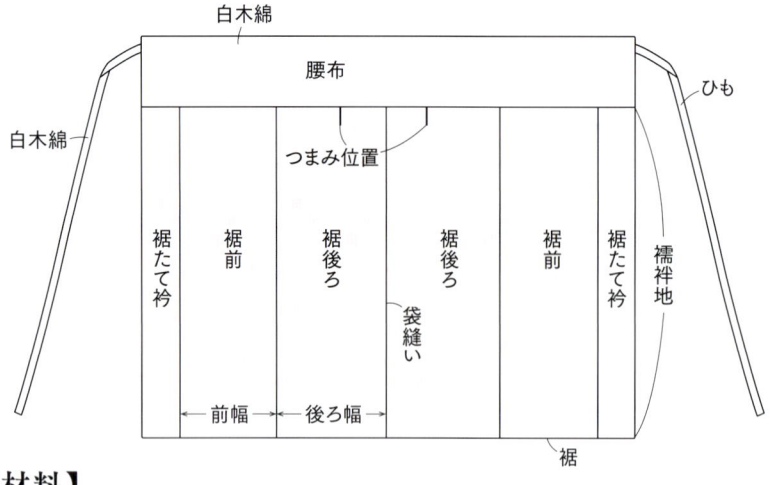

【下衣寸法表】 ＊（　）は並寸法
（単位＝分）

身丈	腰下寸法－40
後ろ幅	80（長着＋5）
前幅	70（長着＋10）
裾たて衿丈	身丈と同寸
裾たて衿幅	20
つまみ分	8

［ひも寸法表］（単位＝分）

ひも丈	260（体格による）
ひも幅	5〜6

【材料】

襦袢地（裾用）…1丈3尺〜1丈5尺
薄手白木綿（腰布用）…布幅×3尺3寸5分
ひも布…5〜6分×2尺5寸
手縫い用絹糸…襦袢地と同色
手縫い用木綿糸…白

【裁ち方】

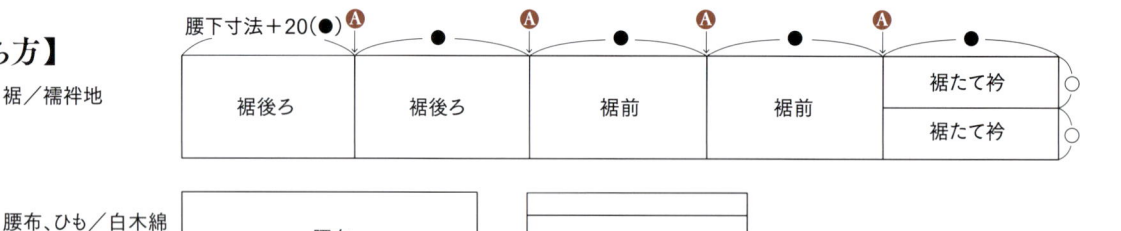

裾／襦袢地
腰下寸法＋20（●）

腰布、ひも／白木綿

幅は反物幅／■ 丈は（後ろ幅－つまみ分＋前幅＋裾たて衿幅）×2＋縫い代

裾身頃、腰布を裁ち、印をつける

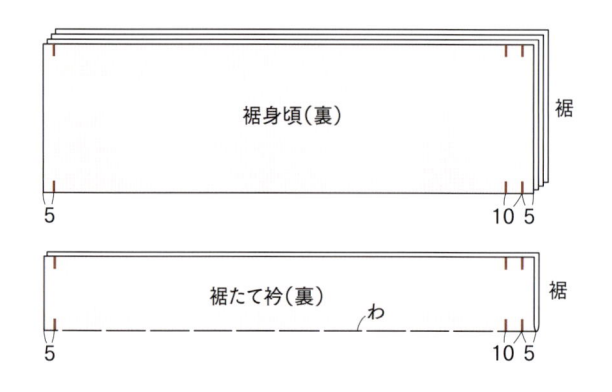

［裾身頃］

1 Ⓐを切り、前身頃、後ろ身頃を2枚ずつ裁つ。

2 裾後ろ布2枚、裾前布2枚をそれぞれ中表に合わせる。裾前布の上に裾後ろ布を重ねる。

3 4枚重ねたまま、図を参照して印をつける。

4 裾たて衿布2枚を中表に幅半分に折り、図を参照して印をつける。●わを切る。

[腰布]

1. 布を中表に幅半分に折る。（a）
2. 丈半分に折る。（b）
3. 4枚重ねたまま、図を参照して印をつける。

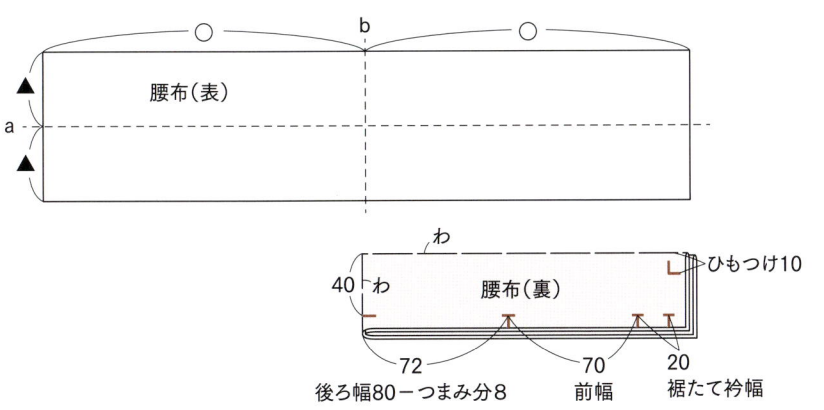

ひもを2本作る（一つ身じんべえ38ページ参照）

ひも布を中表に合わせてくける。

裾身頃を縫う（女物ひとえ長襦袢98〜101ページ参照）

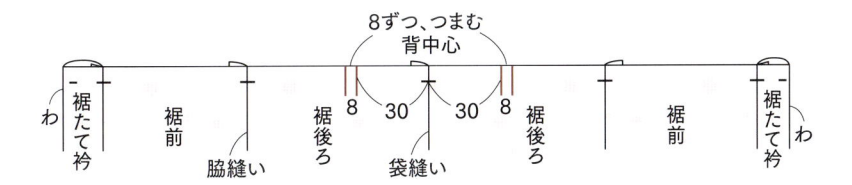

1. 背縫いを袋縫いで縫う。後ろ身頃を外表に合わせ、裾から1寸5分（15）上部分から上端まで耳から1分入ったところを縫い、縫い目を折る。
2. 後ろ身頃を中表に合わせ、2分5厘（2.5）のところを縫う。後ろ幅の印をつける。
3. 腰側を右手に持ち、手前に折る。背縫いの縫い代に5厘（0.5）のきせをかける。
4. 上前、下前の前身頃に裾前幅の印をつけ、裾たて衿をつける（99ページ参照）。前幅は上から下まで同寸。
5. 後ろ身頃と前身頃を中表に合わせ、後ろ身頃の折り目の印どおりに縫う。前身頃側に5厘（0.5）のきせをかけて縫い代を折り、3分間隔でくける。
6. 後ろ身頃のつまみ分をつまみ、縫い代を背中心側に折る。
7. 裾山、縫い代の折り山にぞべ糸でしつけをかけ、上前から下前まで裾をくける。

裾身頃に腰布とひもをつける

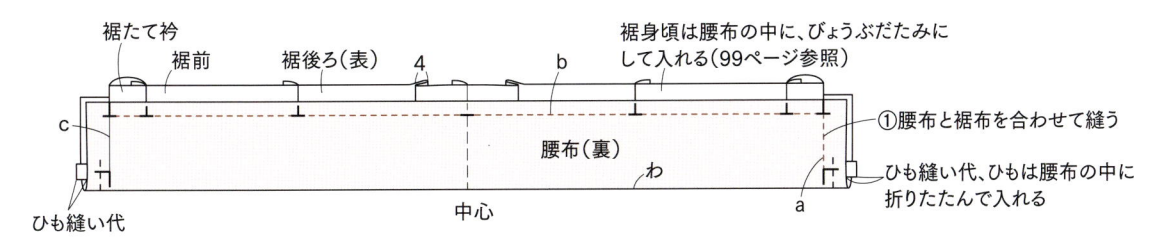

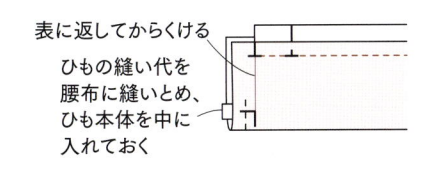

1. 腰布の両脇にひもを縫いとめ、折りたたんだ裾身頃を中に入れる。
2. 腰布と裾布の印を合わせ、腰布の片端（a）、腰回り（b）を縫う。
3. 腰布の縫い残した片端（c）から表に返し、あいているところをくける。

女物肌襦袢

*標準寸法

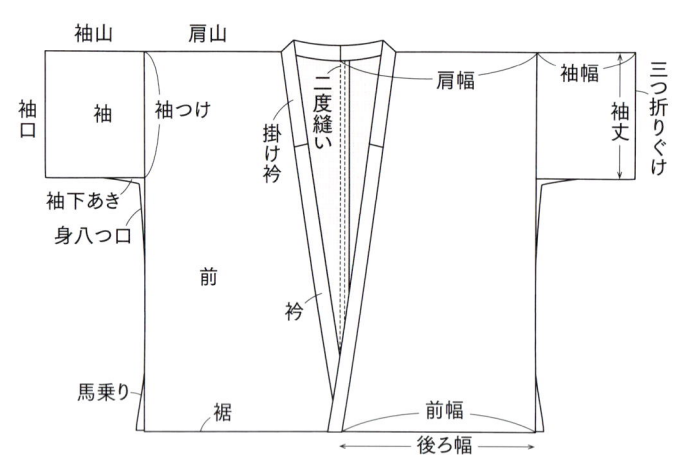

【材料】

白のさらし…3分の1反（約3.8m）
別布（絹の裏地・掛け衿）…2寸×2尺
手縫い用木綿糸…白

【寸法表】

(単位＝分)

身丈	150〜160
袖丈／袖つけ	50
袖幅	40
袖下あき	15
身八つ口	35
馬乗り	20
衿肩あき	23（長着と同寸）
くりこし	7（長着＋2）
衿幅	6
後ろ幅	80
前幅	布幅いっぱい

Point きものを着たときに襦袢が見えたりしないように、衿肩あきとくりこしを少し多くする。掛け衿には胴裏地（きもの用の絹の裏地）をつける。胴裏地がない場合は、つけなくてもよい。

【裁ち方】

Point 図内の＋0.5〜2の表記はきせ分または詰まり分。

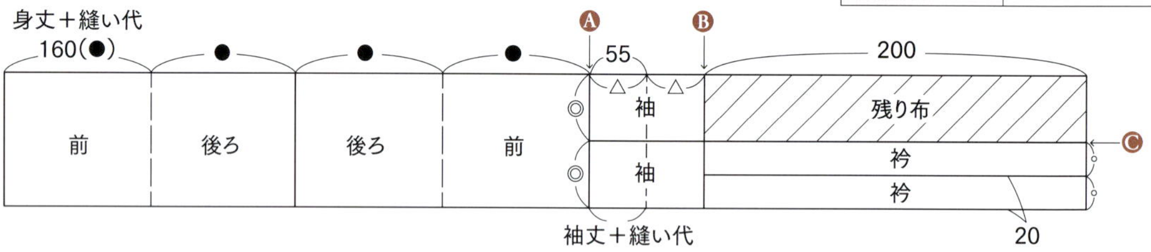

身頃を裁ち、印をつける

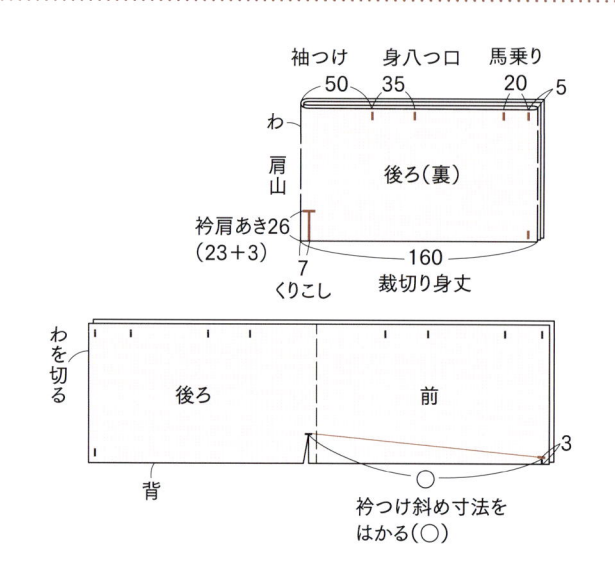

1. Ⓐを切って身頃を切り離す。
2. 身頃布をわが左にくるように、丈半分に折る。
3. もう一度丈半分に折り、2のわを右端に重ねる。
4. 袖つけ、身八つ口、馬乗り、裾の縫い代、衿肩あきの印をつける。
5. 衿肩あきを切る。
6. 後ろ身頃（上の2枚）を左側に広げる。
7. 前身頃に裾と衿肩あきの印を結んでへらで線を引き（通しべら）、衿つけ斜め寸法（○）をはかる。
8. 左のわを切り、身頃を2枚に切り離す。

袖を裁ち、印をつける

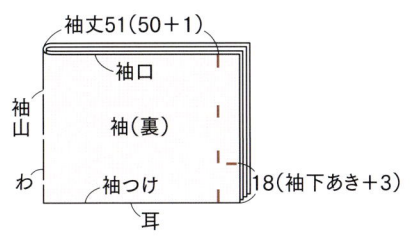

袖丈51（50＋1）
袖口
袖山
袖（裏）
わ
袖つけ
耳
18（袖下あき＋3）

1. ❸を切って袖を切り離す。
2. 布幅を半分に折り。わを切って2枚にする。
3. 2枚重ねて丈半分に折り、袖丈、袖下あきの印をつける。

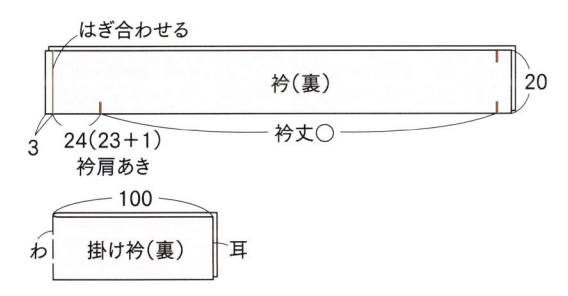

衿を裁ち、印をつける

はぎ合わせる
衿（裏）
20
3
24（23＋1）
衿肩あき
衿丈○

100
わ　掛け衿（裏）　耳

1. ❹を切って衿を裁つ。衿布を中表に合わせ、衿のはぎ、肩あき、衿つけ斜め寸法（衿丈）の印を入れる。
2. 左端から3分のところに通しべらで印をつける。
3. 2を印どおりに縫って、縫い目を割って左右に開く。

袖を縫う

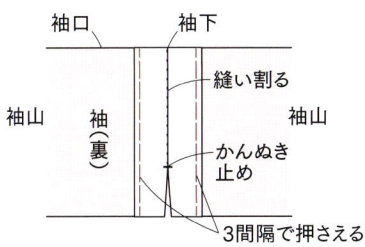

袖口　袖下
縫い割る
袖山　袖（裏）　袖山
かんぬき止め
3間隔で押さえる

1. 袖下を袖丈の印どおりに細かく縫う。
2. 縫い目を割って左右に開き、3分間隔で縫い代を縫い押さえる。
3. 袖口の3分の縫い代を三つ折りぐけでくける。袖幅（40）の印をつける。

身頃を縫う
（一つ身じんべえ、女物浴衣40、69ページ参照）

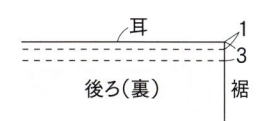

耳　1
3
後ろ（裏）　裾

1. 後ろ身頃を中表に合わせて背側を二度縫い（耳から、3分、1分のところ）。
2. 後ろ幅の印をつけて折り、脇を印どおりに縫う。
   Point 馬乗りと身八つ口止りには、両側から止め布を当てる。
3. 縫い目に5厘（0.5）のきせをかけて、縫い代を前身頃側に折る。
4. 縫い代を開いて、耳ぐけする。
5. 裾の5分の縫い代を三つ折りぐけする。

身頃に袖をつける
（一つ身浴衣54ページ参照）

袖と身頃を中表に合わせ、片側の袖つけ止りから反対の袖つけ止りまで印どおりに縫う。
Point 袖つけ止りは、2～3針返し縫いをするとよい。

身頃に衿をつける
（一つ身じんべえ42～46ページ参照）

1. 衿を3分で折り、衿布と身頃を中表に合わせ、印どおりに縫う。
2. 衿肩あきに力布をつける。
3. 衿先を始末する。
4. 裏衿を身頃にくける。
5. 掛け衿をつける。（112ページ参照）

仕立て編 — 女物肌襦袢

男物肌襦袢

＊標準寸法

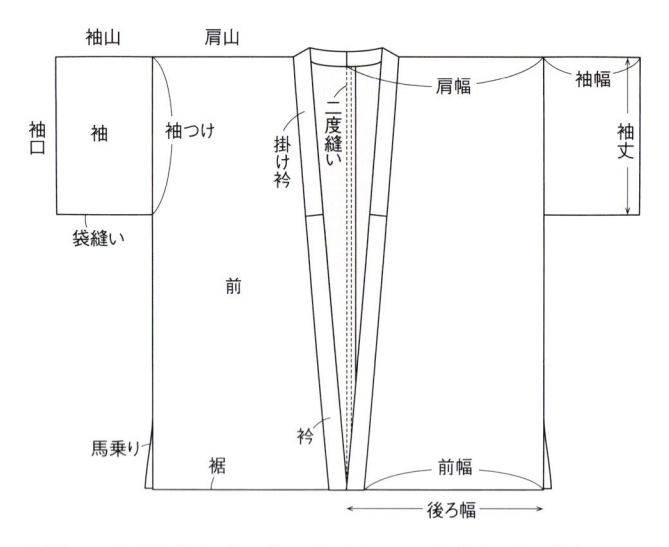

【材料】

白のさらし…並幅1丈2尺
別布（絹の裏地・掛け衿）…2寸×2尺
手縫い用木綿糸…白

【寸法表】

（単位＝分）

身丈	180〜200
袖丈／袖つけ	65
袖幅	42（布幅いっぱい）
馬乗り	30
衿肩あき	22（長着と同寸）
衿幅	7〜8
後ろ幅	85
前幅	布幅いっぱい

Point 掛衿には胴裏地（きもの用の絹の裏地）をつける。胴裏地がない場合は、つけなくてもよい。

【裁ち方】

Point 図内の＋0.5〜2の表記はきせ分または詰まり分。

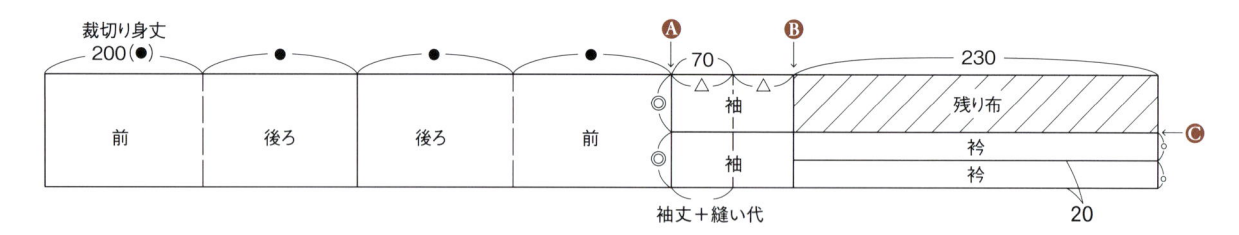

身頃を裁ち、印をつける

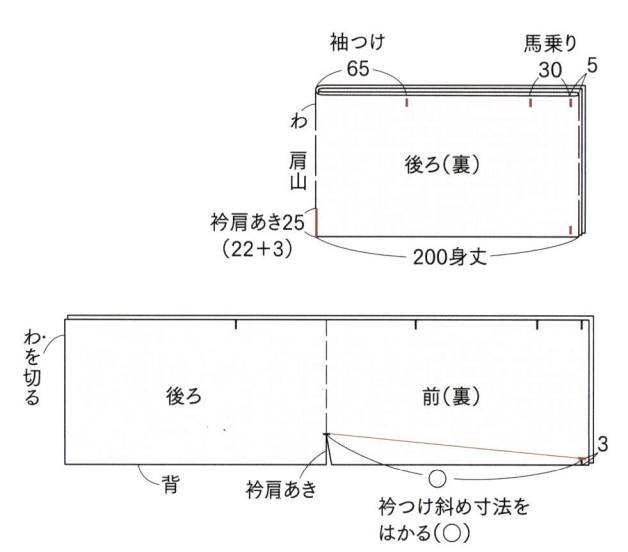

1. ④を切って身頃を切り離す。
2. 身頃布をわが左にくるように、丈半分に折る。
3. もう一度丈半分に折り、2のわを右端に重ねる。
4. 袖つけ、馬乗り、裾の縫い代、衿肩あきの印をつける。
5. 衿肩あきを切る。
6. 後ろ身頃（上の2枚）を左側に広げる。
7. 前身頃に裾と衿肩あきの印を結んでへらで線を引き（通しべら）、衿つけ斜め寸法（衿丈）をはかる。
8. 左のわを切り、身頃を2枚に切り離す。

袖を裁ち、印をつける

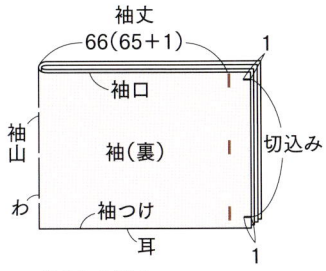

図：袖丈 66(65+1)、袖口、袖山、わ、袖(裏)、袖つけ、耳、切込み、1、1

1. Ⓑを切って袖を切り離す。
2. 布幅を半分に折り。わを切って2枚にする。
3. 2枚重ねて丈を半分に折って、裁ち目を右側に重ねる。
4. 図を参照して、袖丈の印をつける。
5. 袖下の両側に1分の切込みを入れる。

衿を裁ち、印をつける

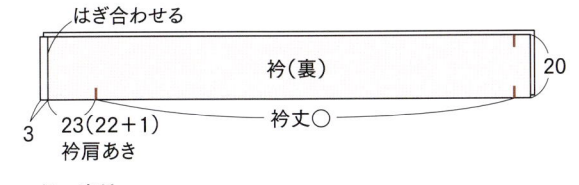

図：はぎ合わせる、衿(裏)、20、3、23(22+1) 衿肩あき、衿丈○

図：絹の裏地、100、掛け衿、わ、耳、布幅により長さが異なる

1. Ⓒを切って衿を裁つ。衿布を中表に合わせ、衿山のはぎの印、衿肩あき、衿つけ斜め寸法(衿丈)の印を入れる。
2. 左端から3分のところに通しべらで印をつける。
3. 2を印どおりに縫って、縫い目を割って左右に開く。

袖を縫う（一つ身じんべえ37ページ参照）

1. 袖を外表に合わせ、袖下の切込みの間を端から1分のところを縫う。
2. 袖を中表に合わせ、袖下を印どおりに縫う（袋縫い）。
3. 1分のきせをかけて、縫い代を前袖側に折る。
4. 袖口の3分の縫い代を三つ折りぐけでくける。袖つけの印をつける（袖幅42いっぱい）。

身頃を縫う
（一つ身じんべえ、女物浴衣40、69ページ参照）

1. 後ろ身頃を中表に合わせて二度縫い（耳から、3分、1分のところ）。
2. 後ろ幅の印をつけて折り、脇を印どおりに縫う。
3. 縫い目に5厘(0.5)のきせをかけて、縫い代を前身頃側に折る。
4. 縫い代を開いて、耳ぐけする。
   Point 馬乗りに止め布を当てる。
5. 裾の5分の縫い代を三つ折りぐけする。

身頃に袖をつける
（一つ身じんべえ45ページ参照）

袖と身頃を中表に合わせ、印どおりに袖つけを縫う。

衿をつける
（一つ身じんべえ42～46ページ参照）

1. 衿を3分で折り、衿布と身頃を中表に合わせ、印どおりに縫う。
2. 衿肩あきに力布をつける。
3. 衿先を始末する。
4. 裏衿を身頃にくける。
5. 掛け衿をつける。（112ページ参照）

男物肌襦袢

【肌襦袢の掛け衿のつけ方】

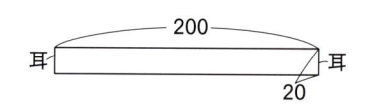

1. 布を裁つ。
   （200 × 20、耳）

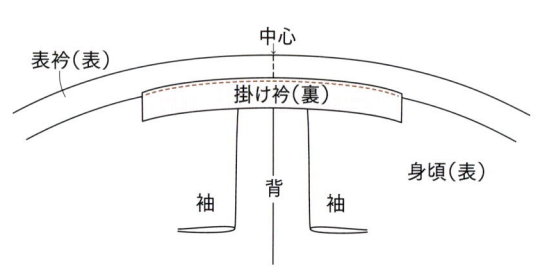

2. 肌襦袢の表衿に掛け衿を乗せて、端から端まで5厘(0.5)内側を縫う。

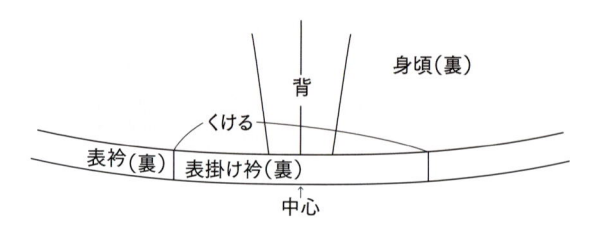

3. 裏衿に掛け衿を乗せて、衿幅に折って、くける。

豆知識 肩当てと居敷当て

きものが日常着だった時代には、汗取りや補強のために、ひとえ物や浴衣などに肩当てと居敷当てをつけていましたが、現在ではあまりつけなくなりました。よくあぐらをかく男性は、居敷当てだけをつけてもよいでしょう。残布にゆとりがあれば、共布を使います。また、子供物は格好物なので基本的にはつけません。

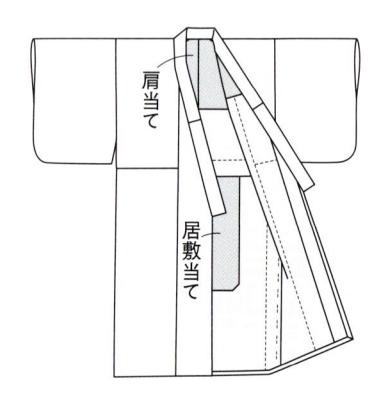

【肩当てのつけ方】

Point 背縫いを縫ったあとにつける。
[用尺] 男物の場合：白木綿または共布　布幅×1尺～1尺2寸

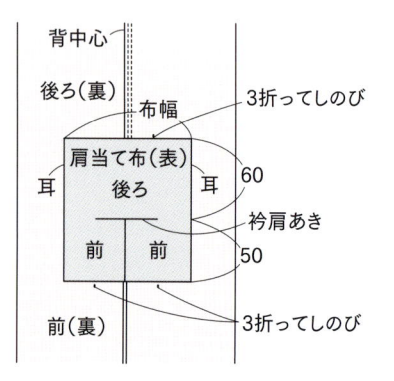

1. 布を裁って衿肩あきを切り、両端の裁ち目を3分折る。
2. 前後身頃と肩当て布を外表に合わせ、両端をしのびでとめる。
3. 両耳を折ってくける（または耳ぐけ）。

【居敷当てのつけ方】

Point 背縫いを縫ったあとにつける。
[用尺] 男物の場合：白木綿または共布　布幅×1尺～1尺2寸

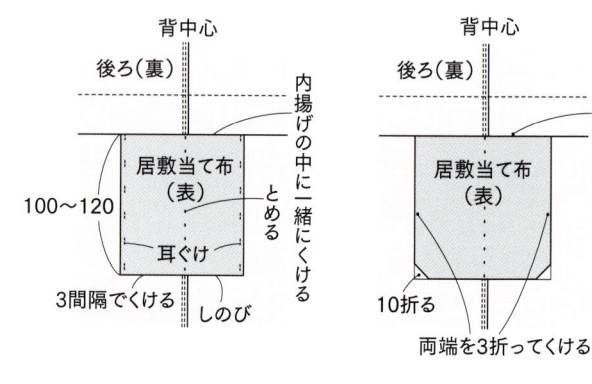

1. 布を裁ち、下の裁ち目を3分折り、しのび。
2. 後ろ身頃と居敷当て布を外表に合わせ、図を参照して内揚げの部分をくける。
3. 中心を6～7分間隔でとめ、両耳を耳ぐけでくける。

Point 右図のように角を三角に折り、両端と裁ち目を3分折ってくけてもよい。

仕上げと手入れ

【仕上げ】
- 仕上げ方
- たたみ方
- たとう紙の扱い

【手入れと保管】
- 着たあとのきもの
- 汚れやしみを見つけたら（絹物）
- 浴衣の手入れ（木綿物）
- 保管と虫干し

仕上げ

縫い上がったきものは、素材に合った仕上げをして形を整えましょう。

仕上げ方

木綿物は霧を吹いてから手のひらで仕上げ（霧吹き仕上げ）、乾いてからたとう紙に入れて保管。
絹物は当て布を当てて、アイロンをかけてから（アイロン仕上げ）たたみます。
たたみ終わったら、アイロンの熱を冷まし、たとう紙に入れて保管してください。

【木綿物の場合】

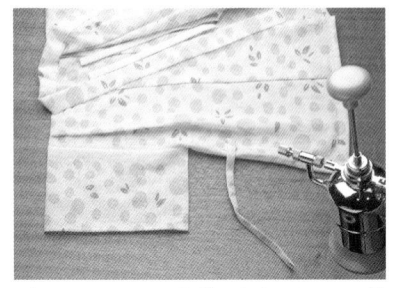

1. 20～30cmほど離れたところから、霧吹きで全体に湿り気がむらなく行き渡るように霧を吹く。
Point（注）霧をかけすぎないようにする。

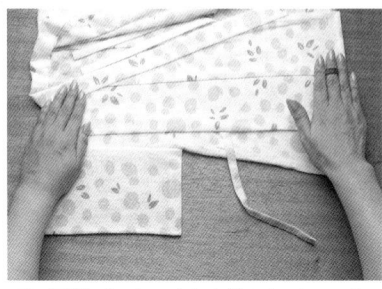

2. 肩揚げ、きせなどを整えながら、手のひらで軽くたたいて布が平らになるように押しながら形を整える。
Point 布を伸ばさないようにする。子供物は格好物なので、形よく整える。

3. ひもは表裏両面から霧を吹き、形を整えてから、身頃などと同様に布を平らに押して整える。

【絹物の場合】

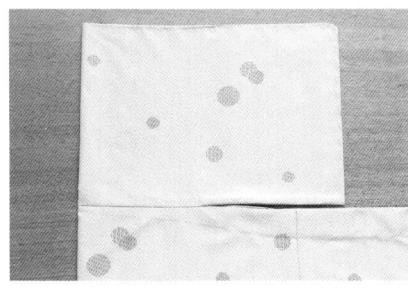

1. 裾が右側にくるように、きものを置く。

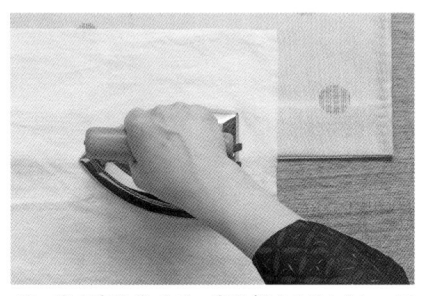

2. 当て布を当てて、布を押さえるように、アイロンをかける。
Point アイロンを強く押し当てすぎないように注意する。仕上げで布地にダメージを与えてしまうこともあるので、上質な絹物の仕上げは専門家にまかせたほうがよいでしょう。

たたみ方

子供用のじんべえや浴衣は、本だたみとは違った方法でたたみます。
四つ身浴衣、車裁ち浴衣は、肩揚げ、腰揚げがある時期は、一つ身と同様にたたみ、
たとう紙の大きさに合わせて裾を肩山側に折ります。

【一つ身じんべえ】

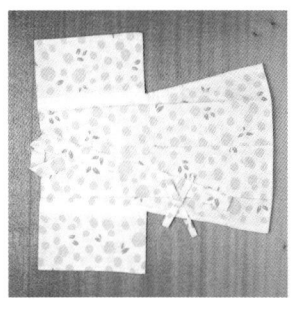

1. 右側に裾がくるように置き、袖山と肩山をまっすぐにそろえ、下前、上前の順にたたみ、ひもの形を整える。

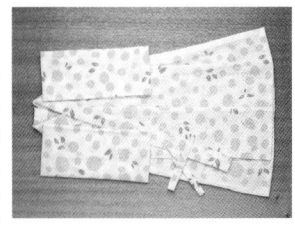

2. 両袖を袖側に3分くらい入ったところを前身頃側に折りたたむ。

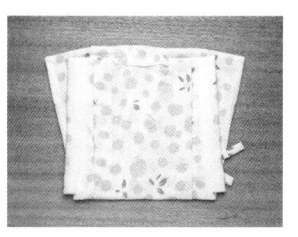

3. 袖下から裾側に二つ折りにする。

【一つ身浴衣】

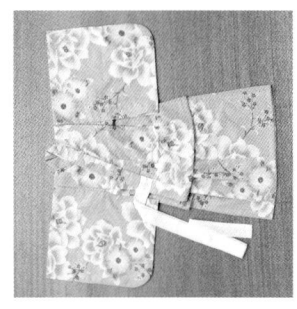

1. 右側に裾がくるように置き、袖山、肩山、裾をそろえ、下前、上前の順にたたむ。

2. 2本のひもをねじれないようにそろえ、身幅内に収まるように折りたたむ。

3. 両袖の袖側を3～5分折り、前身頃側に折りたたむ。

豆知識 余り布で作るきんちゃく

布が1尺（100）以上余ったら、おそろいのきんちゃくを作ってみませんか。ハンカチなど、正方形の布で作ることもできます。

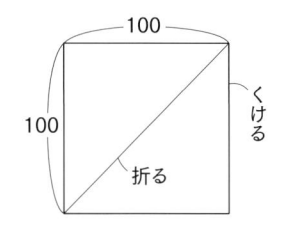

1. 余り布を1×1尺の正方形に裁ち、裁ち端を三つ折りぐけでくける。

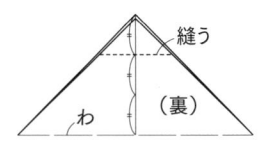

2. 布を中表に三角に折り、高さ1／3のところを縫い割って表に返す。

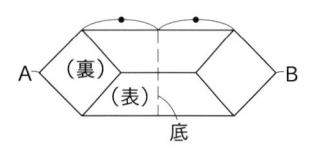

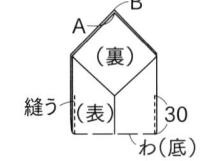

3. 2の縫い目を中心に置き、AとBを合わせ中表に半分に折り、端から1分のところの両脇を3寸（30）縫う。

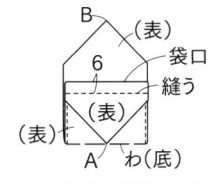

4. Aを手前に折り、6分のところを縫う。Bは向う側に折り、同様に縫う。

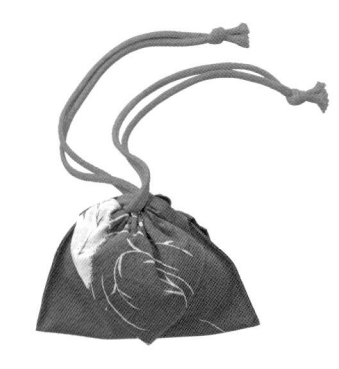

5. 袋口の両側から1本ずつひもを通し、ひもの端を結ぶ。

【きもの（本だたみ）】

きものの基本となるたたみ方です。
きものをたたみ紙の上に置き、たたむ部分だけを平らにしながらたたみます。
大切なのは、縫い目が割れないように、きせを崩さないようにすること。
脇、おくみは縫い目を折らないで1分ずらして折っていきます。
正しいたたみ方で「たたみ面をよくする」ことは、専門家にとっても仕上げの重要なポイントとされています。
男物の場合は、袖つけの縫い目から5分ほど袖側の部分で折り返すのが正しいたたみ方です。

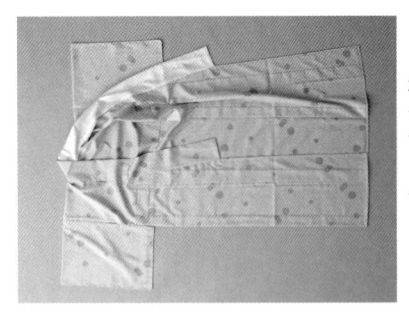

1
右側に裾がくるように置いて手前を広げる。下前の脇を内側に折り、裾下の後ろと下前を平らにする。

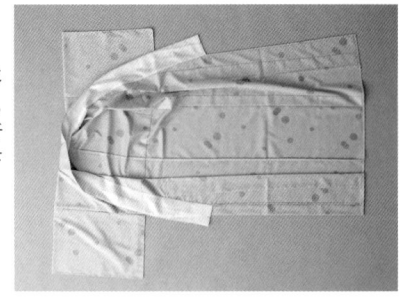

2
下前のおくみを手前に折り返す。

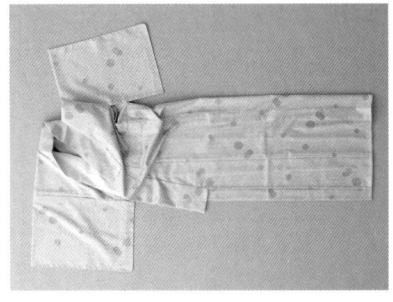

3
上前おくみを下前おくみに重ね、衿下がずれないように合わせる。

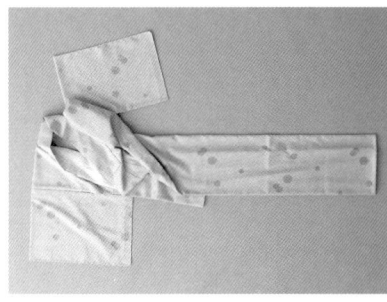

4
上前の脇を下前の脇に重ね、裾側を平らに整える。

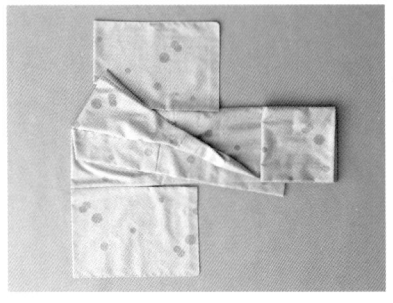

5
裾をびょうぶだたみにして、右袖を平らに整える。下前の衿を剣先までまっすぐに整え、衿肩回りの衿をきれいに整えて折り、上前の衿を重ねる。

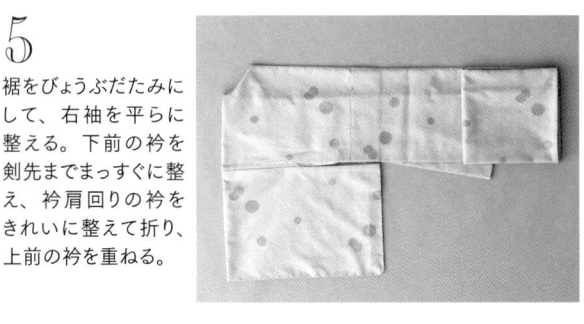

6
右袖に左袖を重ねて、平らに整える。

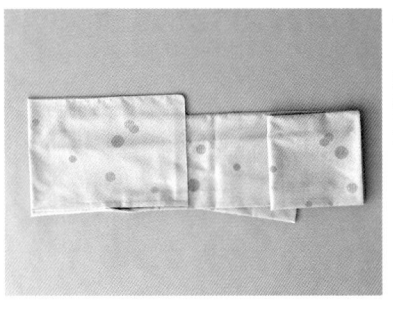

7
左袖を折り返し、右袖は身頃の下側（いちばん下）に折り返す。

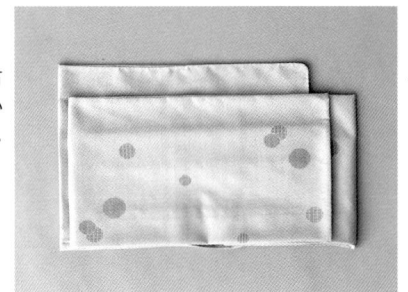

8
裾を袖山に向けて二つ折りか三つ折りにする。

【長襦袢（襦袢だたみ）】

女物、男物の長襦袢をたたむときの方法です。肌襦袢、半襦袢もこの方法でたたみます。

1 右側に裾がくるように置き、上前が上になるように前を合わせる。縫い目を折らずに、1分ほどずらして折る。

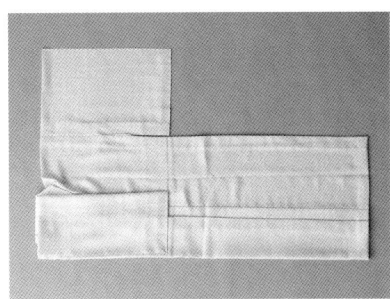

2 下前の脇を身頃の中心に折り、右袖を手前に折り返す。

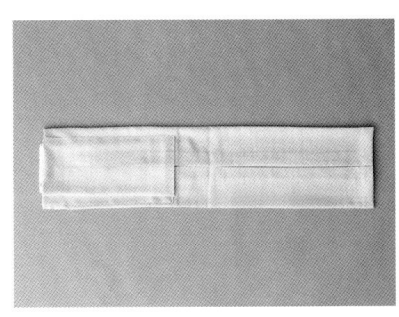

3 上前の脇を身頃の中心に折り、下前の脇と突き合わせる。左袖を向うに折り返す。

4 裾を衿に向けて二つ折りにする。

【袖だたみ】

略式のたたみ方で、一時的に片づけるときや浴衣を洗濯するときには、この方法でたたみます。

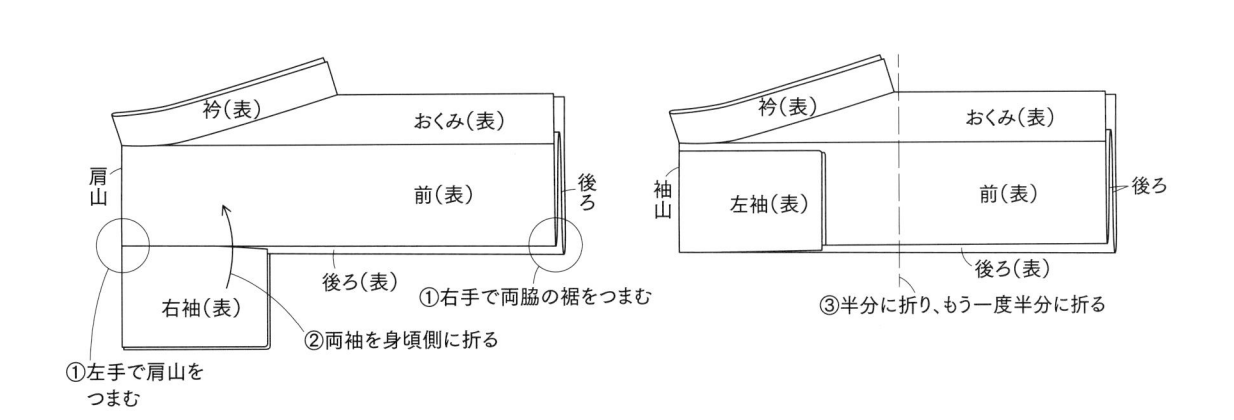

肩山　衿(表)　おくみ(表)　前(表)　後ろ　後ろ(表)
① 左手で肩山をつまむ
② 両袖を身頃側に折る
① 右手で両脇の裾をつまむ

衿(表)　おくみ(表)　袖山　左袖(表)　前(表)　後ろ　後ろ(表)
③ 半分に折り、もう一度半分に折る

【仕上げ】たたみ方

仕上げと手入れ

たとう紙の扱い

たとう紙には、二つ折り用、三つ折り用、帯用など、いくつかの種類があります。用途に合わせて使い分けます。

【きものの包み方】

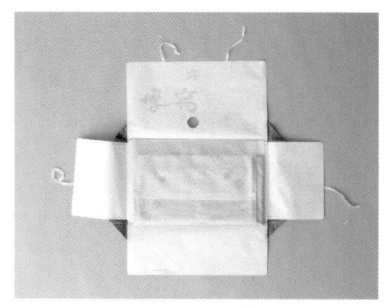

1. たとう紙を広げ、左側に肩山、右側に裾側がくるように、まっすぐに入れる。雲竜紙、薄紙がある場合は、薄紙をかぶせる。

2. 内側のひもを結ぶ。

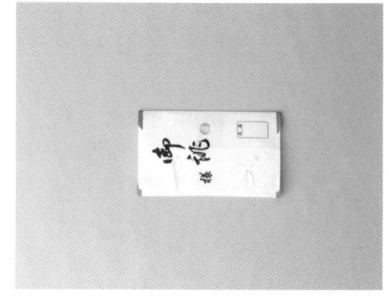

3. 外側のひもを結ぶ。

【たとう紙のひもの結び方】

たとう紙の中に入れたきものが動きにくく、形くずれを防ぐことができる結び方。内側、外側のひもを同じ方法で結びます。

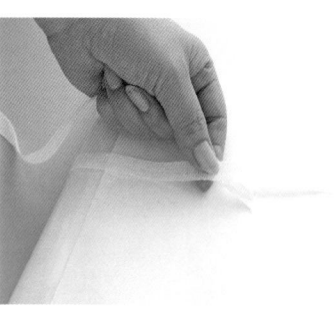

1. 上ひものつけ根に下ひもを重ねる。

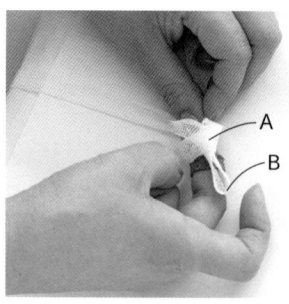

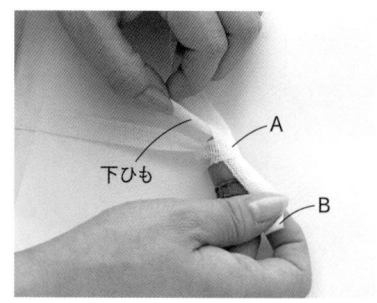

2. 下ひもを上ひもの下に折り込み、折り込んだ部分でわを作る。

3. 交差部分の上ひもをわ(B)にしながら、下ひものわ(A)に入れる。

4. 上ひものわ(B)を引き出し、Bと下ひもの端を引いて、結び目を引き締める。

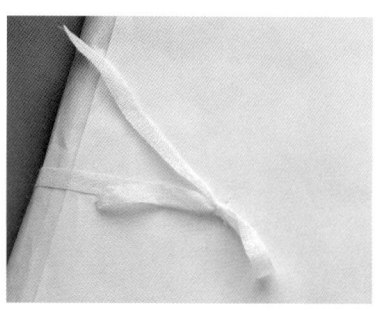

5. 結び終わると、下ひものつけ根に結び目ができる。長いほうのひもの端を引くと、ひもがほどける。

手入れと保管

普段の簡単な手入れで、きものをきれいに長持ちさせて着ることができます。

着たあとのきもの

着たあとのきものや襦袢は湿気や熱を含んでいるので、必ずきものハンガーにかけて陰干しをします。充分に空気を通して熱をとり、きちんとたたんでしまいます。

汚れやしみを見つけたら（絹物）

絹物はベンジンなどを使って汚れが取れたように見えても、繊維の中に汚れが残っていて、また浮き上がってくることが多いものです。ひどいしみをつけてしまったり、汚れを見つけたときには、できるだけ早めにしみ抜き専門店に持って行きましょう。

浴衣の手入れ（木綿物）

クリーニングに出すと、プレスで布の風合いがなくなり、手縫いの持ち味がなくなってしまいます。じんべえや浴衣は、自宅で洗うことをおすすめします。

【浴衣の洗い方】

1. 浴衣を袖だたみにする。（117ページ参照）
2. 手洗いの場合は、洗濯液の中に浴衣を浸して押し洗い。洗濯機の場合は、浴衣をネットに入れて、手洗い機能で洗う。
3. 縫い目を伸ばして陰干し。または、洗濯機で軽く脱水してから縫い目を伸ばして陰干しをする。
4. 乾いたら、浴衣を大きなビニール袋に入れて、袋の中に霧を吹いて軽く湿らせる。
5. 浴衣を袋から取り出し、手のひらで形を整えながら（霧吹き仕上げ）本だたみをする。（114ページ参照）
6. 乾いてから、片づける。

【子供の浴衣】

肩揚げ、腰揚げをとってから、大人の浴衣と同じように洗います。このままたんすで翌年まで保管し、着るときに体格に合わせて肩揚げ、腰揚げをすると、きれいな状態で気持ちよく着ることができます。

保管と虫干し

定期的に虫干しをして、湿気を取り除きます。梅雨の前の5月下旬、9月下旬から10月初旬にかけてなど、空気の乾いた時期に年1～2回行なうことをおすすめします。数日、晴天が続く日を選び、風通しのよい室内できものを1枚ずつハンガーにかけます。こうした本格的な虫干しが難しい場合は、たんすや収納ケースの引き出しを開け、たとう紙のひもを解いて紙を広げるだけでもよいでしょう。虫干しが終わったら、しみや汚れの有無を確認してから、きちんとたたんで保管します。防虫剤、防湿剤はもちろん、古くなったたとう紙なども定期的に取り替えます。しみの原因になることもあるので、防虫剤は同じところに何種類も入れないようにしてください。

【索引】

あ
- アイロン……17
- 余り布で作るきんちゃく……115
- 居敷当て(いしき当て)のつけ方……112
- 糸の種類……16、17
- 糸こき……21
- 糸のくせ直し……20
- 糸のつなぎ方……23
- 内揚げの縫い方
  - 女物ひとえ長着……82、83
  - 女物ひとえ長襦袢……98
  - 男物浴衣……77
- 馬乗りの縫い方……39、40
- 運針……21
- 衿糸のつけ方……92
- 衿肩回りの縫い方
  - 女物ひとえ長着……87
  - 女物ひとえ長襦袢……102
  - 女物浴衣……72
  - 一つ身じんべえ……42、43
- 衿先糸……90
- 衿先の角のたたみ方(広衿)……90
- 衿下のくけ方
  - 女物ひとえ長着……86
  - 女物浴衣……71
  - 一つ身じんべえ……38
- 衿と共衿の縫い方
  - 女物ひとえ長着……88
  - 一つ身浴衣……55
- 衿の縫い方・つけ方
  - 女物ひとえ長着(広衿)……87〜91
  - 女物ひとえ長襦袢(ばち衿)……102、103
  - 女物浴衣(棒衿)……72
  - 一つ身じんべえ(棒衿)……42〜44
  - 一つ身浴衣(棒衿)……55
- おくみの縫い方
  - 一つ身じんべえ……40
  - 女物浴衣……71
  - ひとえ長着……86
- 男物肌襦袢……110、111
- 男物浴衣……9、74〜77
- 女物二部式ひとえ長着……11
- 女物二部式ひとえ長襦袢……13、104〜107
- 女物肌襦袢……108、109
- 女物ひとえ長着……10、78〜91
- 女物ひとえ長襦袢……12、94〜103
- 女物浴衣……8、66〜73

か
- 各部名称……26
- 掛け衿のつけ方……112
- 掛け針……16、17
- 肩揚げの縫い方……47
- 肩当てのつけ方……112
- 飾りしつけ……81、97
- 飾り縫い……57
- 隠し止め(しのび)……24
- 柄合せ……30
- かんぬき止め……24
- きせ……24
- 霧吹き……17
- くけ台……17
- くける……22
- 鯨尺換算表……33
- ぐし縫い……21、23
- ぐしびつけ……23
- くりこし揚げの縫い方……69
- 腰揚げの縫い方……56、57
- こて……17、19

さ
- 裁断……31
- 仕上げ……114
- 仕立ての手順……32
- 地のし……25
- しのび(隠し止め)……24
- 印つけ(へらつけ)……18
- 印つけの手順……31
- スナップのつけ方……92
- 裾のくけ方
  - 女物ひとえ長着……86
  - 女物ひとえ長襦袢……101
  - 女物浴衣……71
  - 一つ身じんべえ……41
- 寸法のはかり方、決め方……26〜28
- 背縫い
  - 二度縫い(木綿物)……69、77
  - 袋縫い(絹物)……81、82、98
- 袖のつけ方
  - 女物ひとえ長着……91
  - 女物ひとえ長襦袢……103
  - 一つ身じんべえ……45
  - 一つ身浴衣……54
- 袖の縫い方
  - 男物浴衣……76
  - 女物ひとえ長着……80、81
  - 女物ひとえ長襦袢(広袖)……97
  - 女物浴衣……68
  - 一つ身じんべえ……37
  - 一つ身浴衣……52、53
- 袖の丸み型……16、17、19

た
- たたみ方……115〜117
- 裁ち板……17
- たて衿(竪衿)の縫い方……99、100
- たとう紙の扱い……118
- 玉止め……20
- 玉結び……20
- 反物のゆがみ……95
- 力布の作り方……43
- 千鳥がけ・千鳥ぐけ……22
- 筒袖の縫い方(男児用)……59
- つまみおくみ(四つ身浴衣)……62
- つま先の額縁の作り方……85、86

	手入れと保管 ……………………… 119		袋縫い ……………………………… 22
	共衿のつけ方		二目落とし ………………………… 23
	女物ひとえ長着 ……………… 88		へら ……………………………… 16、17
	縫始め、縫終り ……………… 89		へらつけ（印つけ） ……………… 18
	一つ身浴衣 …………………… 55		保管と虫干し …………………… 119
な	二度縫い …………………………… 22	**ま**	まち針の打ち方 …………………… 31
	人形の縫い方 ……………………… 76		三つ折りぐけ ……………………… 22
は	はさみ ………………………… 16、17、18		三つ折りぐけの縫始め、縫終り … 37
	針の種類、持ち方 ……………… 16、20		耳ぐけ ……………………………… 22
	半衿のかけ方・洗い方 …………… 93		ものさし ……………………… 16、17、18
	半衿の印つけ ……………………… 96	**や**	指ぬき（指貫） ………………… 16、19、20
	一つ身じんべえ ……………… 6、34〜47		浴衣の手入れと洗い方 ………… 119
	一つ身浴衣 …………………… 6、7、50〜57		四つ身浴衣 …………………… 7、60〜63
	一目落とし（拍子木） …………… 23		用具 …………………………… 16、17
	ひも飾りの縫い方 ………………… 58	**わ**	脇の縫い方
	ひも通しの縫い方 ………………… 63		女物ひとえ長着 …………… 83〜85
	ひもの作り方、つけ方		女物ひとえ長襦袢 ………… 101
	一つ身じんべえ（ひも） …… 38、46		女物浴衣 …………………… 70、71
	一つ身浴衣（つけひも） …… 57、58		一つ身じんべえ（馬乗り） … 39
	拍子木（一目落とし） …………… 23		一つ身浴衣 …………………… 54
	標準寸法 ……………………… 27、28		脇の縫い代の落着せ方（木綿物） … 70
	広衿（ひとえ長着） ……………… 87〜89		和パンツ ………………………… 48、49
	広袖（ひとえ長襦袢） ……………… 97		

【用語解説】

あ

当たる
寸法の印をつけること（へらつけ）。

合いづま幅（合褄幅）
つま下（衿先のつけ止り）のおくみ幅のことで、長着だけに必要な寸法。

揚げ（あげ）
着丈やゆきを実寸よりも長く仕立て、余り分をつまんで縫い込むこと。子供物の肩揚げ、腰揚げのほか、大人物には内側に揚げをする内揚げがある。

居敷当て（いしきあて）
ひとえきものの尻部分に補強のために、裏側から縫いつけておく布のこと。

いっぱい
反物の布幅から縫い代を除いた部分を指す。

後ろ幅（うしろはば）
後ろ身頃の幅のこと。背縫いから脇までの幅。

内揚げ（うちあげ）
仕立て直しに備えて、きものにあらかじめ裏側に縫い込んでおく縫込み分のこと。女物、男物で内揚げ位置は異なる。

馬乗り（うまのり）
動きやすくするために、脇裾などに入れるあきのこと。本書では、じんべえ、肌襦袢に使用。

裏衿（うらえり）
女物のきものを広衿に仕立てるときに、衿の裏側につける衿のこと。

上前（うわまえ）
きものの前を合わせたときに、外側（上）になる身頃のこと。左前身頃のこと。

衿肩あき（衿肩明）
きものの衿をつけるために、あらかじめ肩部分を切っておくあきのこと。

衿先（えりさき）
きものの衿の先のこと。

衿丈（えりたけ）
衿の背中心から衿つけまでの長さのこと。

おくみ（衽）
左右の前身頃につける部分のこと。

おくみ下がり（衽下がり）
衿肩あきから前身頃の剣先まで。

おくみ幅（衽幅）
裾のおくみの幅のこと。

おはしょり（御端折）
着丈よりも長く仕立てる女物きもので、着たときに帯の下に出る部分のこと。

押さえる
縫い代が浮かないように、しのびで縫いとめる場合などに用いる。

か

額縁（がくぶち）
ひとえ仕立てのきもののつま先の始末。45度の角度で布を突き合わせて、額縁のように仕立てる。

掛け衿（かけえり）
きものの地衿の上につける衿のこと。別布で作った衿の場合を指す。

飾りしつけ
縫い上げたきせ山を落ち着かせるためのしつけ。絹物はぞべ糸を使用して、着用の際にはとる。

肩当て（かたあて）
ひとえきものの衿肩辺に補強および汗とりのために裏側につける当て布のこと。

肩揚げ（かたあげ）
子供物のゆきを調節するため、肩幅の中心の布をつまんで縫い込んだ部分のこと。

肩幅（かたはば）
背縫いから、袖つけまでの寸法。

肩山（かたやま）
肩の部分を指す。女物は肩あきからくりこしを足した位置、男物、子供物は肩あきが肩山。

着尺（きじゃく）
きものを一枚仕立てる反物のこと。

121

きせ（被せ）
縫い目を折るときに、縫い目よりやや身頃側を折ること。縫い目が表に出ず、仕上りがきれい。

着丈（きたけ）
身丈（仕立て上りの寸法）に対して、着たときの丈のことを指す。

着ゆき丈（着裄丈）
子供物の場合の、肩揚げをしたときの寸法。

くりこし（繰り越し）
衿肩あきを肩線よりも後ろにずらすこと。女物だけにつける。

車裁ち（くるまだち）
並幅で裁った身頃から衿をとる裁ち方。中間裁ちともいう。

剣先（けんさき）
おくみと衿がぶつかった部分のこと。

元禄袖（げんろくそで）
子供物、女物の袖型の一種。袖の丸みを大きくした袖の形。

腰揚げ（こしあげ）
子供物の着丈を調節するために、腰のところで表側に縫いつまむ揚げのこと。

さ

地衿（じえり）
きものの下前から上前までつける衿のこと。本書の解説では衿と記載している。

下前（したまえ）
きものの前を合わせたときに、内側（下）になる右前身頃のこと。

しのび（忍び）
目立たないように小さな針目を出して、縫い代を押さえること。

しつけ（躾）
本縫いではなく、縫い代やきせなどの形くずれを防いだり、きれいに見せるための仮の押えのこと。着るときに抜き取る「拍子木（一目落とし）」、抜き取らない「ぐしびつけ」などがある。

地のし
反物を裁つ前に、布目を平らに整えること。

じんべえ（甚兵衛）
甚兵衛羽織の略。名称の由来には、武家の陣羽織に形が似ていたためなど諸説あり、下級武士が戦のときに用いたことから陣兵ともいう。主に子供や男性が汗とり用として着用する夏用普段着。甚平（じんべい）ともいう。

背縫い（せぬい）
左右の後ろ身頃を縫い合わせること。

総丈（そうたけ）
裁断前の反物の全長のこと。裁つ前に必ず総丈をはかり、寸法を決める。

袖口
袖口のあきの長さのこと。子供物、女物、男物で寸法が異なる。袖丈すべてをあけた広袖がある。

袖丈（そでたけ）
袖の長さのこと。袖山から袖下までの長さを指す。

袖つけ（袖付）
身頃と袖を縫う部分の長さ。袖つけの印を指す場合もあり、本書では「袖つけ止り」とも表記している。

袖幅（そではば）
袖口から袖つけ部分までの長さのこと。

た

抱き幅（だきはば）
揚げ部分の幅のこと。

裁切り寸法（たちきりすんぼう）
仕上り寸法に縫い込み分、詰まり分などの寸法を加えた寸法。木綿物と絹物、反物ごとに、加える寸法は変わる。

たて衿（竪衿・立衿）
長襦袢の前身頃につける衿のこと。

力布（ちからぬの）
補強のために、衿肩あきなどの裏に当てる布のこと。

つい丈（対丈）
首からくるぶしまでの寸法のこと。

つけひも（付け紐）
子供物のじんべえや浴衣につけるひものこと。

筒袖（つつそで）
きものの袖型の一種。一つ身、四つ身などの男児用に用いられる。

つま下（褄下）
きもののおくみの衿つけの印から裾までの間のこと。衿下ともいう。

つまむ・つまみ（摘む・摘み）
折った布の山を縫い代としてつまんで縫うこと。本書では、子供物の四つ身浴衣のおくみつけに用いている。

共衿（ともえり）
地衿の上に共布でつける衿のこと。

止め布（とめぎれ）
補強のために、当てる布。袖つけ、身八つ口などに用いる。

な

長着（ながぎ）
一般のきものの総称を指す。

並幅（なみはば）
きもの用の反物で普通に用いられている幅のこと。約36〜38cm。並幅の半分を半幅という。

人形（にんぎょう）
男物きもの、男物襦袢の袖つけから下を指す。あきを作らずに縫いふさぐ。

縫込み（ぬいこみ）
衿つけのときに背中心を縫う身頃側の位置のこと。

は

ばち衿（撥衿）
女物のきものや長襦袢の衿の一種。衿幅が衿肩あきから衿先に向かって広がった形。

半衿（はんえり）
長襦袢、半襦袢などの、衿にかける衿のこと。

ひとえ（単衣）
裏をつけずに仕立てたきもの。裏をつけない仕立てを、ひとえ仕立てという。

一つ身（ひとつみ）
幼児用のきもの。裁ち方は一つ身裁ちという。

広衿（ひろえり）
女物のきものの衿の種類の一つ。着るときには半分に折る。

広袖（ひろそで）
袖口のすべてがあいている袖口のこと。一つ身じんべえ、長襦袢などに用いる。

振り（ふり）
女物、子供物の袖の袖つけから袖下までのあいた部分のこと。

へら（箆）
一般的に和裁では、印つけのことを「へらつけ」「へらをする」という。

棒衿（ぼうえり）
子供物、男物、浴衣などの衿の一種。背中心から衿先まで衿幅が同じ。

本裁ち（ほんだち）
一反を使って、大人用のきものを一枚仕立てる裁ち方のこと。大裁ちともいう。

ま

前幅（まえはば）
前身頃の幅のこと。

三つ衿芯（みつえりしん）
きものの衿肩回りに入れる布。前の衿肩との厚みの差を整えるために入れる。

身丈（みたけ）
きものの身頃の長さのこと。背中心の衿つけ線から背縫い線を通って、裾までの長さ。

身幅（みはば）
前幅と後ろ幅を指す。

身八つ口（みやつくち）
女物、子供物のきものの袖つけの下のとじ合わせていない部分のこと。

や

ゆき（裄）
後ろ首のつけ根から、手首までの長さのこと。肩幅と袖幅を足した寸法になる。

四つ身（よつみ）
4〜8歳ぐらいの子供用のきもの。裁ち方は四つ身裁ちという。

おわりに

私が和裁に没頭するようになったのは、師である中村稠之氏と出会えたことがきっかけでした。師は和裁への姿勢、職人としての技術、そして人格のすべてがすばらしいかたで、自分の至らなさを日々感じながらも、師から多くを学びました。その師から託された最後の言葉が「教えた技術は後世へ伝えなさい」というものでした。最後の弟子として、その言葉を自分の活動の指針として、常日ごろからどのように伝えていけばよいのかを考えてきました。

そうした私にとって、本を書くことができたのは非常に大きな一歩となりました。今回、私は本を作るには、多大な労力を要するということを痛感し、その中で最も課題となったのは、製図に関することでした。自分の思いどおりに表現することは難しく、ましてやパソコンを扱うことが決して得意ではなかった私にとっては、非常に難しい課題でした。しかし、職人が自分で製図をしない限り、正確かつ詳細な技術は表現できないとの思いから、尽力いたしました。

出版社のかたがたには、和裁を内容とする慣れない作業でたいへんだったことと思いますが、とても献身的に協力していただき感謝しております。今後は、この本とともに、技術継承、後世育成のために努めていきたいと思います。最後に、私の思いにご理解をいただき、協力してくださった多くの関係者の皆さまに感謝いたします。本当にありがとうございました。私の未熟さゆえに、完璧とはいえない部分も少なからずあるとは思いますが、この本が技術継承の一端を担うものになってくれることと信じております。

―――― 小田美代子

小田美代子（おだみよこ）

和裁一級技能士。中村綢之和裁技能者一門会副会長。卓越技能者賞（卓越した技術を持つ「現代の名工」）、黄綬褒章を受けた、故・中村綢之氏の最後の弟子。職人歴76年余の和裁技術の普及に努めた師の遺志を継ぎ、小中学校への指導をはじめ、文化庁委嘱事業（伝統文化継承）への参加協力、NHK「おしゃれ工房」などに出演。近年では東北の子どもたちに綿入れちゃんちゃんこを届ける支援活動、一般への指導など、さまざまな活動を通して、東京都江東区を中心に和裁の技の伝承に努める。本書では、作り方の製図をすべて手がける。石川県出身。
著書『続 きものの仕立て方』（文化出版局刊）がある。

国家検定和裁一級
東京商工会議所和裁一級
職業訓練指導員
東京都江東区優秀技能者賞
東京都優秀技能者都知事賞（東京マイスター）

● Instagram　@tenugui_jinbei

ブックデザイン	わたなべげん
撮影	安田如水（文化出版局）
イラスト、トレース	大楽里美（day studio）
校閲	向井雅子
編集	望月いづみ
	平井典枝（文化出版局）

職人に学ぶ、一つ身じんべえ、浴衣から、ひとえ長着まで
きものの仕立て方

2013年 8月 5日　第1刷発行
2022年12月20日　第5刷発行

著　者　　　　小田美代子
発行者　　　　清木孝悦
発行所　　　　学校法人文化学園 文化出版局
　　　　　　　〒151-8524
　　　　　　　東京都渋谷区代々木3-22-1
　　　　　　　☎03-3299-2489（編集）
　　　　　　　☎03-3299-2540（営業）
印刷・製本所　株式会社文化カラー印刷

©Miyoko Oda 2013　Printed in Japan
本書の写真、カット及び内容の無断転載を禁じます。

・本書のコピー、スキャン、デジタル化等の無断複製は著作権法上での例外を除き、禁じられています。本書を代行業者等の第三者に依頼してスキャンやデジタル化することは、たとえ個人や家庭内での利用でも著作権法違反になります。
・本書で紹介した作品の全部または一部を商品化、複製頒布、及びコンクールなどの応募作品として出品することは禁じられています。
・撮影状況や印刷により、作品の色は実物と多少異なる場合があります。ご了承ください。

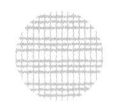

文化出版局のホームページ　https://books.bunka.ac.jp/

【鯨尺】 ●ものさしとして、お使いください。こちらを切り取り、厚紙などにはって使うといいでしょう。

5分(5)　　1寸(10)

【鯨尺換算表】

	分	cm
3丈	3000	1140
2丈	2000	760
1丈	1000	380
5尺	500	190
4尺	400	152
3尺	300	114
2尺6寸4分	264	100
2尺	200	76
1尺	100	38
9寸5分	95	36.1
9寸	90	34.2
8寸5分	85	32.3
8寸	80	30.4
7寸5分	75	28.5
7寸	70	26.6
6寸5分	65	24.7
6寸	60	22.8
5寸5分	55	20.9
5寸	50	19
4寸5分	45	17.1
4寸	40	15.2
3寸5分	35	13.3
3寸	30	11.4
2寸5分	25	9.5
2寸	20	7.6
1寸5分	15	5.7
1寸	10	3.8

	分	cm
9分5厘	9.5	3.61
9分	9	3.42
8分5厘	8.5	3.23
8分	8	3.04
7分5厘	7.5	2.85
7分	7	2.66
6分5厘	6.5	2.47
6分	6	2.28
5分5厘	5.5	2.09
5分	5	1.9
4分5厘	4.5	1.71
4分	4	1.52
3分5厘	3.5	1.33
3分	3	1.14
2分5厘	2.5	0.95
2分	2	0.76
1分5厘	1.5	0.57
1分	1	0.38
5厘	0.5	0.19

●1寸＝約3.8cmとして換算しています。
●1分＝10厘(りん)
　1寸＝10分(ぶ)
　1尺＝10寸(すん)
　1丈(じょう)＝10尺(しゃく)
　となります。

5寸(50)

【袖の丸み型実物大型紙】 ●丸み型の作り方は、19ページを参照。

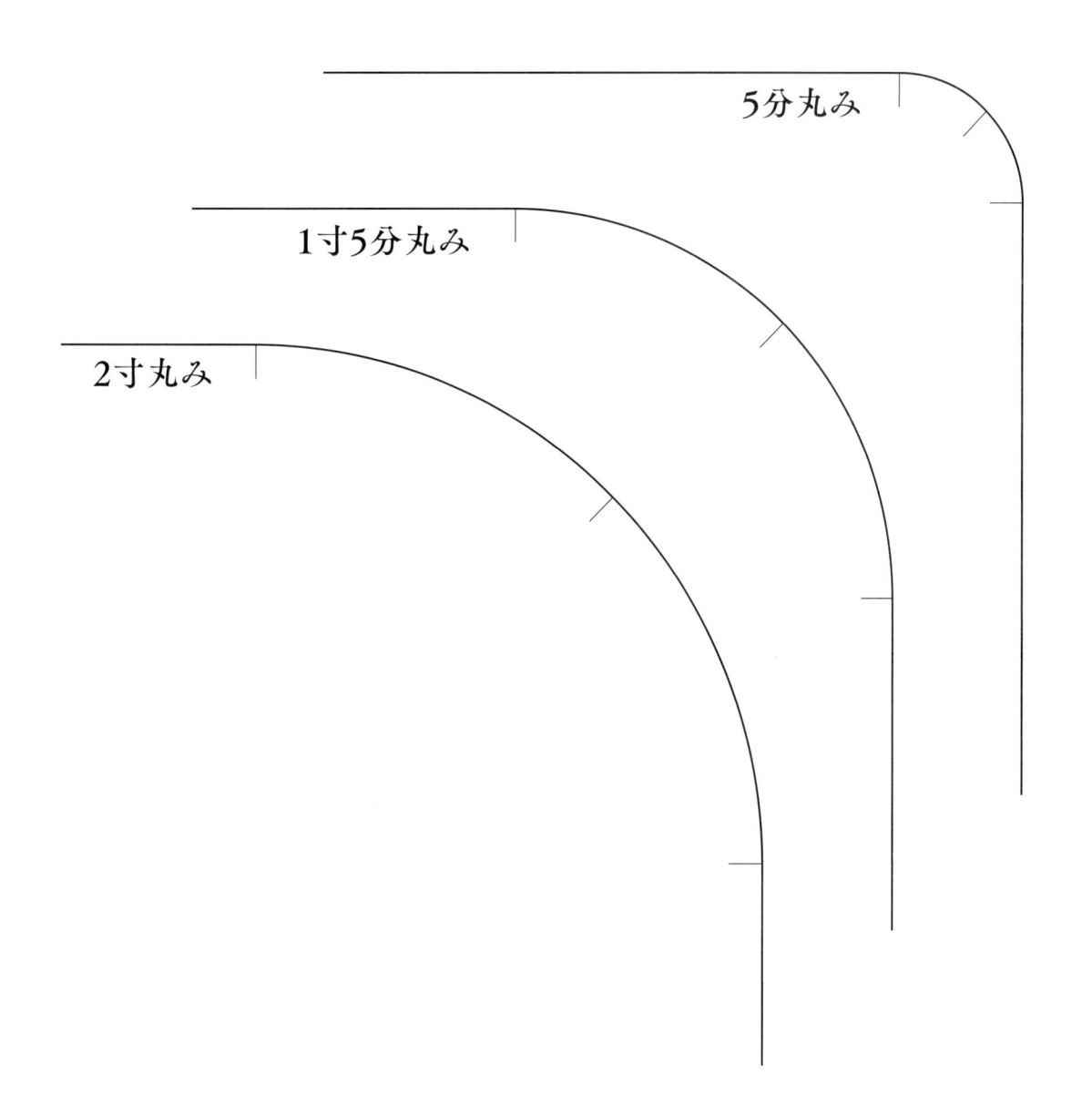

5分丸み

1寸5分丸み

2寸丸み